러브코드

THE

러브코드

알렉산더 로이드 지음 | 신예경 옮김 | 이정목 감수

LOVE
CODE

알키

《러브 코드》에 쏟아진 찬사

"이 책은 기존의 인식체계를 완전히 변화시키는 돌파구로서 성공의 달성 방법에 관한 전통적인 지혜를 근본적으로 뒤엎고, 지난 50년 동안 그럴듯하게 들리는 수많은 주장들이 어째서 아무 성과를 내지 못했는지 설명한다. 우선 나는 이 책을 '전적으로' 믿는다! 지금부터 《러브 코드》의 원칙에 따라 살아가며 이를 가르칠 생각이다."

— 자넷 애트우드Janet Attwood,

〈뉴욕타임스〉 베스트셀러 《열정 테스트The Passion Test》의 저자.

"《러브 코드》는 인생의 흐름을 뒤바꿀 중요한 책이다! 이처럼 훌륭한 읽을거리인 동시에 본질적으로 우리의 관점을 변화시키는 책은 극히 드물다. 여기에 실린 정보와 방법은 당신이 인생을 살아가면서 성공을 일구어가는 능력을 크게 향상시킬 것이다."

— 마시 시모프Marci Shimoff, 〈뉴욕타임스〉 베스트셀러 1위를 기록한

《이유 없이 행복하라Happy for No Reason》와

《여성의 영혼을 위한 닭고기 수프Chicken Soup for the Woman's Soul》의 저자.

"당신이 성공의 달성에 관해 안다고 생각한 모든 것을 잊어버려라. 그러고 나서 안전벨트를 단단히 매고 이 책을 읽어라."

— 크리스토퍼 헤거티Christopher Hegarty, 이학박사,

〈포춘Fortune〉 선정 500대 기업 중 애플, CBS, AT&T를 포함 400개가 넘는 기업의 컨설턴트.

"누구에게나 열려 있는 귀한 정보다. 이 책은 '모든 면에서 자기 자신에게 진실하라'는 오랜 지혜와 완벽한 조화를 이룬다. 인생의 질문에 대한 자기만의 대답을 외부가 아닌 내면에서 구하라."

– 윌리엄 A. 틸러William A. Tiller 박사, 스탠퍼드 대학교 명예 교수.

"보편적인 성공과 건강 문제를 더 바람직하게 해결할 방법을 찾으라는 요구가 전 세계적으로 지속되고 있다. 특히, 빠르고 쉽고 효과적이며 저렴한 해답이라면 더욱 그렇다. 이 책은 성공, 건강, 대인관계, 정서에 관련된 다양한 문제들로 힘들어 하는 많은 사람들을 도울 수 있다. 때로는 도움을 얻는 데 겨우 몇 초밖에 걸리지 않을 것이다. 내 말이 의심스러운가? 그러면 한 번 시도해보라."

– 도리스 J. 랩Doris J. Rapp, 의학박사, 〈뉴욕타임스〉
베스트셀러 《이 아이가 당신의 자녀인가?Is This Your Child?》의 저자이자 환경 의학의 유명한 개척자.

"알렉스 로이드 박사는 어쩌면 우리 시대의 앨버트 슈바이처일 것이다."

– 마크 빅터 한센Mark Victor Hansen, 《영혼을 위한 닭고기 수프》 시리즈의 공동 저자.

"나의 좋은 친구 알렉스 로이드 박사가 또 다시 해냈다! 그의 신간 《러브 코드》는 당신의 신체, 마음 그리고 정신에 담긴 성공 가능성을 열어줄 것이다."

– 조던 루빈Jordan Rubin박사, 〈뉴욕타임스〉 베스트셀러 《창조주의 다이어트The Maker's Diet》의 저자.

"《러브 코드》는 인생의 가장 큰 신비인, 인간의 진정한 작용 방식 및 원리에 관한 암호를 해독했다. 그 원칙들을 읽고 적용하다 보면 누구든 그동안 갈망해오던 잃어버린 조각을 찾게 될 것이다."

– 빌 맥그레인Bill McGrane, 맥그레인 글로벌 센터McGrane Global Centers의 회장.

호프에게!

내 인생에서 아름다운 것들은 대부분 당신을 통해 꽃을 피웠소.

이 책에 담긴 수많은 정보도 마찬가지요.

그토록 많은 고통과 가슴 저림으로 시작된 것이

이제 내 인생을 "충만한 희망"으로 바꾸어주었소.

이 책이 누군가에게 조금이나마 도움이 된다면

그것은 모두 당신 덕분에 가능한 것이라오.

나를 참고 견뎌줘서 고맙소.

그게 얼마나 힘든 일인지 너무 잘 알고 있소.

사랑하오!

누구도 잘 알지 못했던
세상의 가장 큰 원칙

나는 25년을 기다린 끝에 마침내 이 정보를 온 세상에 공개하게 되었다. 나의 전작인 《힐링 코드》에서는 거의 모든 건강 문제의 근본 원인을 치유하는 비결을 알려주었다. 이제 이 책을 읽으면 삶의 모든 부분에서 행복해지고 성공하는 비법을 발견할 것이다. 무척이나 대범한 주장이기는 하지만 나에게 맡겨보길 바란다! 나의 경험을 빌어 말하자면, 이 방법이 당신에게 효과적일 것인지는 문제가 되지 않는다. 당신이 실행을 할 것인가 아닌가, 그것이 유일한 문제다. 실행하기만 한다면 이 방법은 언제나 효과적일 것이다. 사실, 이 방법의 작용 원리를 이해하기만 하면 틀림없이 효과를 거둘 수 있을 것이다.

이야기를 더 진행시키기 전에 한 가지 질문을 던지고 싶다. 당신이 안고 있는 가장 큰 문제 혹은 미처 실현시키지 못한 잠재력은 무엇인가? 당신이 지금 찾고 있는 것은 무엇인가? 당신 인생의 구렁텅이에서 끌어내거나 소파에서 쫓아내거나, 아니면 마법의 지팡이를 휘둘러 멋지게 해결해야 할 가장 긴급한 문제는 무엇인가? 이 글을 더 읽기 전에 자신의 삶에서 고쳐야 할 점이 무엇인지 적어도 한 가지 이상 생각해보기 바란다. 비록 이제까지 잘못된 점을 바로잡기 위해 온갖 시도를 다해보았지만 아무 성과가 없었다 해도 말이다. 실패로 끝나거나 무난히 마무리하기보다는 엄청난 성공으로 장식하고 싶은 단 한 가지 일을 떠올려 보라.

나는 당신에게 필요한 그 마법의 지팡이가 바로 '러브 코드'라고 믿는다. 무모한 이야기로 들릴 줄 알면서도 굳이 이렇게 주장하는 이유는, 지난 25년 동안 내담자들이 단 한 번의 예외도 없이 이 방법을 활용해 효과를 얻는 과정을 직접 지켜보았기 때문이다. 분명, 당신 또한 이 책에서 설명하는 방법을 인생의 어떤 부분에든 적용시킨다면 애벌레가 나비로 변신하는 모습을 목격할 수 있을 것이다.

지금 당신의 마음속에 스치는 생각을 조심스레 추측해볼까? 아마도 이런 이야기는 전에도 들어본 적이 있다고 생각했을 것이다. 실제로 이런 이야기를 수백 번쯤 들어보았고 개중에는 귀에 못이 박히도록 들어본 사람도 있기 때문에 나의 주장이 불가능한 일이라고 불신하는 경우조차 더러 있을 것이다. '어련하시겠어. 또 마법의 해결책인 척 속여 돈이나 털어가자는 수작이지. 결국은 말짱 도루묵일 텐

데.' 이런 생각이 머릿속을 스친다 하더라도 충분히 이해한다. 나 역시 그런 입장에 처해보았기 때문이다. 그래도 당신에게 기존의 성공과 자기계발 산업의 비밀만큼은 꼭 알려주어야겠다. 바로, 이 산업의 97퍼센트가 실패한다는 사실이다.

자기계발의 실패율은 97퍼센트

성공 및 자기계발 프로그램들의 상당수가 실패한다는 사실에 관해 대부분 읽어보았거나 경험을 통해 스스로 터득했을 것이다. 그 프로그램들이 효과를 거두었다면 해마다 새로운 프로그램을 찾아다니는 사람은 없을 것이다. 그렇지 않을까? 그리고 소위 자기계발 산업은 미국에서만 연간 100억 달러 규모의 시장이지만[1] 결국 사장되고 말 것이다. 만약 누구에게나 제대로 효과를 발휘하는 프로그램이 존재한다면 우리 모두가 행복하고 건강하며 충만한 삶을 살아갈 것이다. 예를 들어, 서점에서 대단한 판매고를 올리는 논픽션 분야 가운데 하나는 체중 감량이다. 과연, 올해에 체중 감량 서적을 구입할 사람은 누구일 것 같은가? 정답은, 작년에 그 분야의 책을 구입한 바로 그 독자들이다. 작년에 구입한 책이 효과가 없었기 때문이다! 여기서 주목할 비밀은, 대부분의 성공 및 자기계발 프로그램들이 실패한다는 것이 아니라 자기계발 산업의 전문가들이 그 사실을 이미 알고 있다는

점이다. 그리고 실패율은 우리가 생각하는 것보다 훨씬 심각한 수준
이다.

성공 산업에 몸담고 있는 사람들의 말을 빌리면, 자기계발 산업의
(여기에는 도서와 강좌, 워크숍, 각종 프로그램 등이 포함된다) 실패율은 대
략 97퍼센트에 달한다. 아니, 잘못 읽은 것이 아니다. 무려 97퍼센트
다. 나의 동료이자 친구인 켄 존스턴^{Ken Johnston}은 북미에서 가장 큰 자
기계발 세미나 회사를 운영했고 대다수의 업계 내부자들이 자기들끼
리 쉬쉬할 주제에 관해 오랫동안 공개강좌를 진행해왔다. 그 주제란
평균 성공률이 3퍼센트 정도라는 것이다. 자기계발 업계의 사람들은
그 3퍼센트의 성공률을 마케팅하기에 충분한 보증서라고 간주하며
누구에게나 효과가 있다는 일종의 성공 기계를 보여준다. 하지만 그
들이 직접 경험한 바에 따르면 사실은 그렇지가 않다.

한층 더 흥미로운 사실은 이런 프로그램들의 상당수가 다음과 같
은 동일한 기본 계획을 따른다는 점이다.

1. 자신이 원하는 것에 집중하라.
2. 원하는 것을 성취하기 위한 계획을 생각해내라.
3. 그 계획을 실행에 옮겨라.

바로 그것이다. 당신이 각자에게 맞는 프로그램이나 책, 박사, 멘
토를 고르면 이를 통해 행동이나 성취의 모범을 배우게 될 것이다.

사실, 이 방법의 기원은 1937년에 나폴레온 힐Napoleon Hill이 발표해 엄청난 영향력을 발휘한 자기계발 서적《놓치고 싶지 않은 나의 꿈 나의 인생Think and Grow Rich》으로 거슬러 올라가며, 그 후 65년이 넘도록 다른 책과 프로그램들을 통해 많은 사람들에게 알려졌다. 자신이 원하는 결과에 집중하고 계획을 세운 다음 의지력을 발휘해 계획을 실행에 옮기는 것이다.

이 공식은 이치에 맞는다. 그렇지 않은가? 당연히 이치에 맞을 수밖에 없다. 우리가 평생토록 들어온 내용이기 때문이다. 문제는 효과가 없다는 점이다. 나중에 1장에서 자세히 다루겠지만 하버드와 스탠퍼드 대학교에서 실시한 최근 연구에 따르면, 이 패러다임은 효과가 없을 뿐 아니라 우리 중 97퍼센트에게는 참다운 실패의 청사진이기도 하다.

그 이유는 무엇일까? 3단계 자기계발 청사진이란 자신이 무엇을 원하는지 확인하고 계획을 세운 뒤에 목표에 도달할 때까지 계획을 성실히 이행하는 것인데, 이는 두 가지 구성 요소에 의존한다. 첫째는 외적인 최종 결과를 기대하는 것이고 (1단계와 2단계) 둘째는 의지력이라는 방법에 의존하는 것이다(3단계). 1장에서 곧 배우겠지만, 기대를 품은 이상 성공 혹은 실패라는 최종 결과가 나오는 순간까지 자연히 만성 스트레스에 시달리게 된다. 그리고 의학으로 거듭 입증된 바에 따르면 스트레스는 우리가 살아가면서 부딪히는 사실상 모든 문제의 객관적 원인이자 실패하게 되는 주요 원인이다. 의지력(3단계)에 의존하는 것도 사실상 실패를 보장하는 셈이다. 의지력은 의식의 힘에 의존하기 때문이다. 앞으로 1장에서 알게 되겠지만, 우리의 잠재의식과 무의식적 태도는 의식적 사고보다 말 그대로 백만 배는 더 강하다. 그러므로 어떤 이유로든 잠재의식과 무의식이 의식적 의지력과 직접적으로 맞선다면 우리의 의식은 매번 참패를 면치 못할 것이다. 더욱이 우리의 무의식이 차단하고 있는 의지력을 이용해 어떤 결과를 '억지로' 이끌어내려고 노력하다 보면 스트레스 수치가 급격히 상승한다. 다시 말해, 스트레스는 우리의 인생에서 부딪히는 사실상 모든 문제의 원인을 활성화시키는 것이다.

달리 표현하면, 지난 65년 동안 97퍼센트의 실패율을 기록했던 원인은 일반적으로 통용되고 있는 청사진이 말 그대로 '실패'를 가르치기 때문이다. 그 방법을 활용한 학생들은 자신들이 가르침 받은 내용을 그대로 익혔을 뿐이다. 결정타는 이것이다. 만약 기대감 자체가 본질적으로 스트레스를 유발하고, 행복해지고 성공하기 위해 의지력을 이용하는 방법의 성공 확률이 턱없이 낮다고 하면 (설상가상 스트레스만 더 심해질 뿐이라면) 이 청사진은 우리의 장기적인 불행과 실패를 보장할 뿐 아니라 애초에 노력조차 하지 않았던 시절보다 상황이 한층 악화된다는 뜻이기도 하다.

이쯤에서 다음과 같은 의문이 생길지도 모른다. 만약 이 청사진이 실패의 청사진이라면 어째서 그토록 올바르고 자연스럽게 보이는 것일까? 여기에는 세 가지 이유가 있다.

1. 당신이 실패의 청사진을 따라 행동하도록 프로그램되어 태어났기 때문이다. 최종결과에 집중하는 태도는 당신의 하드웨어에 내장된 프로그램, 혹은 자극-반응stimulus-response이나 쾌락 추구-고통 회피 seek pleasure-avoid pain라고 알려진 프로그램에서 기인한다. 이는 인간의 생존 본능의 하나로 당신이 살아가면서 거의 6~8세 때에만 활용했던 방법이다. 이를테면, 아이스크림이 먹고 싶어서 아이스크림을 차지할 계획을 세운 다음 아이스크림을 실제로 손에 넣는 식이다. 바로 그런 이유로 그토록 자연스럽게 느껴지는 것이다. 큰 문제는, 어른이 된 후에도 생명이 당장 위급한 상황이 아니라면 이런 식으로 살아서는 안 된다는 것이다. 약 6~8세 이후부터는 나중에 찾아올 고통이나 쾌락을 신경 쓰지 않고 자기가 옳고 선하다고 생각하는 바대로 살아가기 시작해야 한다. (이 문제에 대해서도 1장에서 자세히 논의하겠다.) 결국, 성인이 되어서도 이 청사진을 신조로 삼아 살아간다면 우리는 다섯 살짜리 아이들처럼 행동하면서도 그 사실을 알지 못할 것이다.

2. 당신에게는 다른 사람들도 하나같이 그렇게 행동하는 것처럼 보이기 때문이다. 달리 표현하면, 당신은 이 청사진이 거의 모든 상황에서 올바른 접근방법의 모범으로 사용되는 모습을 보아왔다. 원하는 것이 생기면 그것을 얻기 위한 방법을 모색한 다음 의지력을 이용해 그것을 성취하는 것이다. 이 방법은 동료들과 선생님들, 부모님들의 행동을 통해

당신에게 하나의 모범으로 자리 잡았다.

3. 지난 65년 동안 전문가들이 그렇게 실패의 청사진을 바탕으로 가르쳐왔기 때문이다. 앞서 언급했듯이, 이 청사진은 거의 70년 동안 사실상 모든 자기계발 베스트셀러나 프로그램의 기초를 형성해왔다.

이처럼 오늘날 적용되는 자기계발 프로그램의 전형적인 방법론은 시대에 뒤떨어질 뿐 아니라 애초부터 결함투성이였다. 하지만 의지력을 발휘해 최종 결과를 추구하는 것이 실패의 청사진이라는 사실을 납득하기 위해 통계나 연구가 필요하지는 않다. 나는 무수한 상담 경험을 통해 그 사실을 잘 알고 있기 때문이다.

약 25년 전, 나는 청소년과 그 가족들을 위한 카운슬러로 근무하면서 그들이 정도를 벗어나지 않고 인생에서 성공을 거둘 수 있도록 도와주었다. 전형적인 자기계발 청사진에 따라 훈련을 받고 오랫동안 내 인생의 모든 측면에서 이를 지켜왔던 것이다. 그럼에도 불구하고 나의 청소년 상담은 실패로 끝났다. 더욱이 재정적으로도 어려움을 겪다가 결국 파산할 지경에 이르렀다. 비록 행복한 표정을 짓고 다니기는 했지만 마음은 비참하기 이를 데 없었다. 나는 사람들, 그 중에서도 특히 나 자신이 성공적인 삶을 살아가도록 도울 방법은 없는지 그 해답을 오래도록 찾아다녔다. 종교, 자기계발, 심리학, 의학 그리고 존경하는 사람들이 건네는 충고 등 온갖 방법을 동원했지만 아무 것도 효과가 없었다. 물론, 나는 자신을 탓했을 뿐 가르침이 틀렸다고 비난하지는 않았다. 그저 내 노력이 부족하거나 내 방법이 틀린 거라고 스스로에게 이야기했을 뿐이다.

이런 식으로는 더 이상 삶을 영위할 수가 없을 것만 같아서 모든 것을 내던져버리고 싶은 심정이었다. 당시를 기억해보면, 이런 생각을 했었다. 어떻게 순식간에 만사를 엉망으로 만들어버린 걸까? 그때는 겨우 20대에 불과했으므로 내가 인생의 모든 분야에서 실패하는 것처럼 느껴졌다. 글쎄, 살아보니 내 인생이 그때 완전히 끝난 것은 아니었다.

결혼한 지 3년 뒤인 1988년 폭풍이 몰아칠 듯한 어느 일요일 밤, 아내 호프Hope는 이렇게 말했다. "당신한테 할 말이 있어." 우린 수많은 대화를 나눴지만 아내가 이런 식으로 말을 꺼낸 적은 한 번도 없었다. 나는 무슨 일이 일어났음을, 게다가 그리 좋지 않은 일임을 직감했다. 아내는 내 눈을 차마 제대로 바라보지 못했다. 아내의 목소리는 떨렸지만 어떻게든 차분히 말을 이어가려고 애쓰는 중이었다. "알렉스, 집에서 나가주면 좋겠어. 도저히 당신하고는 더 이상 같이 못 살겠어."

사실, 나는 마치 이탈리아 가정 같은 환경에서 성장했다. 우리 가족은 정치에서부터 종교를 비롯해 주말 가족계획에 이르기까지 무엇이든 끊임없이 논의하고 토론했다. 하지만 인생에서 가장 중요한 이 순간에 나는 반박할 말을 단 한 마디도 찾지 못했다. 겨우 떠올린 말이라고는 이것뿐이었다. "알았어."

그렇게 나는 집을 나왔다. 충격으로 몸이 뻣뻣하게 굳은 채 작은 가방에 필요한 물건만 한두 가지 챙겨 넣고는 아무 말 없이 조용히 집을 나섰다. 부모님 댁으로 가서는 뒤뜰에서 밤새도록 기도하고 해답을 찾으며 울었다. 마치 마음이 죽어가는 것처럼 아무런 희망도 느껴지지 않았다.

당시에는 깨닫지 못했지만 집을 나온 것은 내 인생 최고의 행운이었다. 그 뒤 6주 동안 나는 인생에서 가장 바람직한 전환점을 맞이했기 때문이다. 집을 나서는 순간, 온갖 종류의 문제를 해결하는 비결을 배울 수 있는 일종의 "영적인 학교"로 인도되었고, 훗날 이 비결에 '누구도 알지 못했던 세상의 가장 큰 원칙'이라는 이름을 붙였다.

하지만 그날 밤에는 내 인생이 끝나버린 것만 같았다. 그래서 몇 번이고 계속 자문해보았다. "이런 일이 대체 왜 일어나는 거지?" 이는 정당한 질문이었다. 내가 반드시 성공시켰어야 할 것이 하나 있다면 그것은 다름 아닌 결혼이었기 때문이다. 결혼식을 올릴 때 호프와 나는 우리가 아는 그 누구보다도 결혼에 대한 대비가 잘 되어 있었다. 첫 번째 데이트를 하던 날, 우리는 공원으로 가서 풀밭에 담요를 깔고 누워 별이 총총한 아름다운 가을밤을 보며 이야기를 나누었다. 이야기를 하고 또 했다. 대화가 끊이지 않았다. 정말 신기한 일이었다. 6시간 내내 이야기가 지속되었다. 무엇이든 물어보라. 우리가 이야기하지 않은 주제는 아마 없을 테니까. 우리의 첫 데이트는 그렇게 흘러갔다.

이야깃거리가 떨어지고 나자 함께 책을 읽었다. 우리는 같은 책을 읽곤 했다. 인간관계에 관한 책이나 두 사람 모두 관심이 있는 주제를 다룬 책이었다. 줄을 치고 메모해가며 같이 책을 읽었다. 그러고 나서 데이트를 하는 날에는 메모를 준비해가서 읽은 책에 대해 토론을 하곤 했다. 자발적으로 혼전 상담을 받기도 했다. 성격 검사를 받아 그 결과를 비교하고는 앞으로 일어날 법한 문제와 해결에 대해 상담사와 이야기했다. 1986년 5월 24일, 결혼식을 올리던 날 우리는 모든 준비가 되어 있었다.

아니, 준비가 되었다고 생각했다. 그런데 3년도 채 지나지 않아 아내는 나를 꼴도 보기 싫어하고 나 역시 불행하기 짝이 없는 상태가 되었다. 어째서일까?

집을 나온 날 밤 부모님 댁 뒤뜰에서 나의 진짜 교육이 시작되었다. 나의 머릿속에서는 신의 목소리와 같은 소리가 분명히 들려왔다. 그 목소리는 내가 듣고 싶어 하지 않았던 이야기를 들려주었다. 사실 그 이야기는 내 기분을 상하게 만들었다. 그러고 나서 그 목소리는 세 가지 질문을 던저 나를 속속들이 뒤흔들어놓고 향후 6주 동안 내 존재의 근원까지 디프로그램deprogram하고 리프로그램reprogram했다. 그 뒤로 나는 완전히 달라졌다. 그 세 가지 질문은 러브 코드, 즉 우리가 가장 큰 원칙에 맞춰 살아가게 할 방법의 시작이 될 것이었고 그 방법은 이 책에서 발견할 수 있다. 이 상황은 그야말로 순식간에 벌어졌지만 그 후로 나는 25년을 쏟아 부은 끝에 누구나 언제든지 실행할 수 있는 방법을 정확히 알아냈다. 사실, 현재 내가 시행하는 방법은 전형적인 3단계 자기계발 청사진의 정반대라고 할 만하다. 게다가 정반대의 효과를 불러일으키기도 한다. 내 경험에 비추어 보면 이 방법의 성공률은 97퍼센트 이상을 자랑하는 데 비해, 지난 65년 동안 시행된 전형적인 자기계발 계획의 실패율은 97퍼센트에 달한다.

6주가량의 별거 시간을 가진 뒤, 호프는 별로 내키지 않았지만 나와 다시 데이트를 하기로 했다. 아내가 나중에 한 말을 빌리면, 그날 내 눈을 처음 들여다본 순간 내가 달라졌음을 알았다고 한다. 비록 겉으로는 조금도 다를 바 없어보였지만 나는 내적으로 완전히 다른 사람으로 탈바꿈한 상태였다. 과거에 겪은 고통 때문에 아내는 그 사실을 내게 말해주지도 않았고 한동안은 경계태세를 늦추지도 않았다. 하지만 결과는 분명하고도 불가피한 것이었다.

비록 나중에 우리는 호프의 건강과 금전적인 문제들로 인해 다투기도 했지만[2] 우리 삶의 가장 중요한 부분들은 예전과 완전히 달라졌다. 전환점을 맞은 뒤부터 그 순간까지 나는 러브 코드 덕분에 계속 변화하고 있었다. 그리고 호프 역시 달라지기 시작했다.

그날 이후로 나는 당시에 상담을 진행하던 청소년들과 부모들을 비롯해 가능한 모든 사람에게 러브 코드를 가르치기 시작했다. 그들이 생각하는 자신들의 문제가 무엇이든, 그들이 생각하기에 반드시 피해야 할 문제가 무엇이든, 그들이 정말로 알아야 할 것은 러브 코드였다. 그러면 러브 코드를 아주 간략히 알아보자.

> 사실상 모든 문제 혹은 불행과 실패는 어떤 형태의 내적 공포로 인해 생겨난다. 신체적인 문제조차 예외는 아니다. 그리고 내적 두려움은 하나같이 그 특정한 문제에 관한 사랑의 결핍 때문이다.

공포 반응의 다른 이름은 스트레스 반응이다. 만약 공포심이 문제라면 그 반대인 사랑이 바로 치료법인 것이다. 진정한 사랑이 존재하는 한 두려움은 존재할 수 없다(생명을 위협하는 긴급사태는 제외한다). 이 주장이 한낱 이론에 불과한 것처럼 들릴지도 모른다. 다행히, 지난 몇 년 동안 이 주장을 과학적으로 뒷받침하는 연구들이 진행되었다(여기에 관해서는 이 책 전반에 걸쳐 논의할 것이다). 심지어 성공에 관련된 문제들과 외적 환경external circumstances을 포함해 세상만사는 결국 당신이 처한 내적 상태가 공포인가 아니면 사랑인가로 요약된다.

상담일을 처음 시작했을 시절, 나를 찾아온 내담자에게 매번 가장 먼저 가르치는 내용이 있었다. 건강, 인간관계, 성공, 분노, 걱정 등 그들이 제시하는 문제가 무엇이든 내가 생각하기에 그 근원에는 언제나 사랑·두려움의 문제가 자리하고 있다는 점이었다. 만약 사랑이 두려움을 대신할 수 있다면, 내담자들의 증상은 그렇지 않을 경우에 비해 한결 개선될 것 같았다.

하지만 얼마 지나지 않아 문제가 발견되었다. 사람들에게 "사랑하세요"라는 말만 해서는 아무 효과가 없었던 것이다. 그들이 고대의 문서들과 원리들을 읽고 연구하며 그에 대해 명상하도록 만드는 것은 별다른 효과를 거두지 못했다. 내가 변화하면서 자연스레 실천하게 된 행동들을 내담자들이 무작정 실천할 수 있도록 가르치려 노력했지만, 사실상 누구도 그렇게 하지 못했다. 왜 그랬을까? 나는 그들에게 3단계 실패의 청사진을 가르치면서도 심지어 그 사실을 깨닫지도 못했기 때문이다! 의식적인 공포에 기초한 사고방식을 사랑에 기초한 사고방식으로 바꾸라고, 공포에 기초한 감정을 사랑에 기초한 감정으로 돌리라고, 공포에 기초한 행동을 사랑에 기초한 행동으로 변화시키라고 말하고 있었던 것이다. 달리 말하면, 나는 그들에게 의지력을 발휘해서 외적인 최종 결과를 예상하는 데에 주력하라고 가르치는 중이었다! 몇몇 사람들은 이렇게 말했다. "네, 충고 참 감사하네요." 또 어떤 이는 비꼬듯이 이렇게 말했다. "네, 점심 먹고 당장 그렇게 해보죠. 아무렴요." 나중에서야 비로소 나는 그들이 그렇게 냉소적인 태도를 취한 이유를 알아차렸다. 그들은 이런 생활 방식을 이미 시도했지만 실패했던 것이다. 그날 밤 부모님 댁에 가기 전까지 내가 평생토록 수없이 시도했다가 끝내 실패했던 것처럼 말이다.

그날 밤 나는 진정한 변화를 경험했고 그 뒤로 6주 동안 "변화의 깨달음"을 느끼게 되었다. 그렇다고 해서 그날 밤 단지 사랑하겠다는

'결심'을 한 뒤 의지력을 발휘해 이를 실천하기 시작했다는 뜻은 아니다. 오히려, 의지력을 발휘할 필요도 없는 상태에서 어떤 일이 순식간에 일어나, 내적 공포를 사랑으로 바꾸고 예전에는 전혀 불가능했던 방식으로 자연스레 사랑할 수 있도록 만들어주었다. 나는 예전에 전혀 불가능했던 방식으로 진실을 보았고 사랑이 무엇인지 깊이 이해하고 느꼈으며 그 감정이 진짜라는 것을 알았다. 순식간에 걱정 대신 평화, 공포 대신 사랑을 생각하고 느끼고 믿으며 그런 마음에 따라 행동하기 시작했다. 환한 빛이 나의 어둠 속으로 한꺼번에 밀려들었고 예전에는 도저히 강행할 수 없었던 일들을 아무 어려움 없이 실행하기 시작했던 것이다.

만약 사람의 뇌를 컴퓨터의 하드 드라이브라고 간주한다면, 마치 나의 뇌가 사랑과 공포의 문제와 관련해 순식간에 디프로그램 되고 리프로그램된 것 같았다. 마치 어떤 소프트웨어 패키지를 다른 제품으로 교환한 것만 같았다. 솔직히 말해, 이 변화의 깨달음은 일종의 계시vision와 같은 것이었다. 그 안에서 나는 사랑에 대한 진실을 잠시 흘끗 보고 이를 고수할 수 있었다. 사실, 아인슈타인은 상대성 이론에 관해 이와 비슷한 경험을 글로 쓴 적이 있었다. 그는 자신이 한 줄기 광선이 되어 움직이는 모습을 보았고 이 사고 실험을 그 유명한 특수 상대성 이론($E=mc^2$)의 시작으로 여겼다. 이 완전한 진실이 그의 머릿속에 떠오른 것은 한 순간이었지만 그가 이를 입증할 수 있는 수식을 생각해내기까지는 무려 12년이 걸렸다.

얼마 지나지 않아 나는 단지 원하는 마음만으로는 변화의 깨달음을 얻지 못한다는 것을 알게 되었다. 말하자면, 아직 수식을 생각해내지 못했다는 사실을 알아차렸다. 누구나 어떤 상황에서든 적용할 수 있어서 두려움을 사랑으로 디프로그램하고 리프로그램하도록, 그리고 가장 심오한 수준에 도달하면 실제로 사랑으로 살아가도록 가르쳐줄 실용적인 방법과 구체적인 지침이 필요했다. 내가 얻은 변화의 깨달음이 그랬듯이 그 방법은 문제의 종류에 관계없이 사람들이 겪는 문제의 근원을 제대로 다룰 수 있어야 했다.

그 뒤로 24년 동안 나는 그런 작업을 실천해왔다. 내담자들과 작업해가며 마침내 세 가지 도구를 발견하여 (여기에 관해서는 4장에서 배우게 된다) 그들이 잠재의식 속 근원으로 곧장 들어가 두려움을 디프로그램하고 사랑을 기본 프로그램으로 전환시킬 수 있도록 도와주었다. 나는 세 가지 도구를 발견했을 뿐 아니라 전형적인 3단계 자기계발 청사진이 얼마나 무익한지도 알게 되었다. 이 책에서는 자연스럽고 유기적으로 이 세 가지 도구를 활용해 인생의 모든 영역에서 행복과 성공을 마침내 쟁취하는 방법을 알려줄 것이다. 더불어, 이 방법은 결코 의지력을 발휘해 더 열심히 노력하라는 조언을 기반으로 삼지 않는다.

심리 상담 석사 학위를 받고나자 나는 우선 간판부터 내걸었다. 심지어 자격증을 따기도 전이었고 어느 심리학자에게 여전히 지도를 받는 처지이기도 했다. 그러고 나서는 미국 테네시 주 내쉬빌에서 활동하는 경험 많은 동료들의 심기를 거스르거나 그들의 농담거리가 되어버릴 일을 저지르고 말았다. 다름 아닌, 50분당 120달러라는 가장 비싼 상담료를 부과했던 것이다(무려 20년도 훨씬 전이었다). 심리 상담 석사 학위를 소지한 어느 상담사도 그렇게 하지 않는다! 하지만 경험으로 터득한 사실에 따르면 보통 내담자들은 대체로 6개월 동안 1~10회 남짓 나에게 상담을 받을 뿐이고 그러고 나면 문제가 해결되어 더 이상 나를 찾아올 필요가 없었다. 일반적으로 다른 상담사들은 내담자들을 일주일에 한 번씩 1~3년 동안 만났다. 다른 상담사들은 내담자들에게 남은 평생 동안 계속 골칫거리로 남을 법한 문제들을 다룰 수 있는 대응기제coping mechanism를 가르쳐준 반면에, 나는 내담자들과 함께 그들의 문제들을 최대한 정확하고 선명하게 들여다보는 데 매진했다. 당신이 이 책에서 발견하게 될 내용들은 내담자들에게 알려준 것을 정리한 것이다.

대단히 비전통적인 방법의 상담을 진행한 지 6개월 만에 내 상담소는 6개월 치의 대기자 명단이 채워졌다. 그뿐만이 아니라 동료 상담사들도 줄을 지어 나를 찾아오거나 전화를 걸었다. 나에게 악담을 퍼붓거나 나의 상담 방식을 알아내기 위해 점심을 먹자고 다정하게 요청하거나, 둘 중 하나였다. 그들을 찾아가던 내담자들이 나에게 발길을 돌렸기 때문이었다.

러브 코드는 나의 인생을 변화시켰을 뿐 아니라 개인 상담을 받은 수없이 많은 사람들의 인생을 바꾸어 놓았다. 그리고 이 원칙이 당신의 인생도 변화시킬 것이라 믿는다.

97퍼센트의 성공률

러브 코드는 고대의 영적 지혜와 최신 임상 연구 및 방법론과 완벽한 조화를 이룬다. 그리고 의지력으로 절대 얻어낼 수 없는 해결책을 제공해준다. 앞으로 1장과 5장에서 논의할 연구에 따르면, 전형적인 3단계 자기계발 청사진은 문자 그대로 우리의 뇌 기제를 작동시켜 다음과 같은 결과를 가져온다.

* 우리의 지적 수준을 저하시킨다.

* 우리를 병들게 한다.

* 우리의 에너지를 고갈시킨다.

* 우리의 면역체계를 억압한다.

* 우리의 고통을 배가시킨다.

* 우리의 혈압을 높인다.

* 우리의 세포를 파괴한다.

* 인간관계를 망가뜨린다.

* 공포와 분노, 우울함, 혼란, 수치심, 가치와 정체성에 관한 문제를 일으킨다.

＊ 우리가 아무리 행복한 표정을 짓고 있더라도 매사에 부정
  적인 관점에서 행동하도록 유도한다.

이와 반대로 러브 코드는 위에서 말한 기제의 작동을 중지시킬 뿐
아니라, 임상 연구에 따르면 우리 뇌에서 다음과 같은 기능을 수행하
는 다른 기제를 실제로 작동시킬 수 있다.

＊ 인간관계를 돈독하게 한다.
＊ 부모와의 유대감을 높여준다.
＊ 사랑과 기쁨, 평온함을 느끼게 한다.
＊ 면역 기능을 향상시킨다.
＊ 스트레스를 줄여준다.
＊ 혈압을 낮춰준다.
＊ 중독과 금단 증상에 대응한다.
＊ 인간 성장 호르몬을 자극한다.
＊ 신뢰와 현명한 판단력을 높인다.
＊ 식욕과 왕성한 소화력, 신진대사를 조절한다.
＊ 치유를 촉신시킨다.
＊ 긴장을 이완시킨다.
＊ 비스트레스 에너지를 활성화시킨다.
＊ 신경 활동을 활성화시킨다.

＊ 세포의 치유와 재생을 돕는다.[3]

그렇다면 이 기제들은 정확히 어떤 것일까? 첫 번째 기제는 스트레스 반응으로, 내적 공포에서 생겨난다. 스트레스 반응은 코르티솔cortisol을 분비시키고 이로 인해 첫 번째 목록에 기재된 온갖 증상들을 유발한다. 두 번째 기제는 내적 공포가 사라지면 활성화되는 것으로, 바로 내적 사랑을 말한다. 내적 사랑을 경험하면 옥시토신oxytocin(일반적으로 "사랑의 호르몬"으로 알려져 있다), 그리고 뇌와 호르몬 체계의 다른 펩티드peptide가 분비되어 결국 두 번째 목록에 기재된 긍정적인 증상들이 모두 나타난다.

이 목록이 얼마나 깊이 있는 임상 연구를 바탕으로 작성되었는지 알려주기 위해, 최근에 조지 베일런트George Vaillant 교수는 하버드 대학교 인간 발달 그랜트 연구Harvard University's Grant Study of Human Development를 통해 가히 "역사상 가장 오랫동안 진행된 인간 발달에 관한 종단 연구"라 할 만한 결과물을 발표했다. 1938년에 시작된 이 연구는 남자 학부생 268명을 대상으로 피험자들의 인생을 90대까지 추적해 인간의 행복과 성공에 영향을 미치는 요인들이 무엇인지 밝혀냈다. 30년 이상 이 연구를 감독해온 베일런트는 연구 결과를 다음과 같이 종합 정리한다. "이 그랜트 연구에 투자된 75년의 시간과 2,000만 달러의 자금은 간단하고 명백한 결론을 나타낸다. 행복은 사랑이다. 이상."[4]

이제는 당신도 성공과 실패가 자신의 내적 상태internal state에 의해

결정되며 그것이 사랑과 공포 가운데 무엇을 기반으로 하느냐에 좌우된다는 것을 이해하기 바란다. 만약 첫 번째 기제인 스트레스 반응이 당신의 인생에서 작용하고 있다면, 당신은 실패하게 되거나 적어도 완벽한 성공에 도달하지 못한다. 아마 거의 모든 사람들이 이에 해당될 것이다. 꼼짝도 하지 않는 바위를 밀어내려 오래도록 애쓰지만 결국 힘만 다 빠져버릴 뿐이다. 거꾸로 말하면, 두 번째 기제인 내적 사랑이 인생에서 작용한다면 당신은 성공을 거둘 것이다. 당신이 성공한 것은 더 열심히 노력했기 때문이 아니다. 그저 성공하도록 프로그램 되어있을 뿐이다.

내 친구이자 의사인 벤 존슨Ben Johnson의 주장에 의하면, 우리가 뇌에서 이 두 번째 기제를 활성화시켜 옥시토신을 자연스럽게 분비시킬 알약을 만들어낼 수만 있다면 출시 즉시 역대 최고의 판매량을 올릴 것이라고 한다. 단지 놀라운 신약이 되는 게 아니다. '언제나 완벽하게 행복하고 건강하게 만드는' 알약이 될 것이다! 그 약의 처방은 어떻게 받을 수 있을까? 실은, 당신을 위한 처방전은 바로 이 책이다.

진정한 과학(Science)과 진정한 영성(Spirituality)의 결합

이제 25년 전 집에서 쫓겨난 6주 동안 "영적인 학교"에서 배운 내용에 대해 좀 더 자세히 설명할 수 있다. 영적인 교육이 시작되자 비로소 나는 그때까지 호프를 진정으로 사랑하지 않았을 뿐 아니라 사랑이 무엇인지조차 알지 못했음을 깨달았다. 더욱이, 내가 아는 어느 누구도 진정한 사랑이 무엇인지 이해하지 못한다는 사실도 알게 되었다.

달리 말하면 나의 결혼은 호프에 대한 사랑을 기반으로 하지 않았다. 오히려 협상과 거래를 기반으로 한 것이었다. 그 거래는 나의 안전망이었다. '당신이 나에게 이렇게 해주면 내가 당신에게 그렇게 해줄게. 그렇지 않으면, 글쎄…. 내가 원하는 것을 얻을 때까지 당신에게 무언가를 주지 않는 편이 공정하지 않겠어?' 데이트하던 시절 호프가 나의 요구 사항을 들어주지도 않고 나의 요구 방식대로 행동하지도 않았다면 그녀에게 청혼을 하지 않았을 것이다. 심지어 결혼을 한 뒤에도 호프가 나의 바람대로 행동하고 나의 바람에 어긋나는 행동은 하지 않기를 기대하는 마음은 여전했다. 말하지 않은 사랑의 조건인 셈이었다. 나는 그런 말들을 입 밖으로 내뱉은 적은 없었지만 그렇게 살았다. 아내가 나의 바람을 들어주지 않으면 속이 타고 화가 났다. 이런 면에서는 아내도 마찬가지였다.

대부분의 사람들이 사랑이라는 단어를 사용할 때 의미하는 것도 바로 이 거래와 같은 사랑이다. 이런 감정에 더 적합한 이름은 WIIFM(What's In It For Me, 내가 얻게 되는 이득), 즉 대가성 사랑일 것이다! WIIFM은 수십 년 동안 거의 모든 사업적인 협상과 거래의 신조가 되어왔다. 1970년대의 베스트셀러 도서들은 인간관계를 비롯한 삶의 수많은 영역에 이 패러다임을 덧씌우라고 가르치기 시작했다. '당신이 그렇게 한다면 나도 이렇게 하겠다.' 우리는 그 패러다임을 믿었고 우리의 삶에 이를 적용시켜왔다. 그러고서는 자신이 왜 실패하는지를 의아해한다! 대가성 사랑은 사랑의 정반대다. 대가성 사랑은 공포와 즉각적인 만족을 토대로 하고(이 부분에 대해서는 5장에서 더 자세히 논의하기로 한다) 필연적으로 더 큰 장기적 실패와 고통을 초래하게 된다.

반면에 진정한 사랑은 상대방의 응답과 관계가 없다. 누군가를 진정으로 사랑한다면 자신의 전부를 걸어야 한다. 안전망도, 만약을 대비한 제2안도, 망설이며 숨기는 것도 없다. 진정한 사랑이란, 설사 당신이 필연적으로 희생할 수밖에 없다 해도 당신과 상대 모두가 승리할 수 있도록 대가성 사랑을 포기하는 것이다. 진정한 사랑을 하다 보면 순간의 쾌락이 지연될 수도 있지만 결국은 장기적인 성공과, 말로 표현할 수도, 억만금을 주고 살 수 없는 기쁨을 맛보게 된다.

기나긴 세월 동안 학자들은 이 두 가지 종류의 사랑을 각각 아가페(agape)와 에로스(eros)라는 용어로 구분해왔다. 아가페는 자연발생적이고 무조건적인 사랑으로 신성한 본성에서 생겨난다. 아가페를 느끼는 사람은 상대의 외적 환경이나 조건, 장점 때문이 아니라 사랑하는 것이 자신의 본성이기 때문에 사랑한다. 사실상, 아가페는 무조건적인 사랑의 결과로 상대에게서 가치를 창출해낸다. 에로스 혹은 대가성 사랑은 이와 정반대다. 사랑의 대상을 개인적인 고통으로 다스리거나 쾌락을 얻어내기 위해 이용하고서는 다음 상대로 넘어가버린다. 에로스는 상대방의 외적 환경과 상대가 안겨주는 대가에 좌우된다. 이와 반대로, 아가페는 상대가 주는 외적인 대가와 아무 관계가 없다.[5]

이런 사실을 깨닫자 나는 마치 커다란 망치로 머리를 한 대 맞은 듯했고 눈물을 흘리기 시작했다. 그러고 나서 한 가지 의문이 떠올랐다. 사랑이 정말로 무엇인지, 즉 안전망도 제2안도 숨기는 것도 없는 것이라는 것을 알게 되었으니 설령 우리 관계가 전혀 변화되지 않는다 해도 나는 호프를 사랑하겠다고 선택할지? 당장은 대답하지 못했다. 하지만 며칠 동안 깊이 생각하고 기도한 뒤에 마침내 나는 긍정적인 결정을 내릴 수 있었다. 호프를 그렇게 사랑하겠다는 결심을 할 수 있었다. 내 전부를 걸고 어떤 조건도 붙이지 않겠노라고. 그리고 바로 그 순간 변화의 깨달음을 얻었다. 진정한 사랑의 의미를 즉시 깨달았을 뿐 아니라 그 사랑을 실천할 수도 있게 되었다. 이 변화가 일어난 곳은 나의 의식적인 마음이 아니라 진정한 과학과 진정한 영성이 만나는 지점이었다. 바로, 우리가 잠재의식 혹은 무의식이라고 부르는 곳이자 내가 영적 마음spiritual heart이라 부르는 장소다.

이전에 나는 이 원칙을 마법의 지팡이라 불렀다. 역사적으로 보면 작동 원리나 발생 과정 등 이해할 수 없는 일들을 우리는 "마법"이라 불렀다. 그러나 작동 원리와 그러한 일들이 어떻게 재현되는지 이해하게 된 지금은 과학기술이라 말한다.

저녁에 집에 돌아가면 성냥을 들고 집안을 돌아다니면서 석유램프에 불을 붙이는가? 어딘가 가고 싶을 때면 20분 정도 일찍 나서서 마차에 말을 매는가? 음식을 먹고 싶으면 난로에 불을 지피기 시작하는가? 이와 동일한 질문들을 대략 백 년쯤 전에 물어보았더라면 사람들은 나를 바보로 여겼을 것이다. "당연히 그렇게 하죠. 누구나 그러는걸요." 그렇다면 오늘날에는 그러한 행동들을 왜 하지 않을까? 바로, 새로운 기술이 등장했기 때문이다!

기술이 더 새로워진다고 해서 그 원리가 새로워지는 것은 아니다. 당신도 다음과 같은 표현을 분명히 들어보았을 것이다. "해 아래 새로운 것은 없다." 전구, 자동차 그리고 전기가 발명되었을 때에도 천지개벽 이래로 계속 존재해왔던 원리가 적용되었다. 그런 발명은 언제나 가능했지만 우리가 구성요소들을 제대로 짜 맞추는데 수 세기가 걸렸을 뿐이다. 내가 알려주려는 방법은 우리의 신체적, 정서적, 영적 문제들을 극복하기 위한 새로운 기술로, 언제나 진리였던 고대의 원칙들을 기반으로 개발한 것이다.

"영적"이라는 단어에 종교적인 의미를 담을 의도가 전혀 없다는 점을 부디 이해해주기 바란다. 나는 종교에서 벗어나는 중이다. 사실, 내가 빚은 종교 교육에서 벗어나기까지 수십 년이 걸렸다. 많은 종교들이 대체로 공포를 기반으로 하고 있으며 그로 인해 도움은커녕 해만 끼치는 경우가 대부분인 것 같다. 그렇지만 나는 사랑과 기쁨, 평화, 용서, 친절, 신념belief을 최우선에 두고 영적인 사람이 되기 위해 노력하고 있다. 이 개념들은 영적인 문제이며, 앞으로 이 책에서 배우겠지만 우리 인생의 지배적인 문제이기도 하다.

사랑이 행복과 성공의 열쇠라는 사실이 과학적으로 밝혀진 것은 최근의 일이지만 역사상 위대한 영적 지도자들은 하나같이 수천 년 동안 이 사실을 가르쳐왔다. 다만, 그 사실을 지속적으로 실천에 옮길 방법론이나 기술이 없었을 뿐이다. 예를 들어보자.

"누군가에게 깊은 사랑을 받으면 힘이 솟아나고, 누군가를 깊이 사랑하면 용기가 생긴다."
– 노자

"하나의 단어가 삶의 모든 무게와 고통에서 우리를 해방시킨다. 그 말은 사랑이다."
– 소포클레스Sophocles

"내가 예언하는 능력이 있어 모든 비밀과 모든 지식을 알고 또 산을 옮길 만한 모든 믿음이 있을지라도 사랑이 없으면 내가 아무 것도 아니요."
– 사도 바울Paul the Apostle

"모든 존재를 조건 없고 편견 없이 사랑한다면 인간은 평화를 찾을 것이다."

– 부처

"절망에 빠질 때마다 나는 이 사실을 기억한다. 역사를 돌아보면 진실과 사랑이 언제나 승리해왔음을. 독재자와 살인자는 늘 존재했고 일시적으로는 천하무적처럼 보이기도 하겠지만 결국은 언제나 무너지고 말았음을. 항상 그것을 명심하라."

– 마하트마 간디Mahatma Gandhi

"다른 사람이 행복해지기를 바란다면 자비를 실천하라. 나자신이 행복해지기를 바란다면 자비를 실천하라."

– 달라이 라마the Dalai Lama

"어둠은 어둠을 몰아낼 수 없다. 빛만이 어둠을 몰아낼 수있다. 증오는 증오를 몰아낼 수 없다. 사랑만이 증오를 몰아낼 수 있다."

– 마틴 루터 킹 2세Martin Luther King Jr.

"사랑하는 법을 배우는 것이야말로 영적인 삶의 목표이자목적이다. 초능력을 키우는 방법을 배우는 것도 아니고 절

하는 법이나 기도하는 법, 요가하는 법, 심지어 명상하는 법
을 배우는 것도 아니고 사랑하는 법을 배우는 것이다. 사랑
은 진리다. 사랑은 빛이다."
– 라마 수리야 다스^{Lama Surya Das}

우리 시대에 이루어진 가장 흥미롭고 비약적인 발전 가운데 하나
는, 과학이 고대의 영적 원리들을 계량화하고 영적인 마음의 존재와
그것이 우리 인생의 모든 길흉과 선악의 원천이라는 점도 입증하기
시작했다는 사실이다. 진정한 영성은 늘 진정한 과학과 결합되어 왔
으며 오늘날 그 증거가 점점 더 많아지고 있다.

이는 진정한 과학과 진정한 영성의 결합이기 때문에 이 과정에서
의 성공은 어떤 세계관을 가졌는지, 어떤 집단에 속했는지 또는 러브
코드를 믿는지의 여부에 의해서도 결정되지 않는다. 그저 실행을 하
는 방법밖에 없다. 25년 동안 이 과정을 가르치면서 이 방법이 다양
한 세계관과 특성을 가진 모든 사람들에게 한결같이 효과적이었음
을 목격했다. 내가 운영하는 상담소는 현재 세계에서 규모가 가장 큰
곳에 속한다. 미국 50개주를 비롯해 세계 158개국에 상담지부가 있
으며 그 수가 꾸준히 늘어가고 있다. 수많은 내담자들 중에서 완벽히
성공하지 못한 경우는 두 손에 꼽을 정도에 불과하다. 내담자들은 두
집단으로 나뉜다. 첫째는 이유가 무엇이든 간에 그 과정을 무작정 실
행하려 하지 않는 사람들이다. 둘째는 그 과정의 철학적 원칙에 동의

하지 못하기 때문에 시도조차 하지 않는 사람들이다. 두 가지 경우를 제외하면 내가 아는 사람들은 하나같이 성공을 거두었다.

요즘 가장 대중적인 개념 중 하나는 어떤 것을 이루기 위해서는 그것을 믿어야 한다는 것이지만 러브 코드에는 해당되지 않는다. 이 방법이 효과가 있다고 믿을 필요도, 내가 하는 말이 무엇이든 그것을 믿을 필요도 없다. 이 방법이 효과가 있다거나 내가 하는 말이 사실이라고 믿을 필요도 없이 이 방법을 보여주고 가르쳐준 대로 정확히 실행하기만 한다면 당신은 인간관계를 비롯해 신체적, 정신적 건강의 근원은 물론이고 물질적 풍요와 환경까지도 변화시킬 수 있다.

합당한 도구

진정한 행복과 성공은 자신이 처한 상황에 관계없이 지금 이 순간 내적으로나 외적으로나 사랑하며 사는 것을 의미한다. 그렇게 할 수 있다면 모든 면이 안팎으로 좋아질 것이다. 물론 대부분의 사람들이 의지력만으로 이것을 실행할 수 없는 것처럼 당신도 자신의 컴퓨터가 프로그램되어 있지 않은 작업을 실행하도록 만들 수는 없다.

당신의 영적 마음 혹은 잠재의식과 무의식은 컴퓨터와 거의 비슷한 방식으로 작동한다. 사실, 당신의 세포는 마치 컴퓨터 칩처럼 실리콘 같은 물질로 구성되어 있다. 기억하라, 컴퓨터는 인간의 작업방식을 본떠서 만들어졌지 그 반대가 아니다. 예를 들어, 컴퓨터가 바이러스에 감염되었거나 어떤 소프트웨어를 로딩한 뒤로 계속 고장난다면, 당신은 뛰어난 결단력을 발휘할 수는 있겠지만, 합당한 도구나 지식이 없다면 그 바이러스를 삭제하거나 그 소프트웨어를 제거하지는 못할 것이다. 반면에, 올바른 과정에 따라 올바른 도구를 활용한다면 문제는 놀라울 정도로 쉽게 해결된다. 사실은, 비록 원한다 하더라도 컴퓨터의 작동을 멈추지 못할 것이다. 컴퓨터는 그 작업을 실행하도록 프로그램되어 있기 때문이다.

당신이 인생에서 성공하기 위해서는 의식이 아니라(의식을 다루는 것은 의지력뿐이다) 잠재의식과 무의식을 다루어야 한다. 잠재의식과 무의식이야말로 우리의 영적 마음과 세포의 기억이 자리한 장소이자 삶의 온갖 문제가 발생하는 근원이다. 나는 지난 24년 동안 세 가지 도구를 개발하고 시험해왔는데, 이 도구들은 인간의 하드 드라이브, 즉 삶의 파괴적인 순환 고리를 지속시키는 공포 기반의 바이러스를 디프로그램하고, 내면에서 우러난 진실과 사랑으로 살아가도록 잠재의식과 무의식 수준에서, 의지력에 의존하지도 최종 결과를 기대하지도 않은 채 당신을 리프로그램한다. 디프로그램과 리프로그램 작업이 끝나면, 내적으로도 외적으로도 현재에 충실하게 사랑하며 살아가는 것이 당신의 기본 프로그램으로 설정될 것이다.

그러므로 이 책에서 당신은 인생의 모든 부분에서 행복해지고 성공하는 방법을 알려줄 원칙뿐만이 아니라 러브 코드가 작동하는 과정과 그 도구도 발견할 것이다. 당신이 보게 되는 것은 수천 년 전 처음 작성되어 오늘날 새로운 연구와 명문대학의 박사들에 의해 재확인된 완벽하고 완결된 과정이지만, 이는 모든 조각이 순차적인 단계에 맞게 실제적으로 재편성된 것이다.

1부에서는 당신이 생각하는 성공의 최종 목표 혹은 어느 무엇보다 진실로 원하는 한 가지가 무엇인지 알아볼 것이다. 이는 러브 코드를 실천하기 위한 기반을 마련해줄 중요한 개념이다. 그런 다음, 러브 코드가 언제나처럼 효과를 발휘하는 이유가 무엇인지 이해하는 데 도움이 되도록 몇 가지 과학적, 영적 원리에 대해 더 자세히 알아보기로 하자.

2부에서는 자신의 행복과 성공을 위해 러브 코드를 실천하는 방법에 대해 배워보기로 한다. 우선 성공을 방해하는 문제를 근원적으로 디프로그램하고 리프로그램할 세 가지 도구의 사용 방법을 알아볼 것이다─이 도구는 다른 어디에서도 발견하지 못할 것이다. 그러고 나서 세 가지 도구와 함께 사용할, 성공 문제의 근원을 확인하는 몇 가지 기본적인 진단의 실행 방법을 알려주겠다. 이 시점에서 당신은 러브 코드를 실천하기 위해 필요한 모든 것을 갖추게 된다. 보다 상세한 계획을 선호한다면 마지막 장에서 러브 코드 성공의 청사진, 즉 지금까지 배운 모든 개념들을 기반으로 어떤 분야에서든 당신이 바라는 성공을 창조하고 성취하기 위한 40일의 단계별 과정을 찾아보기 바란다.

러브 코드는 당신을 실패에서 구제하는 것 이상의 역할을 한다. 당신을 기대 이상의 성과를 거두는 사람으로 변화시키는 것이다. 이미 비상한 재능과 능력이 있는 사람도 예외는 아니다. 전통적인 3단계 자기계발 실패의 청사진은 당신이 직접 고안한 방법을 활용할 때보다 더 처참한 실패를 안겨주는 경우가 많지만, 그에 비해 러브 코드는 당신이 의지력을 넘어설 뿐 아니라 예상을 벗어나 감히 바라거나 꿈조차 꾸지 못했던 최고의 성과를 이루도록 만든다.

모든 사람이 평평하다고 생각했을 때조차 지구는 항상 둥글었던 것이 진실이었던 것처럼, 누가 뭐라 해도 러브 코드는 언제나 진실이었다. 불과 몇 년 전에야 이를 과학적으로 입증했을 뿐이다. 그리고 당신은 처음으로 완벽한 행복과 성공을 이루기 위한 완전한 프로그램과 도구를 손에 넣은 것이다.

PART 1

러브코드
시작하기

성공의 최종 목표를
먼저 정하라

이번 장에서는 한 가지 질문을 던지며 출발해보자. 만약 이 질문에 정확한 대답을 제시하지 못한다면 당신은 일생 동안 가장 원하는 목표를 달성할 가능성이 거의 없다. 몇 년, 몇 십 년, 아니 어쩌면 남은 평생토록 악순환에 갇히게 될 가능성이 크다. 지나치게 비판적으로 들릴지도 모르지만 내 경험에 비추어 보면 이 질문의 정확한 대답을 아는 사람은 거의 없다. 질문은 바로 이것이다.

지금 당신이 세상에서 가장 원하는 일은 무엇인가?

정확한 대답을 떠올리는 데 도움이 되도록 한 가지 규칙을 제시하겠다. 바로, 여과 없이 답하라는 것이다. 이 말은 무슨 뜻일까? 이 질문을 들으면 대부분의 사람들은 초고속의 본능적 대답을 머릿속에 퍼뜩 떠올린다. 문제는, 대부분의 경우 이런 생각을 떠올리는 즉시 그렇게 대답하면 안 된다고 자신을 납득시키기 바쁘다는 점이다. 그들은 사회적으로 용인되기 더 쉽거나, 자신이 받은 교육과 좀 더 비슷하거나, 좀 덜 비슷하거나, 신앙심이 더 깊거나, 더 약하다고 주장하기 시작한다. 아니 당신이 무슨 주장을 펼치든 내가 이미 들어본 말이다. 이제는 절대 그렇게 하지 말 것을 권한다.

이 책은 당신이 진정으로 바라는 것을 성취하도록 돕는 데 중점을 둔다. 그 첫 번째 단계는 이 질문에 정직하게 대답하는 것이다. 자신이 진정으로 원하는 바가 무엇인지 모르거나 알고는 있지만 사실대로 인정하지 못한다면 그 바람을 성취할 가능성은 전혀 없기 때문이다. 그러므로 조금도 꾸밈없이 정직하게 대답해주기 바란다. 만약 자연스럽게 떠오른 대답이 돈을 많이 버는 것이라면, 훌륭하다. 그 생각을 쫓아라. 만약 건강 문제를 해결하고 싶다면, 좋다. 그것도 잘 될 것이다. 만약 인간관계를 개선하고 싶다면, 그것도 좋다. 무엇이든 당신의 머릿속에 자연스럽고 자발적으로 떠오른 생각이기만 하다면 올바른 답이라 할 수 있다.

램프의 요정 지니의 연습 문제

아무 여과 없이 이 질문에 대답하기 위해서는 지금 당장 한 가지 연습 문제를 풀어보자. 혹시 아라비안나이트에 등장하는 알라딘과 마술 램프 이야기를 기억하는가? 어렸을 때 나는 이 이야기를 무척이나 좋아했다. 뒤뜰을 이리저리 걸어 다니며 세 가지 소원으로 무엇을 선택할지, 그러면 결과적으로 어떤 일이 벌어질지, 무수히 상상의 나래를 펼쳐보곤 했다. 당시는 운동에 완전히 빠져 있던 시기였으므로 대개는 제2의 지미 코너스^{Jimmy Connors}(미국의 남자 테니스 선수로 세계 랭킹 1위로 활약했다─옮긴이)가 되어 테니스 코트를 누비기를 빌기도 했고, 야구 시즌이 돌아오면 세인트루이스 카디널스^{St. Louis Cardinals} 팀에 들어가 월드 시리즈 7차 경기에서 승리 투수가 되기를 기원하고는 밖으로 나가 완투를 한 것처럼 상상하기도 했다.

이제, 눈을 감고 램프의 요정 지니가 지금 눈앞에 서있다고 상상해보라. 주위에는 아무도 없고 당신과 지니 둘뿐이다. 지니가 이렇게 말한다. "주인님의 소원 하나를 이루어드리겠습니다. 원하는 것은 무엇이든 좋습니다. 다만 제약이 두 가지 있습니다. 소원을 빌 기회를 더 달라거나 다른 사람의 자유 의지를 없애는 소원을 빌면 안 됩니다. 그것만 아니면 무슨 소원이든 다 이루어질 겁니다. 천만 달러를 갖고 싶나요? 좋습니다! '불치의' 병을 고치고 싶은가요? 뜻대로 될 것입니다! 엄청난 목표를 달성하고 싶으세요? 제가 이루어드리죠! 무슨 뜻인지 이해하셨을 겁니다. 어느 누구도 주인님이 어떻게 소원을 이루었는지 알지 못할 겁니다. 인생의 이런 저런 상황 속에서 자연스레 생겨난 일이라고만 생각할 겁니다. 한 가지 덧붙이면, 평생토록 다시는 소원을 빌 수 없습니다. 그리고 10초 안에 소원을 말하지 않으면 기회는 사라집니다."

자, 바로 지금이다. 진실을 말할 순간이다. 이 순간이 실제로 닥쳤다고 생각하라. 아무 여과 없이 답하라. 시간은 10초밖에 없으니까. 눈을 감고, 이제 말하라.

지니에게 어떤 소원을 빌었는가? 종이에 적어보라.

사실, 이건 속임수였다. 그 점에 대해서는 미안하게 생각하지만 어쩔 수 없는 일이었다. 어쩌면 나중에는 나한테 감사할지도 모른다. 아무리 고심해보아도, 당신이 인생에서 진정으로 가장 원하는 바가 무엇인지 확인하는 방법은 이것밖에 떠오르지 않았다. 그러니까, 위에서 내놓은 대답은 지금 당신의 인생에서 실제로 가장 중요한 목표다. 하지만 이처럼 직설적으로 질문을 던졌다면 당신은 십중팔구 다른 대답을 내놓았을 것이다. 분명히 지금과는 전혀 다른 대답, 우리가 진정으로 가장 원하는 바를 성취하기 위한 탐구의 여행에 전혀 도움이 되지 않을 대답 말이다.

그러면 당신의 인생에서 가장 중요한 목표를 이렇게나 알고 싶어 하는 이유는 뭘까? 그 목표가 당신이 하는 모든 행동의 이유이기 때문이다. 그 목표가 당신이 지금처럼 생각한 원동력이 되었기 때문이다. 뭐라고 하든 그 목표야말로 당신이 정말로 가장 믿는 것이다. 그리고 그 목표는 당신 내부에 존재하는 기본 프로그래밍을 배신하게 한다. 당신의 현재 행동과 지금까지의 행동, 그리고 앞으로의 행동들은 모두 인생의 어느 순간에 세웠던 목표 때문이다. 물론 그 목표가 무엇인지는 이미 오래 전에 잊어버렸겠지만 말이다. 의식적이든 무의식적이든, 아침에 일어나겠다는 목표를 언젠가 세워두었기 때문에 당신이 지금 아침에 일어나는 것이다. 양치를 하고 옷을 갈아입고 택시를 부르고 결혼을 하고 이혼을 하고 자녀를 낳고 화장실을 사용하는 것도 마찬가지다. 내가 하려는 말이 무슨 뜻인지 이해했으리라 믿는다. 자기 인생에서 가장 중요한 목표가 무엇인지 확인하는 것은 진정한 변화를 만들기 위한 첫 걸음이다.

오답

나는 이 질문을 25년 동안 던져왔다. 한 사람 한 사람에게 따로 묻기도 했고 수천 명을 대상으로 한꺼번에 묻기도 했다. 내가 마지막으로 이 질문을 던졌을 때에는 무려 1,600명이 마주하고 있었지만 그중에서 정답을 이야기한 사람은 6명밖에 없었다.

정직하게 대답하라는 한 가지 규칙밖에 주어지지 않았는데 그들은 어떻게 오답을 내놓았을까? 그들이 오답을 제시했다고 자신 있게 말할 수 있는 이유는, 내가 추가 질문을 두 가지 던지자 그들이 첫 번째 질문에 오답을 내놓았다고 실토했기 때문이다. 잠시 뒤에 그 두 가지 질문을 당신에게도 던질 것이다. 도움이 될 정보를 하나 귀띔해주자면, 바로 정답은 언제나 사랑, 기쁨, 평화 등의 내적 상태라는 것이다. 그에 비해 오답은 돈, 건강, 업적, 다른 사람의 행동이나 감정을 기반으로 한 인간관계 등의 외적 환경이다. 이것은 문제를 해결하기는커녕 오히려 키우기 때문에 오답이다. 이는 당신이 간절히 바라던 행복과 성공으로부터 멀어지게 만들 뿐 아니라, 문자 그대로 인생의 실패 혹은 엎친 데 덮친 격의 재앙을 만들어낸다.

왜 그럴까? 서론에서 언급했던 전형적인 3단계 '실패의 청사진'으로 되돌아가보자. 자기계발 산업에 종사하는 대다수의 사람들이 사용하는 이 모델은 실패율이 97퍼센트에 달한다는 사실을 명심하기 바란다.

1. 당신이 원하는 것에 집중하라.
2. 원하는 것을 성취하기 위한 계획을 생각해내라.
3. 그 계획을 실행에 옮겨라.

1단계와 2단계는 성공에 도달하기 위한 최종 결과에 중점을 둔다. 하버드 대학교의 심리학 교수이자 베스트셀러 《행복에 걸려 비틀거리다Stumbling on Happiness》의 저자인 대니얼 길버트Dan Gilbert 박사는 하버드 대학교에서 실시한 연구를 통해 이렇게 결론짓는다. "기대가 행복을 망친다."란 인생의 특정한 상황을 미래의 어떤 사건(다시 말해, 최종 결과)과 연결 지을 때 발생한다고 한다. 그는 이런 현상이 우리도 인지하지 못하는 사이에 각자의 내면에서 어떻게 작용하는지 자세히

설명하는 동영상을 제작해 인터넷에 올려두기도 했다.[3]

하지만 최종 결과를 기대하면 행복하기 어려울 뿐 아니라, 건강하거나 대부분의 분야에서 성공할 가능성이 사라진다. 그 이유는 무엇일까? 앞으로 맞을 최종 결과를 기대하는 순간부터 목표 달성의 여부가 결정되는 순간까지 당신은 만성적인 스트레스에 시달릴 것이기 때문이다. 지난 30년 동안 이 땅에서 살아온 사람이라면 누구나 알겠지만, 대다수의 의사들은 질병의 95퍼센트가 스트레스로 인해 유발된다고 이야기한다. 하지만 사람들이 깨닫지 못하는 점이 있는데, 건강 문제를 차치하더라도 스트레스야말로 우리 인생에서 마주칠 수 있는 거의 모든 문제의 근원이기도 하다는 사실이다.

지극히 객관적으로 보면, 사실상 우리 삶에서 마주하는 문제들은 하나같이 스트레스에서 비롯된다. 다시 말해, 스트레스가 실패를 만들어낸다는 것이다. 어떻게 그런 일이 일어나는 것일까?

1. 스트레스는 사람을 아프게 한다. 지구상에 존재하는 거의 모든 의과대학과 의사들에 따르면 각종 질병의 최대 95퍼센트는 스트레스와 관련이 있다. 이는 누구나 다 아는 이야기다.

2. 스트레스는 지적 능력을 저하시킨다. 고등 지성 중심 higher intellectual center (고대의 구전 지혜와 보편 진리가 집대성된 에니어그

램을 서구에 소개한 러시아의 영적 지도자 구지예프G. I. Gurdjieff의 성격 심리학에 등장하는 개념으로, 객관적 인식과 최고의 지성을 발휘할 수 있는 일종의 신체 기관을 가리킨다–옮긴이)으로 흐르는 혈류를 막거나 방해하고, 창의력, 문제 해결력, 그리고 우리가 행복해지고 성공하기 위해 필요한 모든 요소들을 제거한다.

3. 스트레스는 에너지를 고갈시킨다. 코르티솔의 분비로 처음에 에너지가 급상승한 뒤에는 아드레날린이 과도하게 분비되고 에너지 수치가 뚝 떨어진다. 생명이 위험에 처해서 싸우거나 도망가야 할 경우(이때 코르티솔의 분비량이 엄청나게 증가한다)만 아니라면 스트레스를 받지 않기 때문이다. 사람들은 상담할 때 나에게 "늘 피곤해요"라는 불평을 가장 많이 하는데, 피곤함은 만성적이거나 지속적인 스트레스로 인해 유발되는 것이다.

4. 스트레스는 만사에 부정적인 태도를 취하게 만든다. "못하겠어. 잘 안 될 거야. 난 많이 부족해. 그럴 만한 재능이 없어. 별로 매력이 없어. 요즘 경기기 너무 안 좋아." 사람들은 이런 생각을 하면서 자신이 주변 상황을 정직하게 평가했다고 믿는다. 하지만 실은 그렇지 않다. 그저 스트레스를 받아서 하는 말에 불과하기 때문이다. 스트레스를 해결하면

왜곡된 생각과 감정, 믿음, 행동은 자연히 긍정적인 방향으로 선회하게 된다. 스트레스가 해결이 되지 않으면 의지력을 발휘해 이 상황을 변화시키려 하겠지만, 아무리 오랫동안 노력해도 이런 방법으로는 거의 효과를 거두지 못한다.

5. 스트레스는 거의 모든 일에서 실패하게 만든다. 이는 위의 1~4번 내용을 기반으로 내릴 수 있는 유일한 논리적 결론이다. 몸이 아프고 지적 능력이 저하되고 피곤하며 부정적인 태도를 취한 채 어떤 일에서 성공하려고 노력한다면 어떤 상황이 펼쳐질 것 같은가? 잠시 동안은 당신이 바위를 언덕 위로 밀어 올릴지도 모르지만, 대개는 그 바위가 다시 굴러 떨어져 당신을 깔아뭉개버릴 것이다. 물론, 스포츠나 과학, 재무, 영업에 유난히 소질이 있는 사람이라면 자신이 고대하는 최종 결과를 얻을 가능성이 여전히 남아 있다. 하지만 장기적으로 보면 행복하지도 성취감을 느끼지도 만족스럽지도 못할 것이다. 이런 감정들은 적어도 내가 정의하는 성공에서 대단히 중요한 부분을 차지한다. 즉, 자신이 고대하는 최종 결과를 얻고 더불어 그 과정에서 행복하고 성취감을 느끼며 만족스러워야 한다는 말이다. 그보다 못한 것에 만족해서는 안 된다.

3단계, 계획을 실행하는 것은 우리의 의지력에 달린 일로서 외적인 기대치에 비해 비효율적이다. 과학은 우리가 수년간의 경험을 통해 증명한 내용을 마침내 확인해주었다. 즉, 우리는 의지력만으로는 원하는 바를 결코 성취할 수 없다. 한때 스탠퍼드 의과대학Stanford Medical School의 세포생물학자로 재직했으며 현재는 베스트셀러 작가로 활동 중인 브루스 립튼Bruce Lipton 박사에 따르면, 의지력을 발휘해 자신이 원하는 삶과 건강, 성공을 만들어내기란 (잠재의식을 먼저 디프로그램하고 리프로그램하지 않는 이상) 실현될 가능성이 극히 적다.[4] 그 이유는 우리의 잠재의식, 즉 프로그래밍이 이루어지는 곳이 우리의 의식, 즉 의지력이 자리한 곳에 비해 힘이 백만 배 더 세기 때문이다.

내 친구이자 스탠퍼드 대학교의 물리학자로 영화 〈우리가 알면 얼마나 알까?What the Bleep Do We Know?〉에도 출연한 윌리엄 틸러William Tiller 박사는 나와 사적인 대화를 나누던 도중에 이렇게 말한 바 있다. "요즘은 어디를 가더라도 의식적 의도에 대해 이야기하더군. 하지만 우리에게 무의식적 의도도 존재한다는 건 아무도 이야기하지 않지. 의식이 잠재의식과 맞붙으면 언제나 잠재의식이 승리하기 마련이거든." 대부분의 경우, 우리는 무의식이 의식적 의도와 일치하지 않는다는 것을 인식조차 하지 못한다. 전화 걸기, 소파에 앉기, 보지 말아야 할 것을 보느라 3시간이나 더 인터넷하기 등, 어떤 행동이든 우리가 결정해서 하는 일일 뿐이라고 생각한다. 하지만 시종일관 이런 결정을 내리는 것은 우리의 의식이 아니라 무의식이다. (이 문제에 관해서는 2장에서 자세히 이야기하자.)

그러면 기대감과 외적 환경을 기반으로 목표를 정하는 문제(1단계와 2단계)로 돌아가 보자. 만약 인생에서 가장 중요한 목표가 외적 환경이라면, 당신은 즉석에서 만성적 스트레스에 시달릴 테고 목표의 달성 여부가 결정될 때까지 이 상태가 지속된다. 즉, 목표 자체가 삶의 문제를 일으키는 실질적 원인이 되기도 한다는 뜻이다. 인생의 목표가 없다거나 심지어 스트레스의 가시적 증상은 원인이 아니라는 것이다. 나는 내담자들을 상담하면서 이런 현상이 끊임없이 반복되는 것을 지켜보았다. 외적 환경을 인생 최대 목표로 삼을 경우, 그들은 한 명의 예외도 없이 다음 세 가지 결과 중 하나를 겪게 된다.

1. 언제나 원하던 외적 환경이나 목표를 달성하면 엄청난 기쁨을 느끼지만 이 기분은 일시적일 뿐이다. 하루나 일주일 혹은 한 달이 흐르고 나면 곧장 노선을 바꿔 다음 인생 목표를 추구하기 시작한다. 그리고 나에게 없기 때문에 가장 원하는 것이라고 결론 내린다. 그러고 나서 스트레스를 받은채 사기가 오르다가 다시 스트레스에 시달리는 만성적인 상태에 바로 돌입하게 된다. 무수히 많은 사람들이 수십 년 동안 이런 과정을 되풀이하다가 삶이 끝나는 순간에 가서야 이렇게 생각한다. 대체 그게 다 무슨 일이지?

내가 아끼는 한 친구는 〈뉴욕타임스〉 베스트셀러를 목표로 집필하겠다는 꿈을 오랫동안 품어 왔다. 나와 이야기를 나눌 때마다 그는 그 꿈에 대해 생각하거나 그 꿈을 위해 노력했다. 그리고 25년이 흐른 뒤에 비로소 꿈을 이루었다! 그의 책이 베스트셀러 순위에 오르던 날은 마치 하늘을 둥둥 떠다니는 것만 같은 기분을 느꼈다. 그는 나에게 문자 4개와 몇 통의 이메일을 보내고 전화도 3통 걸었다. 나는 축하 인사를 건네기는 했지만 이 원칙들을 잘 알고 있었기 때문에 그 뒤에 벌어질 상황에 대해 짐작이 갔다.

2주 반이 지나고 나서 그는 마침내 속을 털어놓았다. "막상 꿈을 이루고 나니, 생각하던 것과는 너무 달라." 사실상 그는 극심한 우울증에 빠졌고 건강에도 몇 가지 이상이 생겼다. 평생토록 꿈꾸던 목표를 실현시켰고 경제적으로도 한결 넉넉해졌는데 말이다. 어째서 그럴까? 목표를 달성하기 전에 그는 뉴욕타임스 베스트셀러를 집필하겠다는 이 한 가지 목표를 이루고 나면 특정한 문제들이 사라지고 특정한 꿈이 실현되리라는 희망을 품고 있었다. 하지만 그런 기대가 실현되지 않자 예전에 느껴본 적 없는 공허함이 밀려들어왔고, 마음 속엔 희망보다 공허함이 더 커졌다. 희망과 공허함을 맞교환하다니, 지독히도 어리석은 거래다. 달리 말해, 이 외적 환경에 관한 목표를 달성하고 나니 결국은 목표를 달성하지 않은 경우보다 더 깊은 상심에 빠지게 되었다. 하지만 오래지 않아 그는 이 일을 잊고 자신에게 행복을 안겨줄 것이라고 판단한 다음 외적 목표를 향해 나아갔다. 그로 인해 다시금 스트레스의 순환 과정에 빠지고 말았다.

2. 사람들은 목표를 달성하고 나면 자신이 엉뚱한 건물에 사다리를 걸쳐둔 듯한 기분에 금세 사로잡힌다. 바꿔 말하면, 목표를 달성해도 스트레스 순환 과정에서 사기가 올라가는 부분을 경험하지 못하는 경우가 종종 있다. 그저 원기를 회복하고 다음 목표를 쫓아가기보다는 환멸을 느끼며 정신적 혼란을 겪는 것이다. 언젠가 나는 세계적으로 유명한 밴드에 관한 다큐멘터리를 텔레비전으로 시청한 적이 있다. 밴드의 멤버들은 첫 번째 히트 음반에 대해 이야기했다. 인터뷰어가 한 멤버에게 이렇게 물었다. "그토록 오랫동안 노력하던 일이 마침내 이루어지니 기분이 어떻던가요?" 그러자 한 멤버는 단지 놀라운 정도가 아니라 상당히 충격적인 대답을 내놓았다. "이게 다일까요? 전 좀 다를 줄 알았거든요. 이런 걸 예상한 게 아니었어요."

내가 상담하는 사람들 중에는 억만장자인 가수들과 프로 운동선수들, 남녀 배우들이 수두룩하다. 20명 중 1명은 부유하고 유명할 뿐 아니라 진정으로 건강하고 행복하며 만족스럽게 살아가기도 한다. 반면에 나머지 19명은 다음 앨범도 수백만 장의 판매고를 올릴 수 있도록 열과 성을 다해 일하느라 스트레스가 끝까지 차오른 나머지, 성대가 망가지거나 히트곡을 더 이상 쓰지 못할지도 모른다는 망상에 빠진다. 세계 정상에 오른 듯한 순간 그들이 극심하게 스트레스를 받는 이유는 제3자의 입장에서는 그저 놀랍기만 하다.

부유하고 유명한 동시에 행복하고 만족감을 느끼는 이 보기 드문 사람들을 만나보면, 그들은 돈과 명예 때문에 행복하고 만족스러운 것은 결코 아니라고 분명히 말할 것이다. 이런 원칙들, 즉 내적 사랑과 진실이 어떤 최종 결과나 외적 환경보다 중요하다는 사실을 잘 알고 있기 때문이다. 그리고 대부분의 경우, 그 원칙을 터득하는 과정이 무척이나 험난했다. 개중에는 알코올중독, 약물 남용을 비롯해 각종 중독에 빠진 경우도 많다. 마지막으로, 돈과 명예가 진정한 만족감을 안겨주지 않는다는 것을 우연한 기회에 깨달았다. 그 지점에서 그들은 외적 환경에 집중하고 싶은 유혹이 찾아올 때마다 반대 방향으로 힘껏 내달린다. "돈과 명예에 대해서는 생각조차 하지 않을 거예요. 그 때문에 거의 죽을 뻔했으니까요."

사람들이 가장 중요한 목표를 달성하면 위의 1번과 2번의 상황이 모두 벌어진다. 하지만 그들은 의지력에만 기댄 채 이 외적 환경을 추구할 공산이 크고, 우리는 그 효과가 어떤지 이미 알고 있다. 그러므로 수년이나 수십 년이 지난 뒤, 혹은 인생을 다 산 뒤에도 목표를 성취하지 못한다면 어떤 일이 일어나겠는가?

3. 목표를 달성하지 못하면 사람들은 희망을 완전히 잃고 절망에 빠져 다시는 회복하지 못하는 경우가 많다. 나는 이런 상황이 수없이 반복되는 것을 지켜보았다. 지금까지 경험해본 대단히 안타까운 일은 황혼녘에야 이 원칙을 깨달은 노인들을 상담하는 것이다. 그중 어떤 사람들은 건강이나 경제적 문제 혹은 가까운 사람들과 관계가 원만하지 못해 고통을 겪는다. 하지만 나에게 상담을 받은 사람들, 그

중에서도 특히 유명인들이 해결해야 했던 가장 중요한 문제는 '후회'였다. 그들이 주도적으로 영위하지 못한 삶에 대한 후회 말이다. 나는 나이든 컨트리음악 스타들에게 각종 상들이 전시된 벽을 손으로 가리키게 했다. 그들은 상에 욕설을 퍼부으며 이렇게 말한다. "사랑과 기쁨, 평화 속에 살아가기 위해서라면, 가족들을 가장 먼저 생각할 것이고 가족들을 비롯 사랑하는 사람들과 시간을 같이 보내기 위해서라면 어떤 노력도 마다하지 않을 겁니다." 일반적으로 사람들은 나이가 더 들면서, 사랑으로 살아가는 것이야말로 가장 큰 원칙이라는 사실을 본질적으로 이해하기 시작한다.

하지만 가끔은 그런 깨달음을 아직 얻지 못한 노인들을 만나기도 한다. 그들은 여전히 외적 환경에 초점이 맞춰진 내면의 공포에 시달리며 살고 있다. 어쩌면 자신들이 받은 트로피와 업적에 필사적으로 매달리고 있는지도 모른다. 과거에는 모든 상황에서 불행하고 괴롭고 불안하고 멀어지며 건강하지 못한 관계들을 맺었다. 지금은 엄청난 부자일 수도 있고 살아있는 전설이 되었는지도 모른다. 하지만 그런 건 아무래도 상관없다. 나에게 상담 받는 그들의 모습을 본다면 당신은 안쓰러운 기분을 느끼며 발길을 돌릴 것이다. 어쩌면 측은하다고 말하며 그렇게 인생을 마감하지는 않겠다고 결심할지도 모른다. 만약 그들이 나를 찾아온다면 나는 빠르게 그들이 사랑과 기쁨, 평화, 올바른 인간관계 속에서 살아갈 수 있도록 도와줄 것이다. 그들이 치유되는 과정은 정말이지 놀라움 그 자체다. 물론 그들에게 남은 시간이 그리 많지는 않지만, 그렇다고 해서 지나온 세월 속에서 선택한 것들을 변화시키지 못한다는 뜻은 아니다. 바로 그것이 내가 이 책을 쓰게 된 동기다. 이 책을 펼친 당신은 그들과 똑같은 위치에서 인생을 마무리하지는 않을 것이다. 이 책에 제시된 단계별 과정을 시작한지 40일이 지나면, 대부분의 사람들은 행복하고 만족한 가운데 최상의 성취를 이루는 진정한 성공에 이르게 된다.

이런 이유들 때문에 외적 환경은 "지금 이 순간 세상에서 가장 원하는 것은 무엇인가?"라는 질문에 대한 오답이 될 수밖에 없다. 고대 문서와 최신 과학 연구에 따르면, 외적 환경을 궁극적 목표로 삼고 이를 추구하는 동안 진정으로 행복하고 만족한다는 것은 그야말로 불가능한 일이다.

정답 찾기

만약 당신이 첫 번째 질문 "지금 당신이 이 세상에서 가장 원하는 것은 무엇인가?"에 오답을 제시한 99퍼센트의 사람 중 한 명이라면, 다음 두 가지 질문에 기대어 정답을 찾아낼 수 있을 것이다. 기억을 더듬어 지금 이 순간에 세상에서 가장 원하는 것은 무엇인가 라는 첫 번째 질문을 떠올려 보자. 그리고 다음 두 개의 질문은 다음과 같다.

2. 첫 번째 질문에서 가장 원하는 것이라고 대답한 일을 이루고 나면 당신에게 어떤 도움이 되고 당신의 삶에 어떤 변화가 일어나겠는가?

3. 첫 번째와 두 번째 질문에서 대답한 것들을 이루었다면 어떤 기분이 들겠는가?

세 번째 질문에 대한 답은 사실상 "이 순간에 세상에서 가장 원하는 것은 무엇인가?"라는 첫 번째 질문의 정답이기도 하다. 그것은 당신이 세상에서 정말로 원하는 것이면서 내적인 마음의 상태지, 결코 외부적인 물질적 상황이 아니다.[5] 이 내적 상태는 앞으로 성공의 최종 목표라고 부를 것이다. 이것이 본질을 정확히 표현하는 말이기 때문이다. 하지만 이 내적 상태가 정말로 성공의 최종 목표라면, 어째서 처음부터 자연스럽게 그런 대답이 나오지 않는 것일까?

거기에는 이유가 있다. 거의 대부분의 사람들은 외적 환경이 세 번째 질문의 대답인 내적 상태를 이루어줄 것이라고 믿기 때문에, 첫 번째 질문의 답으로 외적 환경을 제시하는 것이다.

한 가지 예를 들어보자. 몇 달 전 로스앤젤레스에서 열린 어느 행사에서 일어난 일이었다. 나는 이 연습을 통해 청중이 저마다의 최종 목표를 발견할 수 있도록 돕고 있었다. 그 행사에 참여한 어느 사랑스러운 숙녀 한 명이 자발적으로 무대 위로 올라와서 자신의 대답을 들려주었다. 최근의 경제 상황으로 인해 많은 사람들이 그랬듯이 그녀 역시 몇 년 동안 힘들게 지내왔다. 첫 번째 질문을 듣고 그녀는 '백만 달러'라고 대답했다. 그러면서 마치 자기 인생의 사랑, 좋아하는 음식, 혹은 호사스러운 초콜릿 디저트에 대해 이야기하는 것만 같은 눈빛을 하고 있었다. 두 번째 질문에 대한 대답은 당신이 예상할 만한 내용이다. "고지서에 청구된 세금을 납부하고 숨 쉴 만한 공간이 있고 정말 필요한 휴가를 떠나는, 생활의 압박감이 덜한 삶이면 좋겠어요." 세 번째 질문에 대한 대답은 '평화'였다. 그녀는 평화를 얻기 위해서는 돈이 꼭 있어야 한다고 생각했다. 그녀의 처지로서는 돈이 실제로 평화를 가져다줄 것이라고 판단했던 것이다.

나는 이 단계별 방법이 어떤 식으로 작용하는지 설명하고 나서 그녀에게 질문을 던졌다. "당신이 정말로 가장 원하는 것은 평화일 수도 있겠지요. 하지만 내적인 평화를 안겨줄 유일한 수단이 돈이라고 생각하세요?" 그녀는 입을 떡 벌리더니 얼굴을 가리고 그 많은 사람들이 지켜보는 무대 위에서 눈물을 흘리기 시작했다. 숨이 거칠어질 정도로 서럽게 울었다. 울음이 잦아들자, 그 순간까지 자신이 인생에서 정말로 원하는 것이 무엇인지 전혀 몰랐다고 청중에게 털어놓았다. 수십 년 동안이나 그것이 돈인 줄만 알았기에, 오롯이 돈에 집중한 채 돈을 추구하다 보니 점점 더 스트레스가 심해지고 불행해지며 불안해졌다. 그 다음에 그녀에게 떠오른 생각은 자신이 정말로 가장 원했던 것을 당장 손에 넣을 수 있다는 사실이었다. 그러기 위해 돈이 꼭 필요한 것은 아니었다. 사실, 그녀의 인생에서 외적 환경은 조금도 달라질 필요가 없었다. 그러자 그녀는 웃기 시작했고 진심으로 즐거워하며 나를 끌어안았다. 수많은 청중을 마주한 무대 위에서 그녀의 표정은 완전히 달라졌다.

우리는 대부분 경력이든 재산이든 업적이든 인간관계든, 모종의 최종 결과를 추구한다. 이 외적 환경이 우리가 인생에서 정말로 가장 원하는 내적 상태를 마련해줄 것이라고 생각하기 때문이다. 사실상 우리는 외적 환경을 갖추는 것이 사랑, 기쁨, 그리고 평화라는 내적 상태에 도달하는 유일한 방법이라고 믿는지도 모른다. 하지만 이는 결코 진실이 아니다. 사실은 세상에서 가장 큰 거짓말 중 하나일뿐더러, 자기계발 산업이 지난 65년간 97퍼센트의 실패율을 기록한 가장 큰 이유이기도 하다! 윌리엄 틸러^{William Tiller} 박사에 따르면, "보이지 않는 것은 언제나 보이는 것의 근원이다." 그리고 그 반대는 결코 진실이 아니다. 즉, 보이는 것 혹은 외적 환경은 보이지 않는 것 혹은 장기적인 사랑, 기쁨, 그리고 평화라는 내적 상태의 근원이 결코 아니라는 것이다. 자연이든 우리 인간이든 그런 식으로 작동하지는 않는다.

이 주장을 입증할 보편적인 사례가 하나 있다. 로스앤젤레스에서 어느 두 사람이 혼잡한 시간의 교통 체증에 발이 묶였고 이 상황이 최악의 교통 대란이라고 가정해보자. 한 사람은 교통 체증으로 인한 분노를 참지 못해 혈관이 튀어나오고 얼굴이 상기된 채 운전대를 단단히 거머쥐고 옆 사람들에게 소리를 지르고 있다. 반면에 나머지 한 사람은 더없이 침착하다. 차 속에서 친구들과 담소를 나누며 라디오에서 나오는 노래를 따라 부르며 웃기도 한다. 이런 장면은 당신도 익히 목격한 적이 있을 것이다. 교통 체증이 아니더라도 마트에서 줄을 길게 서서 기다리거나 식당에서 형편없는 서비스를 받거나 연착된 비행기를 기다려본 일은 누구나 있을 테니까. 위의 두 사람은 동일한 외적 환경에 놓이지만 전혀 다른 반응을 보인다. 여기서 외적 환경은 그들이 처한 내적 상태의 원인이 될 수 없다. 두 사람이 처한 상황이 동일하기 때문이다!

그렇다고 해서 외적 환경이 우리의 내면에 영향을 끼치지 않는다는 뜻은 아니다. 이를테면 사고로 배우자를 잃는 비극이 여기에 해당된다. 하지만 진정한 위험이 닥치거나 중대한 손실이 발생할 때에는, 으레 스트레스 반응 혹은 투쟁-도피 반응이 일어난다. 일반적으로 내적 사랑, 기쁨, 그리고 평화를 경험한 사람은 한동안 예상할 수 있는 슬픔의 단계를 차례로 거치다가 약 1년쯤 뒤에는 어려움을 딛고 정상을 회복할 것이다. 그에 비해 보통 내적 공포를 경험한 사람은 원래의 상태를 회복하지 못한다. 외적 스트레스 요인으로 인해 다시 일어서기 힘들어지는 것이다. 그러나 스트레스의 진짜 원인은 사실 그 사건이 아니라 우리의 내적 프로그래밍 때문이다.

외면은 내면을 결코 만들어내지 못하지만 내면은 언제나 외면을 창조한다. 외적 환경에서 거둘 수 있는 최종 성공을 전적으로 결정짓는 것은 사랑, 기쁨, 그리고 평화다. 이 세 가지 특성은 건강하고 부유하고 창의적이고 행복하며 모든 분야에서 성공하기 위한 필수 전제 조건이다. 이와 마찬가지로 공포와 우울, 분노의 내적 상태는 성공의 정반대에 놓인 실패의 외적 환경을 만들어낸다. 예컨대 건강이 나빠지고 경제적으로 어려워지고 어딘가에 갇힌 기분이 들고 불행해지며 모든 분야에서 실패하게 된다. 이제 우리는 처음의 주장으로 되돌아왔다. 스트레스는 대다수의 건강 문제뿐만 아니라 인생에서 부딪히는 사실상 모든 문제의 원인인 것이다.

만약 당신이 운동, 금융, 공학, 혹은 글쓰기 같은 특정 분야에 재능이 있다면 외적인 것을 가장 중요한 목표로 삼을 수 있다. 그러고도 여전히 돈을 많이 벌거나 엄청난 성공을 거둘 수 있다. 하지만 돈을 많이 버는 동시에 장기적인 행복감, 성취감, 그리고 만족감을 느낄 수는 없다. 달리 말하면, 외적인 목표를 두고 있는 한 내가 정의한 '진정한' 성공인 '모든 것을 다 가지는 것'은 불가능한 일이다.

앞선 주장으로 잠시 되돌아가면, 무언가를 하겠다는 내적 목표를 세우지 않는 이상 우리는 어떤 것도 실행하지 못한다. 행사장에서 백만 달러를 갖고 싶다고 말한 여성은 내적 목표와 그 돈을 갖겠다는 소원을 결부시켰다. 여기서 문제는, 그녀의 목표는 무엇이었고 어째서 그 특정한 목표를 세웠을까 하는 것이다. 그것은 바로, 그녀의 '고통-쾌락 프로그래밍' 때문이다.

고통-쾌락 프로그래밍

우리에게 내재된 가장 기본적인 본능의 하나는 쾌락을 추구하고 고통을 회피하는 것이다. 이 프로그래밍은 생존 본능의 일부이기도 하다. 따라서 그런 본능은 우리가 태아일 때부터 존재했으며 우리가 세상을 떠나는 그날까지 존재할 것이다. 사실 이 본능은 우리가 태어나는 순간부터 6세까지 삶의 기본적인 현실을 조종하는데, 거기에는 정당한 이유가 있다. 처음 6년 동안은 신체적·정서적으로 가장 상처받기 쉬운 시기이므로, 우리의 생존 본능은 무엇이 안전하고 무엇이 위험한지를 가능한 빨리 파악하기 위해 초경계 태세에 돌입한다. 우리는 기본적으로 고통이 나쁜 것이고 쾌락이 좋은 것이라고 주장하는 '자극-반응' 신념 체계를 개발하는 것이다. 이 자극-반응 개념을 다른 말로, 원인-결과 혹은 작용-반작용이라고 부르기도 한다. 이 프로그래밍은 우주의 자연 법칙 한 가지, 특히 뉴턴Isaac Newton이 주장한 운동의 제3법칙과 일치하며, 이 법칙에 따르면 모든 작용에 대해 크기가 같고 방향이 반대인 반작용이 존재한다.

이런 맥락에서 나는 이것을 고통-쾌락 프로그램이라고 부른다. 달리 말해 쾌락을 야기하는 것은 안전하다. 그러므로 좋고 바람직하다. 반면, 고통을 야기하는 것은 안전하지 못하다. 그러므로 우리의 뇌가 싸워라, 꼼짝 말라, 혹은 빨리 달아나라고 명령한다. 생존이라는 관점에서 보면 이 자극-반응 신념 체계는 태어나서 6세까지 대단히 유효하다. 아마도 어린 시절에 우리의 목숨을 여러 차례 구해주었을 것이다! 두 살배기 아이는 뜨거운 난로를 만지면 곧바로 난로에서 손을 뗀다. 달리 가르쳐주는 사람이 없어도 한 번 경험을 하고 나면 그런 행동을 두 번 다시 하지 않는다. 그리고 고통-쾌락, 즉 공격-도피 프로그래밍은 성인이 되어 진짜 위험에 처했을 때 효과를 발휘해 우리의 목숨을 구해주기도 한다.

몇 해 전 나는 속도위반으로 딱지를 떼인 뒤 벌금을 내는 대신 운전 교육을 받기로 했다. 교육을 책임지고 있는 주 경찰관은 정말 훌륭한 사람이었다. 그의 설명에 따르면, 맑은 날 일반적인 조건에서 운전할 때에는 적당한 거리를 두고 앞차를 따라가면 아무 문제가 없지만 앞차의 운전수가 급브레이크를 밟을 경우 우리의 의식이 재빨리 판단을 내려 사고를 피하는 것이 불가능하다. 그런 경우, 우리의 의식은 이렇게 흘러간다. '어, 저것 봐. 앞차 운전수가 방금 급브레이크를 밟았네. 가속 페달에서 발을 떼고 브레이크를 최대한 힘껏 밟아야만 해. 그렇지 않으면 앞차를 들이받을 거야.' 하지만 이러고 있을 시간은 없다. 이런 식이라면 매번 교통사고를 일으킬 것이다.

주 경찰관은 다음과 같이 설명을 이어갔다. 다행히, 우리 뇌에는 교통사고를 피하도록 일종의 생존 기제가 내장되어 있다. 우리의 눈이 앞차의 브레이크 등을 확인하는 순간, 무의식은 의식적 사고를 완전히 건너뛴 채 가속 페달에서 발을 떼고 브레이크 페달을 밟도록 만든다. 이 과정은 의식적으로 판단할 틈조차 없이 이루어진다. 심지어 무슨 일이 벌어졌는지 깨닫기도 전에 우리는 벌써 차를 멈춰 세운다. 이 모두가 공격-도피 본능 덕분이다.

고통-쾌락 프로그래밍은 본질적으로 전혀 나쁜 것이 아니다. 이는 우리의 생존 본능 및 스트레스 반응과 직접적으로 연결되어 있고 탄생한 순간부터 6세까지 지배적인 역할을 하도록 고안되었다. 하지만 6세 이후부터는 생명이 위협을 받는 상황에서만 작동한다. 고통-쾌락 프로그래밍은 자동차 보험료가 오르지 못하게 막아줄 때에는 대단히 근사하지만 행복과 건강, 인생의 성공을 가로막을 때에는 엄청나게 실망을 주기도 한다. 이 말은 무슨 뜻일까? 목숨이 위협받는 일촉즉발의 상황이 아니라면 나는 주 경찰이 설명한 기제를 생활 속에서 경험하지도 믿지도 느끼지도 실천하지도 못한다는 것이다.

물론, 고통-쾌락 기제는 지난 65년 동안 시도된 전형적인 3단계 자기계발 청사진을 뒷받침하는 기반이다. 97퍼센트의 실패율을 기록했다는 그 청사진 말이다.

사실, 어린 아이는 이 청사진을 따르도록 프로그램되어 있으므로 대부분 원하는 것이 생기면 이런 방식으로 손에 넣으려 한다. 예를 들어, 다섯 살배기는 아이스크림이 먹고 싶을 때 우선 이렇게 생각한다. 나는 아이스크림을 원한다(1단계). 그런 다음 엄마에게 물어보겠다는 계획을 세울 것이다(2단계). 마지막으로, 계획을 실천에 옮겨 엄마에게 아이스크림을 사달라고 요청한다(3단계). 하지만 엄마가 안 된다고 하면 어떻게 될까? 아이는 이전 계획의 2단계인 "엄마에게 물어본다"를 "엄마와 협상한다"로 수정할 법하다. 그러고 나서 3단계를 다시 수행하며 엄마에게 이렇게 물을 듯하다. "내 방을 치우고 나면 아이스크림을 먹어도 돼요?" 이번에는 엄마도 허락한다. 계획 성공!

하지만 성인의 경우에 이 청사진은 '고통은 나쁘고 쾌락은 좋다'는 관점에 집중하게 해 자신이 정말로 원하는 바에 주의를 기울이지 못하게 만든다. 성인이 되면 우리는 고통과 쾌락에 관계없이 이 청사진을 '보조' 신념 체계로 간주하고 사랑으로 진실하게 살겠다고 선택하는 법을 배워야 한다. 성인이라면 쾌락이 건전하지 못할 때도 있고 고통스러운 선택이 최선일 때도 있다는 사실을 누구나 이해한다. 안타깝게도, 성인들 가운데 보조 신념 체계를 영원히 버리는 사람은 극히 드물다. 대부분은 여전히 쾌락을 추구하고 고통을 피할 수만 있다면 어떤 대가도 감수하며, 심지어 쾌락을 위해 사랑과 진실, 내적 평화마저 희생시킨다. 본질적으로, 우리는 대부분 아직도 다섯 살배기 아이처럼 살아가는 셈이다.

고통-쾌락 프로그래밍에 따라 살아가다가 공격이냐 도피냐를 선택해야 하는 상황에 맞닥뜨리면 거의 충격에 가까운 상태에 빠진다. 교통사고를 당하거나 그 밖의 갑작스러운 정신적 외상을 입어 본 사람이라면 충격에 빠진 경험이 있을 것이다. 사람이 충격에 빠지면 무의식이 의식과 분리된다. 의식적 사고를 배제한 채 자신의 목숨을 구하고 싶기 때문이다. 이뿐 아니라 지적 능력을 감소시키고 면역체계를 억압하며 앞에서 언급한 스트레스의 다른 작용들을 불러 일으킨다.

가령, 어느 기혼 남성이 정욕을 못 이기고 하룻밤 바람을 저질렀다고 가정해보자. 이후 그는 끔찍한 기분이 들 것이다. 무섭게 밀려드는 고통과 죄의식에 시달리며 집으로 돌아가 제일 친한 친구에게 전화를 걸어 자신이 무슨 일을 저질렀는지 털어놓는다. 이야기를 들은 친구는 충격을 받는다. 예전에는 이런 일을 한 번도 저지른 적이 없는 사람이었기 때문이다. 마침내 친구는 그 남자를 설득해 아내에게 털어놓아야 한다는 결론에 도달한다. 그날 밤 저녁식사를 마친 뒤, 마음이 몹시 괴로운 남자는 아내를 앉혀놓고 자신이 부정을 저질렀다고 고백한다. 아내는 큰 충격을 받는다. 두 사람은 한 시간 동안 고통스러운 질문과 대답을 힘겹게 주고받는다. 죄책감에 휩싸인 남편은 그럴 의도도 없었고 그런 일이 다시 일어나지도 않을 것이라는 주장을 되풀이한다. 아내는 혼란스럽고 속이 상해 마치 오랫동안 결혼 생활을 해온 남편이 전혀 모르는 사람처럼 느껴진다.

만일 그 남자에게 "정말로 바람을 피우고 싶었습니까?"라는 직설적인 질문을 던지면 보통 이런 대답이 돌아올 것이다. "아뇨! 아내를 사랑합니다. 순간적으로 이성을 잃은 것뿐이에요." 나는 이런 상황을 익히 알고 있다. 이와 똑같은 처지에 놓인 수백 명의 남자들을 상담해보았기 때문이다. 하지만 내 생각이 어떤지 물어본다면 이렇게 대답하겠다. "정말로 바람을 피우고 싶은 마음이 없었다면 실제로 바람을 피우지 않았을 겁니다." 충분히 상상이 가겠지만, 상담을 하면서 내가 그런 말을 건네면 불륜을 저지른 사람들은 화를 내며 펄쩍 뛰었다! 그렇다면 나는 도대체 왜 그런 말을 한걸까? 일부러 화나게 만들려는 속셈일까? 절대 아니다. 어떤 행동이든 그 뒤에는 내적 목표가 존재하고 내적 목표 뒤에는 믿음이 있기 마련이다. 어떤 믿음을 품고 있든 우리는 단 한 번의 예외도 없이 그 믿음을 실행에 옮긴다.

바람을 피우기 위해서는, 그것을 실행하기 전에 그 행위가 당시 자신에게 가장 좋은 일이라는 믿음을 먼저 가져야만 한다. '바람을 피우면 지금 내가 필요로 하고 원하는 엄청난 쾌락을 느낄 수 있을 거야. 최근 들어 아내가 무덤덤하게 굴었으니 내가 이러는 것도 당연해. 바람을 피우는 건 이번 한 번뿐이야. 두 번 다시 되풀이하지 않을 거야.' 식의 믿음 말이다. 이와 동시에, 바람을 피우고 싶지 않았다는 믿음도 있었을 가능성이 매우 크다. 서로 상충되는 두 가지 믿음이 있을 때 당신이 당장 실천하는 믿음은 결국 그 순간 집중하는, 그리고 더욱 굳건하게 생각하고 느끼는 쪽이다. 한 가지 믿음은 그 사람의 고통–쾌락 프로그래밍에 기반을 두었으며(다섯 살배기 아이의 사고) 다른 믿음은 사랑과 진실에 뿌리를 둔 것이다(어른의 사고).

그 상황에서 아마 남자는 그 불명예스러운 상황을 향해 아주 조금씩 다가갔을지도 모르고 한동안은 아무 행동도 취하지 않을 작정이었을 것이다. 그와 불륜을 저지른 여성은 어쩌면 직장에서 야간 회의를 한 뒤에 아주 가벼운 대화를 나누었을지도 모른다. 그러다가 한 사람이 장소를 옮기자고 제안했을 테고 나머지 사람이 이야기를 더 나눈다고 무슨 해가 되겠냐고 생각하며 그 행동을 정당화하고 제안을 수락했을 법하다. 하지만 어느 순간 남자는 선을 넘어버렸다. 불륜이 즐거움을 주므로 괜찮다는 믿음이 마음속 깊이 자리하고 있었기 때문에 자연스럽게 불륜을 저지른 것이다.

결정을 내리는 순간, 남자는 공격과 도피의 기로에 선다. 그는 이렇게 생각한다. 이번 일은 내 인생 최악의 행동 중 하나로 기록되겠군. 심지어 심한 충격에 빠져 의식적인 이성적 사고가 완전히 퇴색해 저항할 능력조차 없어진다. 거의 동물과 비슷한 상태가 되어, 그저 무언가 '느낌'이 들면 그대로 실행에 옮길 뿐이다. 그런 수준에 도달하면 의식이 완전히 끊어져 되돌아오지 못할 상태에 이른다. 이성적인 생각에 접근하는 것은 더 이상 불가능하다. 불륜 행위가 끝나면 그제야 어른다운 이성적 사고가 되돌아오고 자신이 벌레만도 못하게 느껴진다. '내가 왜 그랬을까? 그러면 안 된다는 걸 알고 있었는데!' 그가 불륜을 저지른 이유는 고통-쾌락 프로그래밍 때문이다. 그는 다섯 살배기 아이처럼 행동하고 생각했으며 그의 아내도 이 말에 동의할 것이다.

이런 종류의 사건을 겪는 아내에게 "그럴 생각은 없었어"라는 말은 상당히 공허하게 들린다. 고통-쾌락 프로그래밍이 어떤 사람의 행동을 변명해주지는 않지만 그 행동을 설명하는 데 도움이 되기를 기대해볼 수는 있다. 물론 그 행동을 선택한 것은 남편 본인이지만, 어떤 면에서 보면 그 선택의 주체는 그가 아니었다. 고통-쾌락 반응에 기반을 둔 파괴적이고 무의식적인 프로그래밍이 그런 결정을 유발한 것이다. 그러므로 누군가가 "다시는 그러지 않을게요"라고 말할 때, 일반적으로 이 말을 실현시키는 유일한 방법은 잘못된 믿음을 치유하는 것이다. 즉, 그 프로그래밍을 고치는 방법뿐이다.

비단 불륜 사건에만 적용되는 방법은 아니다. 고통–쾌락 프로그램은 당신이 자녀들에게 고함을 질러대는 이유가 무엇인지, 그리고 체중을 줄이려고 할 때 쿠키와 아이스크림을 거부하지 못하는 이유는 또 무엇인지 설명한다. 당신이 원하지 않은 행동을 저지르게 되는 상황이라면 거의 모두 해당된다. 이럴 경우, 의지력이 효과를 발휘할 가능성은 별로 없다.

고통–쾌락 프로그래밍의 존재는 우리의 의지력이 그토록 비효율적인 이유를 설명해줄 뿐 아니라, 인생에서 성공을 이루고 싶다면 외적 환경을 쫓아가는 것이 첫 번째 목표가 되어서는 안 되는 이유도 설명해준다.

앞선 질문들에 대답할 때도 그랬기를 바라지만 우리가 자신에게 솔직해진다면, 그리고 가장 원한다고 생각하는 것이 외적 환경임을 깨닫는다면, 특히 가족 혹은 사업 파트너 등 모든 사람들에게 도움이 되지 않는 상황이라면, 우리가 공포 기반의 생존 본능에 뿌리를 두고 있음을 보여주는 명확한 신호다. 어떤 이유에선지 우리는 외적 환경이 쾌락을 가져다주고 고통으로부터 우리를 보호해주며 살아남기 위해서 이것이 필요하다고 믿는다. 인생의 어느 순간에, 아마도 젊은 시절에 그런 환경을 조성하는 것이 생존의 문제 혹은 '무사하게' 살기의 문제라는 사실을 가르쳐준 사건이 발생했을 것이다. 우리는 고통–쾌락 프로그래밍으로 되돌아가서, 마음속 어딘가에 자리한 불안감이나 결핍감을 잠재우고 달래려는 경향이 있다.

언젠가 나는 억만장자를 상담해준 일이 있었다. 그는 돈이 얼마나 많았던지 평생을 써도 다 쓰기 힘들 정도로 부자였다. 그런데도 내가 만나본 가장 비참한 사람 중의 한 명이기도 했다. 늘 스트레스에 시달리고 몸을 혹사하며 짜증을 부리거나 화를 냈다. 당신도 이런 유형의 사람을 알고 있거나, 아니면 자신이 그런 사람일 수도 있다. 그의 사정을 조금 살펴본 끝에 우리는 원인이 무엇인지 알아냈다. 이 신사는 빈민촌에서 성장기를 보냈던 것이다. 한 마디로 몹시 가난했고 낡고 해진 옷으로 놀림을 받았으며 수치심을 느꼈다는 말이다. 그래서 영화 〈바람과 함께 사라지다Gone with the Wind〉의 스칼렛 오하라처럼 한 가지 다짐을 했다. "신께 맹세코 나는 두 번 다시 굶주리지 않을 겁니다." 그는 또 다시 가난해지지는 않겠노라고 결심을 했고 이것이 생사의 문제가 되었다. 돈이 그에게 사랑과 기쁨, 평화의 내적 상태를 안겨줄 것이라 생각했다. '얼마간의 돈과 옷, 자동차, 소유물이 생긴다면 나는 괜찮을 거야.' 하지만 이제 우리는 이 방법이 결코 효과적이지 못하다는 것을 잘 알고 있으며 그에게도 효과가 없었던 게 분명하다.

우리는 외적 환경이야말로 자신이 가장 원하는 것이라고 생각할지도 모른다. 그러나 대다수의 사람들은 두 가지 이상의 완전히 잘못된 가설을 은밀하게 세워두고 있다. 즉, 외적 환경이 장기적인 행복감과 성취감을 가져다주고 사랑, 기쁨, 평화 등의 내적 상태를 가능하게 한다는 가정이다. 역사상 가장 위대한 스승들이 언제나 가르쳐왔듯이, 인생의 성공이란 어떤 희생을 치르더라도 쾌락을 추구하고 고통을 회피함으로써 얻어지는 것이 아니다. 성공은 언제나 사랑으로 진실하게 살아갈 때 이루어지며, 비록 고통이 수반되는 상황이라 해도 거기에서 비롯된 것이라면 우리에게 최선인 것이다.

어째서 내적 상태가 정답일까

앞서 논의한 내용을 조금 검토해보자. 인생에서 가장 중요한 목표가 외적 환경이라면 당신이 그 목표를 성취할 가능성은 거의 없다. 본질적으로 스트레스를 받으면 최선을 다해 노력하지 못하기 때문이다. 설령 그 목표를 성취한다 해도 장기적인 만족감과 성취감을 느끼지는 못한다. 반면에, 인생에서 가장 중요한 목표가 내적 상태라면 당신의 성과는 크게 달라질 것이다.

1. 당신은 언제나 목표를 성취할 것이다. 외적인 것은 하나
   도 달라질 필요가 없고 내적인 것 중에는 오직 에너지 패턴

하나만 달라지면 된다. 에너지 패턴은 올바른 방법을 사용하기만 하면 대단히 손쉽게 변화할 수 있다. 이미 말했듯이, 내가 내담자들을 지켜본 결과 이 방법은 전 세계의 어떤 환경에서도 언제나 효과를 발휘했다. 이 책을 계속 읽어나가며 당신은 수많은 사례들을 접할 것이다.

2. 일단 목표를 성취하고 나면 누구도 이를 앗아가지 못한다. 이것은 유태인 신경정신과 의사였던 빅터 프랭클Victor Frankl이 홀로코스트를 겪으면서 얻은 깨달음이었다. 그는 외적 환경에 관계없이 자신의 내적 상태 혹은 태도를 선택할 수 있는 권리야말로 인간이 행사할 수 있는 마지막 자유라고 불렀다. 그는 포로수용소를 벗어난 뒤에 훌륭한 저서《죽음의 수용소에서Man's Search for Meaning》를 집필해 수백만 명의 사람들이 삶의 외적 환경이 아니라 자신의 내적 태도 혹은 내적 상태에 집중할 수 있도록 도왔다.[6]

3. 일단 목표를 성취하고 나면 반드시 완전한 만족감과 성취감을 느낄 수 있다. 그 목표는 당신이 언제나 진심으로 원해왔으면서도 깨닫지 못했을 뿐이기 때문이다.

4. 가장 중요한 목표를 내적 상태로 설정한다면 당신이 갈

망하는 외적 환경들은 무료 보너스처럼 항상 따라오기 마련이다. 이제 진짜 마술을 알려주겠다. 사랑이나 기쁨, 평화의 내적 상태, 혹은 어떤 것이든 3번 질문에 대답할 때의 마음 상태를 만들고 나면 당신은 스스로 바라는 삶의 외적 환경들을 조성하는 내적 동력 자원을 이미 창출한 셈이다. 하지만 그 긍정적인 내적 상태가 없다면, 코드를 꽂지 않은 진공청소기로 카펫을 밀고 다니는 것과 마찬가지다.

러브 코드의 실질적 효과

대부분의 사람들은 자신이 가장 원하는 것이 어떤 외적 결과라고 믿으며 평생을 살아간다. 상당수는 매번 "이번에야말로 효과가 있을 거야"라고 생각하며 평생토록 10~20여 가지 목표를 추구한다. 자신의 인생에서 가장 좋은 자원을 거짓에 소모했다는 사실을 깨닫게 되면 충격을 받고 심지어 망연자실하기도 한다. 당신은 자신이 가장 원한다고 생각한 '그것'을 추구하느라 젊음과 돈, 인간관계, 에너지, 건강을 포기했을지도 모르지만, 결과적으로 그것은 자신이 가장 원하는 바가 아닐 뿐더러 사실상 가장 원하던 목표로부터 자신을 멀어지게 만들었음을 깨달을 뿐이다. 어쩌면 우리 문화권에서 대다수의 사람들이 믿고 있는 거짓말을 자신도 믿어버렸다는 것을 알게 되었을

지도 모른다. 외적 환경이 사랑과 평화의 내적 상태를 안겨준다는 거짓말 말이다.

반면, 당신이 1번 질문을 읽고 '내면의 상태'라고 대답한 소수 중 한 명이라면 누구보다 먼저 축하 인사를 건네고 싶다. 내가 가장 중요하다고 믿는 성공의 측정 기준에서 보면 당신은 진정으로 최상위 집단에 속하기 때문이다. 그렇다고 해서 당신이 그런 내적 상태에 이미 도달했다는 뜻은 아니다. 벌써 마음속에 자리한 무언가를 갈구하는 법은 없기 때문이다. 만약 사랑과 평화의 내적 상태에 이미 도달한 사람이라면 지니의 질문에 이렇게 대답했을 것이다. "딱히 소원은 없어요. 필요하고 원하는 것은 전부 가졌으니까요. 굳이 말하자면, 사랑과 평화가 좀 더 충만하면 좋지 않을까요."

내적 상태가 성공의 최종 목표라는 것을 이미 알아냈든 그 사실을 오랫동안 알고 있었든, 당신이 그 목표에 도달하는 방법은 러브 코드라는 도구와 방법을 이용하는 것이다. 러브 코드는 사실상 대단히 단순한 개념이다. 스트레스 반응에 불을 붙이는 요인과 정반대 역할을 한다는 뜻이다. 구체적으로 말하면, 의지력을 발휘해서 향후의 구체적인 최종 결과를 얻겠다는 기대는 완전히 접어두어야 한다. 그 대신, 외적 환경의 동력 자원이 되는 내적 상태를 창조하는 데 중점을 두어라. 이 주장을 보다 실질적인 표현으로 바꿔 말하면 "무엇을 하든지 현재에 중점을 두고, 사랑이 충만한 내적 상태에서 하라." 라고 할 수 있다.

이게 전부다. 바로 이것이 러브 코드다. 물론, 이제 겨우 1장이다. 하지만 지금까지 전형적인 성공의 청사진이 어째서 효과가 없는지, 그리고 이 이론과 적용이 어째서 효과적인지를 완전히 이해하기 위해 반드시 필요한 배경 정보를 빠짐없이 살펴보았다. 인생의 모든 영역에서 상상할 수 있는 최고의 성공을 이루기 위해 당신이 할 일이라고는 오직 현재에 충실한 채 사랑으로 살아가는 것뿐이다. 그것이 완벽한 성공이다. 만약 이번 장에서 제기된 세 가지 질문에 정직하게 대답했다면 자신이 인생에서 정말로 원하는 것을 틀림없이 발견했을 테고 그것을 달성하는 방법의 기초 이론에 대해서도 알고 있는 셈인 것이다.

만약 당신의 인생에 한 가지 선물을 안겨줄 수 있다면 나는 3번 질문에 대한 해답, 즉 사랑의 내적 상태를 선사할 것이다. 하지만 그 내적 상태는 내가 줄 수 있는 것이 아니라, 다음 장들에서 배우는 단계별 방법을 통해 당신이 스스로 얻어내는 것이다. 사랑이야말로 당신이 가장 원하고 필요로 하는 것이자 진정한 만족감과 성취감을 주고 완벽한 성공을 창출하는 것이다! 하지만 이를 얻기 위해서는 당신이 가장 원한다고 생각했던 외적인 최종 결과를 포기해야만 한다. 이 믿음의 단계가 당신이 가장 원하는 결과로 나아갈 문을 열어줄 것이다!

논의를 더 깊이 진행하기 전에 한 마디 하자면, 나는 당신이 변화의 깨달음transformational aha을 경험할 기회를 스스로 만들면 좋겠다. 나역시 25년 전 호프에게 집 밖으로 쫓겨난 뒤에 그것과 동일한 종류의 깨달음을 얻었고 그 덕분에 즉각적으로 마음을 변화시켜서 가장 큰 원리를 그 당장 실천하며 살아갈 수 있었다. 이 변화의 깨달음은 임사체험, 즉 죽었다 살아난 경험과 비슷하다. 이런 경험을 한 사람은 (심지어 그의 성격마저도) 의지력으로 결코 이루어낼 수 없는 방식으로 영원히 변화한다. 그 사람은 예전에도 그런 변화를 이루려고 노력했지만 끝내 실패했는지도 모른다. 하지만 마음과 정신이 육체를 지배하는 법이다. 프로그래밍이 변하면 무엇이든 변할 수 있으며 그 변화는 갑자기 이루어지는 경우도 무척 많다. 그래도 이런 일이 벌어지면 당신은 절대 놓치지 않을 것이다!

변화의 깨달음을 얻는 것은 우리가 통제할 수 있는 문제는 아니지만 대단히 놀라운 선물이므로, 당신이 깨달음을 얻을 기회가 생길 때마다 반드시 이를 포착하면 좋겠다. 지금 당신이 해야 할 일은 러브 코드라는 개념에 대해 기도하고[7] 명상하면서 이 경험을 받아들일 가능성을 전부 열어두는 것뿐이다. 보다 구체적으로 말하면, 다음 항목들을 하나씩 차례로 명상해보면 좋겠다.

1. 결코 당신의 잘못이 아니다.
※주목할 섬-당신의 행동은 무언가를 의식적으로 선택할 수 있는 능력보다 백만 배 더 강력한 공포 기반의 프로그래밍이 만들어낸 결과다. 내가 그랬듯이, 당신도 이 사실에 힘을 얻어 죄책감과 자존감의 문제를 해결하기를 바라고 기도한

다. 만일 당신이 끊임없이 잘못된 선택을 한다면, 마치 컴퓨터 하드 드라이브가 바이러스에 감염되듯 당신의 하드 드라이브도 바이러스에 감염된 것일 뿐이다.

2. 내적인 것은 언제나 외적인 것을 만들어내지만 그 반대의 경우는 결코 일어나지 않는다.

3. 당신이 가장 원하는 것은 결코 외적 환경이 아니라 사랑, 기쁨, 그리고 평화의 내적 상태다.

4. WIIFM 사랑(대부분의 사람이 진정한 사랑이라고 부르며 그렇게 믿는 것)은 겉으로는 사랑처럼 보일 때가 많지만 사실은 자신을 행복하게 만들어줄 것이라 믿는 외적 환경을 조성하기 위해 다른 사람들과 환경을 통제하려는 불건전한 시도다. 하지만 장기적으로 보면 외적 환경은 결코 당신을 행복하게 만들어주지 않는다!

5. 공포와 잘못된 프로그래밍에서 동력을 얻는 의지력이 당신에게 행복과 성공을 안겨줄 가능성은 극히 희박하다. 대부분의 경우, 스트레스와 좌절감을 남겨줄 것이다.

6. 사랑, 기쁨, 그리고 평화의 내적 상태는 삶과 성공의 기적적인 신성한 동력으로서 언제나 효과를 거둔다.

7. 앞으로 30분 동안 최선을 다해 사랑으로 살아가며 외부의 물리적 결과와 환경을 포기한다면 어떤 경우에도 상상 이상의 성공과 행복을 이룰 것이다!

나는 모든 개인 내담자들에게 이 방법을 가장 먼저 권하는데, 그중 3분의 2가량이 변화의 깨달음을 경험한다. 나는 그들에게 이렇게 이야기한다. 한 시간이나 한 주 동안, 혹은 이 원칙들이 당신의 정신과 마음을 진정으로 적실 때까지 이에 관해 기도하고 명상하라. 이 원칙들을 반드시 외울 필요는 없다. 다만, 자신이 이 원칙들을 믿을 뿐 아니라 어떤 일이 있어도 현재에 충실하고 사랑으로 살아가기 위해 헌신했다는 것을 알게 될 때까지 계속 기도하고 명상하면 된다. 의지력을 발휘하거나 기대를 품는 게 아니라, 필요한 도움을 받으며 매 순간 최선을 다하라.

나의 내담자 가운데 절반가량은 서서히 이 수준에 도달한 데 비해 나머지 절반쯤은 마치 참된 지각을 얻거나 계시를 받는 것처럼 순식간에 이 경지에 오른다. 하지만 천천히 이루어지든 빠르게 이루어지든, 어느 날 그들은 자신이 이 원칙들을 믿고 있음을 깨닫는다. 지금 겪는 문제가 어째서 자신의 잘못이 아닌지, 외적인 것이 어째서 내적인 것을 창조할 수 없는지 알게 된다. 그리고 그 사실을 마음 깊이 이해한다.

믿음에 관해서는 나중에 좀 더 깊이 논의하겠지만, 믿으려고 노력하는 것조차 의지력과 기대의 문제로 변질될 수 있다는 점을 미리 경고해두겠다. 믿는 것은 우리가 할 일이 아니다. 믿기 위한 노력은 진실한 믿음을 방해하는데, 이는 우리가 믿음을 의지력으로 성취해야 할 기대로 바꾸어놓았기 때문이다. 믿으려고 노력하지 말고 일정표를 짜지도 마라. 그렇게 하는 것은 진정한 믿음을 가질 수 있는 능력을 가로막는 것이다. 이는 자신의 성취를 스스로 방해하는 셈이기 때문이다.

대부분의 사람들이 진실로 믿고 헌신하게 되기까지 약 3주 정도의 시간이 걸린다. 하지만 시간이 아무리 오래 걸려도 의지력과 기대를 포기할 수만 있다면 언젠가는 자신이 이 원칙들을 믿고 그렇게 살아가는 데 헌신하고 있음을 알게 될 것이다.

일단 실행한 뒤에는 오직 7번 원칙에 관해서만 기도하고 명상하라고 조언하고 싶다. 어쩌면 일주일에 한 번씩 1번~6번 원칙들을 꼼꼼하게 읽으며 검토해보는 것도 좋을 듯하다. 나의 내담자들은 대개 일정 기간 동안 7번 원칙에 집중하고 나면 비로소 변화의 깨달음이 찾아오곤 했다.

변화의 깨달음을 얻어 순식간에 자신을 디프로그램하고 리프로그램할 기회를 스스로 마련하라. 또한 이 방법을 활용하면서 날마다 이 원칙들에 대해 기도하고 명상하는 것도 좋다. 만약 변화의 깨달음을 얻고, 어떤 일을 하든 미래에 대한 기대에 방해받지 않은 채 세상 모두를 즉시 더 잘 사랑할 수 있음을 알게 된다면 이 책의 나머지 부분은 읽어볼 필요도 없을 것이다. 하지만 자신의 내면적 변화 뒤에 숨겨진 기제에 대해 더 많이 이해하거나 새로운 성공의 문제에 착수하고 싶은 사람에게는 여전히 이 책을 읽으라고 권한다. 아니면, 필요한 사람에게 이 책을 보여주길 바란다.

나는 이런 질문을 자주 받는다. "저를 리프로그래밍하는 변화의 깨달음을 얻었는지는 어떻게 알 수 있나요?" 이 질문을 하는 당신은 이미 깨달음을 얻었다! 마치 사랑(진정한 사랑)이 그렇듯 깨달음은 언어를 초월하기 때문이다. 당신은 가슴 깊은 곳에서 어떤 변화가 일어났다는 사실을 깨닫고 느낀다. 그때부터 당신은 결코 예전과 같지 않을 것이다. 따뜻함, 흥분, 평화, 물리적인 영역을 넘어선 행복감, 가벼움, 공포나 걱정의 부재, 혹은 사랑의 감정을 느끼기도 한다. 그에 따라 생각, 신념, 그리고 행동도 자연히 변화할 것이다. 내 말을 믿어라. 당신은 분명히 알아차릴 것이다!

설령 이 변화의 깨달음이 찾아오지 않더라도 걱정하지는 마라. 그렇다고 당신이 무언가 잘못하고 있다는 뜻은 아니다. 깨달음이 나중에 올 수도 있고, 여기서 제시한 디프로그램 및 리프로그램 방법들을 사용하는 것이 최선일 수도 있다. 그렇게 당신은 무의식적이고 자동적으로 변화할 수 있다.

혹여 깨달음을 얻지 못하더라도 당신의 행동을 여기서 멈추지 마라. 대부분의 책들이 그렇게 한다는 것을 명심하라. 그 책들은 200쪽 남짓한 지면을 할애해 원리들을 설명한 다음, 당신이 무엇을 해야 할지 알고 나면 그저 의지력으로 이를 실행할 수 있다고 가정한 채 설명을 멈춘다. 마치 무엇을 해야 할지 알기만 해도 충분하다는 식이다. 어쩌면 당신은 그 이론을 시도하고 직접 시험해보고 싶을 것이다. 그런 경우라면 당신이 얼마든지 이 책을 덮고 의지력만으로 러브 코드를 실행하는 데 헌신해도 괜찮다. 처음 하루 이틀 동안은 별 어려움 없이 세상 모두를 사랑하고 현재에 충실하게 살 수 있을 것이다. 하지만 유감스럽게도 그런 상태가 좀처럼 지속되지 않는다는 것을 깨닫게 된다. 사실, 그런 삶이 지속되는 것은 거의 불가능하다. 우리 내부의 하드웨어와 소프트웨어는 그런 상태에 저항하도록 프로그램되어 있기 때문이다. 내가 만나본 사람들 가운데 의지력만으로 이를 실행한 이는 아무도 없었고 나 역시 예외는 아니다. 그저 개념을 이해하고 의지력을 발휘해 실행에 옮기는 것은 장기적인 효과를 거두기 어렵다.

다른 한편으로는 당신이 그 개념 자체를 이해하는 데 여전히 애를 먹는지도 모르겠다. 나와 일대일 상담을 진행했던 수많은 내담자들도 처음에는 그 원칙들을 이해하지 못했는데, 그 원칙들이 우리의 선천적인 프로그램이나 대다수 사람들의 가르침과 정반대 논리를 펼치기 때문이다. 마치 내가 지구 평탄설을 주장하거나 외국어로 이야기하는 것과 비슷하다. 내담자들은 최종 결과를 포기해야 오히려 성취가 가능해지고, 결코 이루지 못한 목표를 그만큼 열심히 노력하지 않아야 오히려 달성 가능해진다는 개념을 도저히 이해할 수 없었다!

이런 경우, 나는 그 원칙들을 몇 번이고 반복해서 설명했지만 내담자들은 몹시 혼란스러운 표정을 지을 뿐이었다. 그래도 결국은 그 개념을 이해했다. 그럴 때면 한껏 들떠 만면에 미소를 지었고 온몸으로 열성적인 보디랭귀지를 보여주었으며 "아…" "우와…" "그렇군요…" 같은 추임새를 붙이기도 했다. 머릿속에 불이 탁 하고 환히 켜진 것이다. 그제야 이해가 갔다는 말이다. 그러므로 아직 불이 켜지지 않은 사람들은 그 순간을 기준으로 삼으면 된다. 그 원칙들에 대해 계속 기도하고 명상한다면 불은 반드시 켜질 것이다. 불이 켜지면, 미처 존재하는지도 몰랐던 인생의 행복으로 가는 비밀의 문을 발견한 듯한 기분이 들 것이다.

어느 쪽이든, 좋은 소식은 의지력이나 지적 이해력이 성공의 유일한 결정 요인이 아니라는 점이다. 이 책의 나머지 부분에서는 성공적인 실행 방법과 과정에 대해 설명하려 한다.

하지만 방법과 과정에 대해 본격적으로 탐구하기 전에 두 가지 중요한 개념인 세포 기억cellular memory과 영적 물리학Spiritual Physics에 대해 먼저 배워보기로 하자.

러브 코드

변화의 깨달음을 위한 7가지 원칙

1. 결코 당신의 잘못이 아니다.

2. 내적인 것은 언제나 외적인 것을 만들어내지만 그 반대의 경우는 결코 일어나지 않는다.

3. 당신이 정말로 가장 원하는 것은 결코 외적 환경이 아니라 사랑, 기쁨, 그리고 평화의 내적 상태다.

4. WIIFM 사랑(대부분의 사람이 진정한 사랑이라고 부르며 그렇게 믿는 것)은 겉으로는 사랑처럼 보일 때가 많지만, 사실은 자신을 행복하게 만들어줄 것이라 믿는 외적 환경을 조성하기 위해 다른 사람들과 환경을 통제하려는 불건전한 시도다. 하지만 장기적으로 보면 외적 환경은 결코 당신을 행복하게 만들어주지 않는다!

5. 공포와 잘못된 프로그래밍에서 동력을 얻는 의지력이 당신에게 행복과 성공을 안겨줄 가능성은 극히 희박하다. 대부분의 경우, 스트레스와 좌절감을 남겨줄 것이다.

6. 사랑, 기쁨, 그리고 평화의 내적 상태는 삶과 성공의 기적적인/신성한 동력으로서 언제나 효과를 거둔다.

7. 앞으로 30분 동안 최선을 다해 사랑으로 살아가며 외부의 물리적 결과와 환경을 포기한다면 어떤 경우에도 상상 이상의 성공과 행복을 이룰 것이다!

세포 속에 기억된 상처를
치유하라

우리의 인생에 어떤 문제가 생기려 할 때 이를 알아차리는 것은 대체로 쉬운 편이다. 고통이나 걱정의 증상은 놓치기 어려운 법이기 때문이다. 우리는 때로 치통을 앓기도 하고 십대 아들이 어디 있는지 걱정하느라 밤늦도록 잠 못 이루기도 한다. 이와 반대로 그리 쉽지 않은 일은 걱정의 진짜 원인을 찾아내고 단순히 증상을 관리하기보다 실제로 근원을 치유하는 것이다. 우리는 현재의 환경이 문제라고 생각하는 경향이 있지만 이는 정확한 판단이 아닐 때가 많다. 만약 주변 환경이 문제의 근원이 아닌데도 그렇게 간주하고 이를 변화시키는 데 에너지를 쏟아 붓는다면 더 많은 스트레스를 유발할 뿐이다!

지난 50년 동안, 그 중에서도 특히 지난 15년 동안 전문가들이 입증한 바에 따르면 고통과 불안의 증상을 일으키는 원인은 대체로 우리 몸속은 물론 심지어 환경 속에도 존재하지 않는다. 그 근원은 무의식과 잠재의식이라는 보이지 않는 문제 혹은 과학적 용어로 말하면 '세포 기억' 속에 자리하고 있다.

그러면 세포 기억이란 정확히 무엇을 뜻하는가? 여기서 기억이란 정말 당신의 기억을 말한다. 연구원들이 세포라는 단어를 덧붙이기 시작한 이유는, 예전에는 모든 기억이 뇌에 저장된다고 믿었기 때문이다. 그러다가 오랜 세월 동안 수많은 환자들을 살펴본 끝에 외과의들은 뇌의 모든 부분을 제거한 뒤에도 기억이 여전히 존재한다는 사실을 알아냈다. 게다가 장기 이식을 받은 수혜자들의 경험도 이 생각을 뒷받침한다. 지금은 기억이 몸 전체의 세포에 저장된다고 알고 있지만 그 의미는 예전에 부르던 '기억'이라는 말과 여전히 같다. 이 책의 나머지 부분에서도 그런 의미로 지칭할 것이다. 그리고 작가들과 연구원들이 세포 기억을 가리키기 위해 사용한 여러 가지 용어들 가운데 내가 선호하는 것은 솔로몬 왕의 표현이다. 그 말이 특별히 마음에 드는 이유는 그가 마음의 문제라는 개념을 최초로 만들어냈기 때문이다. 나는 심혈관계 기관인 심장cardiovascular heart과 구별하는 의미에서 이 개념을 "영적 마음spiritual heart"이라고 부른다. 그러므로 이 책의 나머지 부분에 영적 마음이라는 단어가 등장하거든 세포 기억이나 잠재의식 혹은 무의식과 쉽게 바꾸어 생각해도 좋다. 그저 이곳은 좋은 기억과 나쁜 기억, 다시 말해 인생에서 부딪히는 모든 쟁점과 문제의 근원이 자리한 장소라는 뜻이다.

2004년 9월 12일 일간지 〈댈러스 모닝 뉴스Dallas Morning News〉는 "의료계의 획기적 발견Medical School Breakthrough"이라는 기사를 실어, 텍사스 주 댈러스의 사우스웨스턴 대학 의료센터Southwestern University Medical Center에서 최근 새로운 연구 결과를 소개했다. 학자들은 우리의 경험이 뇌에만 상주하는 것이 아니라 몸 전체의 세포에 기록된다는 사실을 알아냈고 이 세포 기억이 질병의 진짜 원인이라고 믿었다. 인터뷰에서 하버드 대학교의 의학박사이며, 사우스웨스턴 메디컬 센터의 정신의학과장인 에릭 네슬러Eric Nestler는 다음과 같이 설명했다.

> 과학자들은 이 세포 기억이 건강한 삶과 죽음을 결정짓는다고 믿는다. ⋯ 암은 나쁜 세포 기억이 좋은 세포 기억을 대체하면서 일어난 결과일 수도 있다. ⋯ 이 사실은 가장 효과적인 질병 치유법 중 하나를 제공할 것이다.[1]

이 기사는 전 세계의 신문을 통해 다시 보도되었다. 사우스웨스턴 대학 연구팀이 설명하는 세포 기억과 솔로몬 왕이 말하는 마음의 문제들에 대해 자세히 읽어본다면 양측이 동일한 주장을 펼친다는 사실을 알 수 있나.

2004년 10월, 〈댈러스 모닝 뉴스〉는 위 인용문의 후속 기사인 '세포는 기억을 잊어버린다A Cell Forgets'를 내보냈다. 다음 발췌문은 상당히 긴 편이지만 살펴볼 만한 가치는 충분하다.

과학자들은 자연계 도처의 세포와 유기체가 뇌가 없어도 자신의 경험을 모두 기록한다는 것을 알고 있다. 그들은 이 세포 기억이 건강한 삶과 죽음을 결정짓는다고 믿는다.

암은 나쁜 세포 기억이 좋은 세포 기억을 대체하면서 생긴 결과일 수도 있다. 심리적 외상과 중독, 우울증은 모두 세포 내의 비정상적인 기억 때문에 조성되는 것일 수 있다. 과학자들은 만년에 나타나는 질병은 나이가 들어가면서 세포 속에 프로그램된 잘못된 기억 때문이라고 추측하기도 한다. 심지어 뇌가 반드시 필요한 종류의 두뇌를 사용하는 진짜 기억들도 세포 속에 갇힌 기억들에 의존하는 것으로 보인다는 것이다.

이제 과학자들은 세포가 어떻게 이 기억을 얻는지, 그리고 어떻게 기억을 조절해 질병의 원인을 치료하는지 이해하려고 노력한다.

"이것은 가장 효과적인 질병 치료 방법들 중 하나가 될 것이다." 에릭 네슬러 박사가 이렇게 말했다.

그의 설명에 따르면, 오늘날 수많은 질병의 치료법은 반창고를 붙이는 것보다 별반 나을 게 없는 수준이다. 질병의 증상을 다룰 뿐 원인을 다루지 못하기 때문이다. 네슬러는 이렇게 말했다. "이 지식을 활용한다면 이상異常 현상을 제대로 바로잡을 가능성이 생긴다."[2]

이 기사는 이어서 네슬러 박사를 비롯해 수잔 린드퀴스트^{Susan} Lindquist 박사와 노벨상 수상자 에릭 캔델^{Eric Kandel} 박사 같은 다른 세포생물학자들이, 특정 유전자의 사용 여부를 신호로 알려주는 듯한 특정한 화학적 표지를 인간의 세포에서 발견했다고 설명한다. 실제로 네슬레 박사는 전기 충격이 쥐의 뇌 유전자 표지를 어떻게 변화시키는가에 관한 연구를 〈신경과학 저널^{Journal of Neuroscience}〉에 발표했다.[3]

그러나 연구에서 밝혀진 바에 따르면, 전기 충격 이외에 세포 기억의 표지를 변화시킬 수 있는 다른 요인이 있었다. 바로, 어머니의 사랑이었다. 실험실의 쥐 실험을 통해 연구원들이 알아낸 바에 따르면, 어미 쥐가 새끼 쥐들을 핥아주면 공포 경험을 지배하는 유전자에 위치한 화학적 표지가 정말로 변화하고 결과적으로 새끼 쥐들이 일생 동안 드러내는 공포가 줄어드는데, 이는 어미의 사랑이 '새끼의 뇌를 평생 프로그램할'[4] 수 있음을 나타낸 것이다.

달리 말하면, 이 연구원들은 사랑이 공포의 해독제이며 사랑과 공포 모두 세포 수준의 측정이 가능하다는 사실을 입증했다. 또한 외부의 영향이 '평화적인 세포'를 급속히 퍼지는 암세포가 되게끔 '세뇌할' 수 있다는 것도 알아냈다. 그런 사실은 이 표지에서도 알 수 있다. "평화적인 세포가, 통제 불능의 상태를 유도하기 위해 전략적으로 배치된 유전자 표지에 의해 리프로그램된다."[5]

이 연구는 2004년에 발표된 것이지만 지금도 과학자들은 특정한 세포 기억의 표지들을 연구하고 실험실에서 능숙하게 다루는 방법을 이해하는 데 최선을 다하고 있다. 어쩌면 당신도 장기 이식 환자들의 이야기들을 통해 세포 기억의 힘에 관해 들어보았을지 모른다. 그중 유명한 것은 클레어 실비아Claire Sylvia의 사례다. 그녀는《마음의 변화 A Change of Heart》라는 저서에서 자신의 경험을 털어 놓았다. 1988년, 예일 뉴헤이븐 병원Yale-New Haven Hospital에서 심장과 폐 이식 수술을 받고 난 그녀는 자신의 성격이 크게 달라졌음을 알아차렸다. 우선, 켄터키 프라이드치킨이 무척 먹고 싶어졌다. 건강에 신경 쓰는 무용수이자 안무가로서 전에는 절대 먹지 않으려 한 음식이었다. 느닷없이, 평소에 즐겨 입던 선홍색과 오렌지색보다 파란색과 초록색 옷이 좋아지기도 했다. 게다가 행동도 과감해졌는데, 이야말로 그녀답지 않은 면모였다. 약간의 조사를 해보자 이 새로운 특성들은 모두 장기 기증자의 본래 성격이었다. 그리고 이와 유사한 다른 장기 기증자들의 사례도 수십 건 보고된 바 있었다. 이 현상을 설명하는 것이 바로 세포 기억이다.[6]

위스콘신 대학교University of Wisconsin의 연구원인 브루스 립튼 박사는 인간의 근육 세포가 위축되는 이유를 밝혀내기 위해 복제 실험을 실시했다. 그 결과, 개인의 근육 세포는 환경에 대한 지각을 기반으로 반응하고 변화하지만 꼭 실제 환경에 근거할 필요는 없다는 것을 밝혀냈다. 추가 연구를 통해 이 같은 규칙이 인간 전체에 동일하게 적용된다는 것도 알게 되었다. 즉, 우리는 사실 그대로가 아닌 환경에 대한 지각을 기반으로 반응하고 변화한다는 것이다. 지각의 다른 말은 곧 우리의 믿음이다.[7] 립튼 박사는 모든 건강 문제가 우리의 잠재의식에 자리한 잘못된 믿음에서 비롯된다고 설명한다. 이 주장을 뒷받침하는 연구의 세부 사항들을 읽고 난 뒤에 나는 립튼 박사가 말하는 잠재의식의 믿음이 네슬러 박사와 그의 동료들이 부르는 세포 기억, 그리고 솔로몬이 말하는 영적 마음과 정확히 일치한다고 믿게 되었다. 앞장에서도 논의했듯이, 잠재의식은 의식보다 백만 배 정도 더 강력하기 때문에 그런 믿음을 변화시키지 않고 당신이 원하는 삶을 살아갈 가능성은 100만 분의 1에 불과하다.[8]

세포 기억 현상은 비단 몸이 아픈 사람이나 실력에 못 미치는 성과를 내는 사람만이 아니라, 지구상의 모든 사람에게 적용된다. 우리의 세포 기억, 혹은 잠재의식의 믿음이나 영적 마음의 문제들은 조만간 당신의 발목을 잡을 것이다. 마치 지난 장에서 불륜을 저지른 남편의 사례에서 그랬던 것처럼 말이다. 컴퓨터에 침입한 바이러스처럼 당신은 그저 모른 체하다가 세포 기억이 기적적으로 사라지기를 기대해서는 안 된다. 그런 일은 일어나지 않으니까.

뉴욕 의과 대학교NYU School of Medicine의 존 사노John Sarno 박사는 심인성 질병과 정신-신체의 연관성 연구에서 획기적인 업적을 세웠다.[9] 사노 박사는 립튼 박사와 네슬러 박사의 의견에 동의하고, 성인의 만성 통증과 질병이 파괴적인 세포 기억에서 비롯된다고 설명한다. 즉, 그 기억을 치유하면 만성 고통과 질병도 사라진다는 것이다.

심신통합 치유를 추구하는 전인적 의사holistic practitioner 앤드류 와일 Andrew Weil 박사는 베스트셀러 저서 《건강과 치유Health and Healing》에서 이렇게 주장한다. "모든 질병은 심리적인 문제에서 기인한다."[10] 그렇다고 질병이 실재하지 않는다는 것이 아니라 신체적 원인에서 비롯되지 않는다는 뜻일 뿐이다. 그러므로 앞서 언급한 전문가들의 의견에도 부합한다.

세계적으로 유명한 소아 알레르기 학자 도리스 랩Doris Rapp 박사는 나의 절친한 친구이자 영웅들 중 한 명이다. 오래 전에 랩 박사는 아이들에게 도움을 주기 위해 기꺼이 표준 의학의 틀에 박힌 관념에서 벗어났다. 그 행동으로 인해 동료들의 비난을 받기도 했지만 쉽사리 단념하지는 않았다. 지금은 전 세계 수천 명의 사람들에게 일대 전환점이 되었다는 찬사를 받고 있으며 무수히 많은 인도주의 상을 수상했다.

베스트셀러 저서인 《이 아이가 당신 아이인가요?Is This Your Child?》에서 그녀는 "통 효과barrel effect"에 대해 이야기한다.[11] 통 효과는 내가 그녀의 책에서 처음 본 이론이었고, 오래 전 내게 상당한 영향을 주었다. 통 효과에 따르면, 인생에서 받는 모든 스트레스는 하나의 거대한 내부 통으로 간주할 수 있다. 이 통이 가득 채워지지 않는 이상 우리 신체는 새로운 스트레스를 감당할 수 있다. 누군가 우리에게 화를 내거나 어떤 일이 우리 뜻대로 되지 않거나 우리가 독소에 노출될 수도 있겠지만 그래도 우리는 여전히 괜찮을 것이다. 우리의 몸과 마음이 스트레스를 감당할 수 있기 때문이다. 하지만 우리 내부의 통이 가득 차고 나면 가장 작고 사소한 것으로 인해 궁지에 빠질 것이다. 그러므로 한도를 넘어버리면 지푸라기 하나만 더 보태도 낙타의 등뼈가 부러진다는 개념은 과학적으로 정확하다고 할 수 있겠다.

예를 들어, 어제 당신이 땅콩을 몇 알 먹었지만 몸이 괜찮았다고 가정해보자. 하지만 오늘은 땅콩 한 알을 먹었는데도 알레르기 반응이 나타난다. 도저히 이해가 가지 않을 테고 땅콩 때문일 리는 없을 것만 같다. 그렇지 않은가? 어제는 땅콩을 몇 알 먹고도 몸이 멀쩡했는데 오늘은 어떤 점이 달라진 것일까? 실은 땅콩 때문이기도 했고 땅콩 때문이 아니기도 했다. 물론, 땅콩 섭취가 부정적인 신체 반응을 촉발시킨 것만은 사실이다. 하지만 당신의 스트레스 통이 가득차지만 않았더라면 땅콩은 그런 반응을 유발하지 않았을 것이다. 진짜 원인은 땅콩이 아니라 스트레스였던 셈이다. 보다 정확하게 말하면 스트레스의 내적 원인이다. 당신의 스트레스 수준이 유일한 차별화 요소다.

이 이론은 신체적으로나 정신적으로나 모두 사실로 드러난다. 부모라면 누구나 자녀에게서 그런 모습을 발견한 경험이 있을 것이다. 가령 놀이터에서 놀고 있는 두 살배기 아이에게 이제 그만 집에 갈 시간이라고 이야기할 경우, 수요일이라면 아이는 고분고분하게 말을 들을지도 모른다. 하지만 일요일 동일한 시간에 바로 그 공원에서 그와 똑같은 이야기를 한다면, 아이는 분통이 와락 터지고 아드레날린이 솟구쳐 올라 그 어느 때보다 울고불고 난리를 칠 것이다. 아이의 반응은 스트레스 통이 얼마나 채워져 있는가에 따라서 매번 달라진다. 스트레스 통이 가득 차 넘치는 상태라면, 아이의 무의식은 놀이터를 떠나는 행위가 자신의 생명을 위협하는 비상사태처럼 여길 것이다. 이 사례에서 알 수 있듯, 우리는 스트레스 통이 가득 차있는 채 살아가도록 만들어지지 않았다. 이런 식으로 불균형한 삶을 살아가다 보면 결국 신체적으로나 정신적으로 '기능 장애' 상태에 도달하고 말 것이다.

하지만 스트레스 반응의 가장 중요한 임무는 우리를 보호하는 것이지 행복하게 만들어주는 것이 아니다. 신체적으로나 정신적으로나 우리의 스트레스 반응은 조심스럽기보다는 과민하게 일어나기 쉬우며 만일을 대비해 투쟁-도피 반응을 일으키는 경우가 많다. 스트레스 반응이 조심스럽게 일어나면 우리가 사망할 수도 있는데, 그럴 경우 스트레스 반응은 가장 중요한 임무에서 실패하는 셈이 된다. 또한 사건이 벌어질 때 분비되는 아드레날린의 양은 당시에 느끼는 스트레스 정도의 기준이 되어, 그 기억이 평생토록 우리의 영적 마음속에 얼마만한 강도로 자리할지 결정한다. 우리의 정신이 언제나 우선순위로 두는 것은 우리를 위험에서 벗어나게 해 안전하게 지켜준다고 믿어지는 경험이다.

그리고 그런 결정은 우리의 기억, 그중에서도 특히 공포 기반의 기억에 근거하여 이루어진다. 이제, 우리가 쓸모없는 프로그래밍을 영적 마음속에 지니고 있는 이유가 무엇인지 이해가 갔을 것이다. 말하자면, 어떤 스트레스 기억이 지금 우리의 삶에서 많은 문제를 초래하는 이유는 두 살 때 공원에서 무언가 안 좋은 일이 있었기 때문인지도 모른다!

우리 내부에 존재하는 스트레스 통에는 심지어 세대에 걸쳐 전해진 기억들까지도 들어 있다. 당신은 아름다운 어린 시절을 보내고 아무 상처 없는 삶을 살았을 수도 있지만 어떤 이유에선지 자신감 문제, 우울증 문제, 건강 문제, 혹은 중독 상태가 여전히 심각하다. 나는 이 범주에 꼭 들어맞는 수많은 사람들과 작업해왔는데, 그들은 몇 세대 전의 조상이 상당한 정신적 충격을 받은 일이 있었다는 사실을 나중에 알게 되었다. 예를 들어, 한 아이가 기차에 치여 사망했고 그 뒤로 그 집안에서는 동일한 사건이 두 번 다시 일어나지 않았다고 해보자. 인간의 하드 드라이브에 침입한 강력한 바이러스와도 같은 이 기억은 마치 DNA처럼 후대에 전해진다. 그 사건이 발생할 때 아드레날린이 더 많이 분비될수록 그 기억은 더 강하고 영향력은 더 크며 그 기억이 미래의 세대에게 전해질 가능성은 더 크다. 그러므로 당신에게 영향을 미치는 기억들은 심지어 당신 자신의 것이 아닐지도 모른다. 세대에 걸쳐 전해진 기억들은 수십 년 전부터 "순환the cycle"과 "순환 끊기breaking the cycle"라고 부르기 시작한 것의 존재 혹은 특정한 가계에서 계속 반복되는 행동과 사고, 감정 패턴을 설명할 수 있다. 만약 지금 문제가 있는 사람의 스트레스를 제거할 수 있다면, 심지어 유전적인 문제라 해도 대개는 치유될 것이다.

내가 만나본 내담자 중 한 명은 현재 나타나는 증상들의 원인이 수백 년 전으로 거슬러 올라간다는 것을 마침내 알아냈다. 가족사를 자세히 살펴보니, 남북 전쟁 기간 동안 그녀의 증조모는 남편과 세 아들이 집안에서 적에게 살해당하고 주택 전체가 불에 타 잿더미가 되는 장면을 목격했다고 한다. 그 사건이 그 여성의 스트레스, 건강, 그리고 평생의 상황에 어떻게 영향을 미쳤는지는 그저 짐작만 할 수 있을 뿐이다. 그녀는 엄청난 스트레스를 안겨준 기억들과 그로 인한 증상들을 후손들에게 전해주었다. 심지어 그 일이 벌어지고 세월이 너무 많이 흘러서 사건에 대해서는 전혀 알지도 못하는 후손들에게까지도 전달이 되었다. 이 내담자도 예외는 아니었다. 하지만 그런 스트레스가 있다고 해서 사람들을 치유할 희망이 없다는 뜻은 아니다. 과거 세대에 존재하는 기억을 확인하고 난 뒤에야, 비로소 우리는 문제의 근원을 다룰 수 있었고 마침내 내담자는 치유될 수 있었다. 책 뒤편에서는 당신 혼자서 이 과정을 모두 해내는 방법을 배울 것이다.

온갖 전문가들이 연구에서 언급한 세부사항들을 비교해보면 그들은 하나같이 같은 이야기를 한다. 모든 문제의 근원이 우리의 잠재의식, 혹은 세포 기억 혹은 영적 마음이라고 알려진 것에 연결될 수 있다는 말이다. 문제의 유발기제는 과거의 기억에 연결된 우리의 현재 상황 속에 존재하며 그 증상은 바로 스트레스 반응이다.

세포 기억이 야기하는 부정적인 증상들

　이것의 진짜 의미는 다음과 같다. 당신의 신체는 0.7양(1028) 개의 원자들로 이루어져 있다. 이 원자들 하나하나는 당신의 생각에 영향을 받는다. 새로운 생각을 할 때마다 당신은 뇌 속에서 새로운 연결 혹은 신경 경로들을 만들어내는 것이다. 특정한 사건이 동일한 생각이나 감정을 자동으로 유발한다면 이 감정이나 생각은 당신이 그 사건을 처음 경험했을 때 만들어진 신경망에서 비롯된다. 이 신경망들이 당신의 세포 기억이다. 당신이 유사한 사건을 경험할 때마다 동일한 기억이 유발되고, 당신은 그 기억이 어디에서 비롯되었는지 어째서 그런 기분이 드는지 대개는 의식적으로 알아차리지 못한다.

　문제는, 당신의 반응 대부분이 이전의 경험에 대한 기억을 기반으로 자동적으로 발생한다는 점이다. 만약 성장기에 훌륭한 역할 모델들이 주위에 있었고 자신감이 돋아나는 삶을 살아왔다면 지금 당신은 운 좋은 사람들처럼 아주 근사한 인생을 살고 있을 것이다. 하지만 과거에 정신적 상처를 경험하고 아직 치유하지 못했다면, 직접적인 자신의 경험이든 간접적인 선조들의 경험이든 당신의 삶은 세포 기억을 기반으로 몇 번이고 반복해서 겪게 되는 비슷한 경험들로 채

워질 가능성이 크다.

당신의 세포 기억은 지금 여기서 어떻게 반응할 것인지 결정하기 위해 뇌가 사용하는 기준점이다. 그렇기 때문에 우리는 대부분 성인이 되어 맺은 인간관계에서 좋건 나쁘건 자신의 부모처럼 행동하는 것이다. 심지어, 분별력이 있기 때문에 그렇게 행동하지 않으려고 최선을 다할 때조차 마찬가지다.

그러므로 분노, 공포, 낮은 자존감, 혹은 이와 유사한 수백 가지 부정적 감정들이 얽힌 기억이 있다면, 그 기억은 당신을 병들게 하고 실패하도록 유도하며 당신의 가장 중요한 인간관계를 파괴할 수도 있다. 인생에서 어떤 상황에 마주치면 당신은 자신이 이성적이고 논리적인 성인으로서 이 상황을 전혀 새롭게 바라보고 그 순간 어떻게 반응할 것인지에 관해 새롭게 의식적인 결정을 내린다고 생각할지도 모른다. 실제로 당신의 영적 마음은 지금 받아들이는 감각 정보에 가장 잘 어울리는 기억을 찾고 있다. 연구에 따르면, 우리의 감각 지각 (시각, 후각, 촉각 등)은 1초 뒤면 사라진다. 그러므로 1초 뒤에 우리가 어떻게 반응하든 이것은 우리의 감각이 아니라 기억 장치memory bank 와 관련이 있다.[12] "우리는 사물을 있는 그대로 보지 못한다. 우리는 사물을 우리 입장에서 본다."[13] 앞서 소개한 사례에서 출퇴근 시간에 나란히 교통 체증에 시달리던 두 사람을 다시 떠올려 보자. 한 명은 운전 중에 분노를 터뜨린데 비해 나머지 한 명은 침착함을 유지했다. 두 사람이 처한 외적 환경은 정확히 동일했으므로 주변 상황이 차이를 만들어내지는 않았다. 둘의 차이는 내면적 존재일 수밖에 없었고 실제로도 그랬다.

영적 마음이 행복한 기억을 찾아낸다면 당신은 긍정적인 반응을 보이는 경향이 있다. 그에 비해 영적 마음이 고통스러운 기억을 찾아낸다면, 당신은 공포 혹은 분노에 휩싸인 반응을 보인다. 공포를 기반으로 한 기억은 당신의 생리 기능과 생각, 믿음, 감정, 행동에서 부정적인 증상들을 만들어낼 것이다. 기억이란 휴대 전화와 상당히 비슷한 방식으로 작용해서 끊임없이 메시지를 보내고 받아들인다. 그 기억은 주변의 세포를 비롯해 스트레스 반응을 관장하는 뇌의 시상하부에 '공포 신호'를 퍼뜨린다. 신호를 받은 세포들은 작동을 멈추고 사망하거나 질병에 걸린다. 독소를 제거하지도 못하고 필요한 산소와 영양소, 수분, 이온을 흡수하지 못한다. 세포가 이런 상태로 오랫동안 닫혀 있으면 일정 세포가 질병 유전자를 겉으로 드러나게 할 가능성이 급상승한다. 브루스 립튼 박사의 설명에 따르면, 이것이 당신의 인생에서 질병이 발현하게 만드는 유일한 경로다. 이런 상황이 일어나지 않으면 당신은 절대 병에 걸리지 않는다. 면역 체계와 치유 체계가 언제나 최적의 수준에서 작동하기 때문이다.

시상하부는 기억으로부터 공포 신호를 받으면 스트레스 반응을 일으킨다. 바로 그렇다! 모든 문제는 여기서 시작된다. 투쟁-도피 반응이 유발되고 시상하부가 우리 몸에 코르티솔 같은 스트레스 호르몬을 가득 분비하며, 우리는 어떤 희생을 치르더라도 이 고통이나 공포에서 반드시 벗어나기 위해 고통·쾌락 프로그래밍을 가동한다. 이제는 고통에서 달아나거나 공포를 파괴하고 싶어 한다. 우리의 뇌는 투쟁이나 도피를 합리화하는 것을 제외한 모든 이성적인 의식적 사고를 차단하거나 거부한다. 그 스트레스는 우리를 병들고 지치고 우둔하고 부정적이며 실패하게 만든다. 세상에 존재하는 거의 모든 종류의 부정적인 증상을 만들어내는 것이다. 어떻게 연결되어 있는지 이해가 가는가?

이 개념은 의사 결정과 행동에서 의식이 수행하는 역할에 대단히 중요한 영향을 주었다. 윌리엄 틸러 박사는 의식적 의도와 무의식적 의도에 관해 나에게 다음과 같이 설명했다. "만약 이 두 가지가 충돌한다면 승리하는 쪽은 언제나 무의식이다." 우리가 무언가 행동을 취할 때면, 의식적인 결정을 내리기 1초 전에 뇌에서 급격한 화학적 변화가 일어나 우리가 내릴 결정을 지시할 뿐 아니라 이미 몸을 움직여 그 행동을 취하게 만든다. 이 모든 작업은 의식이 우리의 행동을 결정하기 불과 1초 전에 이루어진다. 그러므로 어떤 상황에 관련된 무의식적 공포 기억을 가지고 있다면, 우리의 의식적인 선택은 사실상 프로그래밍을 통해 지시된다. 즉, 무의식·잠재의식이 이미 결정한 내용에 대한 논리적 설명을 떠올리려는 것뿐이다. 〈내셔널 지오그래픽National Geographic〉은 이것을 '의도적인 착각the illusion of intention'이라고 부른다.[14]

당신은 인생을 살아오면서 이와 관련된 사례를 무수히 보아왔다.

가령, 미국의 일부 농가는 몇 대에 걸쳐 오직 쉐보레 자동차만 운전해왔다. 아무리 쉐보레가 품질 평가에서 47등을 기록한다 하더라도 이 집안의 운전자들은 모종의 음모가 있으리라 추측하며 쉐보레가 마땅히 1등이 되어야 하는데 어째서 1등이 아닌가에 대해 온갖 합리적 구실이나 설명을 생각해낼 것이다. 물론, 이런 주장들은 자동차의 진정한 가치가 아니라 그들이 부모, 조부모, 그리고 측근들로부터 받은 프로그래밍을 기반으로 한다. 쉐보레가 품질 면에서 1등을 차지한다면 그들의 의식과 무의식은 조화를 이룬다. 하지만 쉐보레가 1등을 차지하지 못하면, 그들은 사람들이 쉐보레에 대해 온갖 거짓말을 늘어놓는 이유를 궁금해 하며 끊임없이 스트레스를 받는다. 이 사안은 표면적으로는 사소한 것처럼 보이지만 실제로는 스트레스 통을 계속 채우면서 원인을 발견할 수 없는 다양한 증상들을 생활 속에 불러일으킨다. 그렇다면 어째서 그들은 이런 행동을 계속하는 것일까? 어째서 지금 자신들이 하는 행동을 알아차리고 진실을 믿기 시작하지 못하는 것일까? 그 이유는, 무의식은 그들에게 쉐보레를 사라고 '명령'하는데 비해 의식은 주변 상황을 파악하고 당신이 그렇게 생각하고 느끼고 믿으며 행동하는 이유를 이해하려고 하는 선천적인 '욕구'를 가지고 있기 때문이다. 그러므로 이유를 모르고 그렇게 행동을 하게 된 뒤 합리적인 이유를 찾는 것은 정말로 알지 못하기 때문이다.

보다 심각한 사례는 아마 우리의 종교 교육일 것이다. 개인적인 이야기를 하자면, 나는 대단히 독실한 기독교 가정에서 자랐는데 그 바람에 내면에서 어떤 정신분열적인 갈등 같은 것이 생겨났다. 말하자면, 신^{God}은 사랑이기도 하지만 그와 동시에 내가 잘못하기를 가만히 기다리다가 호된 꾸짖음을 내리신다고 배웠다. 청소년기에 나는 도저히 이해가 가지 않는다는 이유로 신에 대한 개념을 내동댕이쳤다. 아니, 적어도 나의 의식은 그 개념을 완전히 거부했다. 그로 인한 고통이 너무 컸기 때문이었다. 그리고 그야말로 수십 년이 걸린 끝에 영적 마음이 생겨났다. 그래서 내가 나서서 살펴보기 시작했고 시간이 흐르면서 나의 믿음은 치유되고 변화했다. 나는 이제 어떤 종교에도 속하지 않기로 결정했다(특정한 이름이 붙어 있고 '훌륭한 신도'가 되기 위해 지켜야 할 특정한 규칙이 정해진 특정한 건물을 정기적으로 방문하는 행위를 하지 않는다는 뜻이다). 나는 모든 종교의 장단점을 알게 되었다.

하지만 신앙을 갖고 종교적인 삶을 살아가는 사람들을 하찮게 여기거나 무시하려는 의도는 조금도 없다. 절대 아니다. 단지 나의 믿음과 내가 걸어온 길을 전달할 뿐이다. 지금은 스스로 예수 그리스도의 추종자라고 생각한다. 그뿐이다. 그 이상도 그 이하도 아니다. 예수의 가르침에 따르면, 사랑하며 살아간다면 당신은 목표를 이룬 셈이다. 하지만 사랑하며 살아가지 않는다면, 당신은 목표를 달성하지 못한 것이다. 모든 사람에 대하여 내가 할 일은, 어떤 상황에서든 어떤 숨은 동기도 조건도 없이 그들을 사랑하는 것이다. 그들이 나를 사랑하든 내게 친절하든 그렇지 않든 상관없이 말이다. 내 일은 심판하는 것이 아니라 그저 사랑하는 것이다. 나는 이것이 종교적인 생활이 아니라 '영적인' 생활이라고 믿는다.

여기서 한 가지 질문을 던지고 싶다. 당신의 내면은 어떠한가? 포드가 좋은가, 쉐보레가 좋은가? 종교를 믿는가, 믿지 않는가? 카우보이인가, 아메리칸 인디언인가? 큰 정부를 지지하는가, 반정부적인가? 무엇이든 자신이 믿는 것이 반드시 승리해야 한다는 비교 심리 혹은 경쟁심이 조금이라도 있는가? 아니면 무슨 일이 있어도 온전한 진실을 계속 추구하면서 거기에 마음을 열어두고 있는가? 미국은 세상에서 가장 부유하고 축복받은 국가 중 하나다. 하지만 자신이 처한 상황을 운이 더 좋아 보이는 다른 사람의 상황과 비교하느라 엄청난 재정적 스트레스를 느끼는 미국인들이 지나치게 많다. 재정 문제로 스트레스를 받는 사람이 찾아올 때마다 나는 이런 질문을 던진다. "집이 있습니까? 식탁 위에 음식이 있습니까? 전기가 들어옵니까?" 그들은 대개 침울한 목소리로 이렇게 대답한다. "네." 그리고 일반적으로 결코 일어나지 않을 일에 대해 걱정한다. 설사 엄청난 무언가를 잃어버렸다 해도 그들은 거처할 곳과 먹을 음식이 여전히 있을 것이다. 그들이 느끼는 스트레스의 원천은 자신을 다른 사람들과 비교하도록 만드는 내부의 공포 프로그래밍이지, 그들의 안전이나 생존이 진실로 위협 당했기 때문은 아니었다.

언젠가 나는 다음과 같은 질문을 던지는 온라인 투표를 보았다. "만약 집, 재산, 그리고 지금 살고 있는 장소를 집어 올려 에티오피아의 가장 가난한 지역으로 모조리 가져다 놓는다면 기분이 조금이라도 달라질 것 같은가?" 이에 대한 사람들의 일반적인 반응은 대단히 흥미로웠다. 대부분의 사람들은 기분이 달라질 것이라는 대답을 내놓았다. 그렇다고 만족감이 커지고 동정심이 깊어진다는 뜻은 아니었다. 그들은 자신보다 훨씬 더 운이 나쁜 다른 모든 사람들로부터 자신의 재산을 지켜야할 필요가 있기 때문에 걱정스러워 했던 것이다! 바로 이런 종류의 무의식적 의도가 영적 마음속의 기억을 디프로그램하고 리프로그램해야하는 이유이다. 그렇게 하지 않으면 자신에게 도움도 안 되고 쓸모도 없을 뿐 아니라 애초에 진짜가 아닐지도 모르는 잠재의식적 혹은 무의식적 사안들에 놀아나는 꼭두각시가 될 것이다.

이제, 무의식적 의도가 어떻게 작용하는지 살펴보자. 예컨대, 한 남자가 빨간 신호를 받고 서 있는 차량들 뒤에 차를 대고는 버럭 화를 낸다. 화는 공포를 기반으로 한 감정이므로 만약 생명을 위협받지 않는 상황에서 공포를 경험한다면 이것은 그의 인간 하드 드라이브가 바이러스에 감염되었다는 신호다. 즉, 그의 생존 기제에서 무언가가 제대로 작동하지 않는다는 뜻일 뿐이다. 다시 말해, 그의 영적 마음 혹은 무의식에는 이것이 생명을 위협하는 상황이라고 이야기하는 기억들이 존재하는 것이다. 이 기억들은 교육이나 과거의 경험에서 비롯되기도 하고 아니면 자신이 알거나 알지 못하는 다른 세대의 경험에서 전해지기도 한다.

당신은 이미 문제를 알고 있다. 그러므로 의식적 통찰이 일어날 가능성은 없다. 뇌와 신체의 화학 반응이 싸우라고 이야기할 때 그가 가장 하고 싶지도 않고 할 수도 없는 행동은 사랑하는 마음으로 앉아 있는 것이다. 아니, 어느 누구도 결코 하고 싶어 하지 않을 행동이다! 우리 신체의 투쟁-도피 반응이 활성화된 상태일 때 고통·쾌락 프로그래밍에 저항할 수 있는 사람은 소수에 불과하다. 의지력은 말을 듣지 않을 것이다. 무슨 일이 벌어졌는지를 미처 깨닫기도 전에 유발 기제가 작동되기 때문이다. 사실상, 개개인이 투쟁-도피에서 발휘할 수 있는 의지력이란 자동차 경적만 울리게 하거나 분을 터뜨리거나, 지금 느끼는 고통을 즉시 해소시켜줄 가장 손쉽고 빠른 조치를 취하게 하는 정도다. 대개는 그들이 옳다고 믿는 행동을 실천하도록 하기에는 충분하지 않다.

기억을 치유하지 않는 이상 진정한 치유란 없다

당신의 기억을 치유하지 않으면 신체적으로나 정신적으로나 진정한 치유는 없다. 만약 현재의 경험에서 마음에 들지 않는 부분이 있을 때면, 이를 기억 장치로 가져갈 수 있다. 당신에게는 유사한 부정적 경험들을 포함하는 기억들과, 지금 경험하는 것을 처리하는 구체적인 프로그래밍이 있다는 말이다. 달리 표현하면, 당신은 공포 기반의 기억들을 몇 번이고 다시 체험하고 다시 만들어내고 있다. 그리고 인생을 살아가면서 경험하는 모든 순환의 원천은 바로 기억이다. 생리 기능, 생각, 믿음, 감정, 행동을 비롯한 모든 것이 당신이 가진 기억의 발현이고 기억에서 비롯된 믿음이다. 공포 기반의 프로그래밍이 현재 상황을 지시하고 있다.

이제 당신도 의지력을 발휘하거나 심리 치료 요법을 실시해도 효과가 없는 이유를 보다 분명히 깨닫기 바란다. 즉, 진정한 문제의 근원에 접근하지 못하기 때문이다. 심지어 기억 자체에 접근하는 것처럼 보이는 의식적 둔감화conscious desensitization 같은 요법들조차 지속적인 치유 효과를 제공하지 못한다. 이유가 무엇일까? 그런 방법들은 기억을 억압하고 그렇게 해서 우리의 정서적 반응이 기억과 분리되도록 무의식을 프로그램하기 때문이다. 이것은 대응이지 치유가 아니다. 게다가 억압되고 있을 때에도 이런 부정적인 기억은 우리의 스트레스 통을 가득 채운다. 달리 말하면, 부정적인 기억은 효과적으로 우리를 조정해 내면의 무의식적 스트레스를 끊임없이 불러일으킨다. 감정을 더 이상 적극적으로 괴롭히지 않는다 해도 이 기억들은 제거되지 않을 것만 같은 다양한 증상으로 어느 때보다 많은 문제를 여전히 불러일으킬 것이다. 억제하고 대응하는 것은 치유의 정반대다. 대다수의 사람들은 사랑이나 기쁨, 평화 같은 긍정적인 결과를 경험하기보다는 결국 무감각해질 뿐이다. 억제하고 대응하는 것은 여전히 스트레스를 불러일으킨다.

지난 수년간의 경험을 돌아보면, 어떤 문제를 해결하려고 나를 찾아왔다가 오래 전에 일어난 보다 충격적인 다른 사건을 무심코 언급하는 사람들이 꽤 많았다. 그들은 그 문제로 무려 30년간 심리 치료를 받았기 때문에 잘 처리되었다고 믿었다. 나는 대개 "잘 되었네요"라고 말하지만 상담을 진행하는 동안 그 문제가 다시 등장할 수 있다는 것도 잘 안다. 그 문제가 그저 억압되었거나 그들이 대처 기제를 배웠을 가능성이 매우 컸기 때문이다. 둘 중 어느 것도 치유가 아니다.

우리의 무의식에 자리한 문제에 접근해서 이를 치유하려 하는 다른 방법으로 최면이 있다. 하지만 나는 세상에서 가장 신뢰하는 사람이라 하더라도 절대 나에게 최면을 걸게 하지는 않을 것이다. 최면이 효과가 없기 때문은 아니다. 아무리 좋은 의도를 가진 숙련된 최면술사라 해도 의도치 않게 우리의 무의식을 대단히 쉽게 어지럽힐 수도 있고, 아니면 이전보다 상태를 더욱 악화시킬지 모를 최면 후 암시 posthypnotic suggestion를 무심코 걸 수도 있기 때문이다. 그리고 누구도 이유를 알지 못할 것이다.

나는 이런 상황을 여러 차례 목격했다. 그리고 어느 박사 과정 실습 과목 시간에 목격한 장면은 절대 잊지 못할 것이다. 당시에 최면을 건 남자는 천재였다. 적어도 내가 보기에는 그랬다. 그는 최고 수준의 연구 중심 대학에서 학과장을 맡고 있었고 대단히 능숙하고 존경받는 치료사였다. 그가 체험자에게 최면을 거는 동안, 닫힌 창문 너머로 외부의 누군가가 말하는 소리가 희미하게 들려왔다. 외부에 있던 사람은 건물 안에서 최면이 진행되는 중인지 전혀 알지 못했다.

그저 대화를 나누고 있었을 뿐이었다. 하지만 닫힌 창문 너머로 다음과 같은 말이 어렴풋이 들려왔다. "절대 해내지 못할 거야." 그들의 이야기 주제가 무엇인지는 전혀 알지 못했다. 과제나 인간관계, 아니면 새로 산 블라우스에 관한 이야기였을까? 그런데 그 말을 들으면서 나는 뜬금없이 이런 생각이 떠올랐다. 혹시 최면 체험자가 그 말을 들었으면 어떻게 하지? 최면에 걸린 사람의 표정을 보자 그가 그 말을 들었다는 확신이 들었다. 만약 그랬다면 "절대 해내지 못할 거야"라는 말은 곧장 최면 암시hypnotic suggestion가 되어 그의 무의식으로 직행했을 것이다. 최면술사가 암시하고 있던 해결책이 무엇이든 간에 체험자의 무의식은 그에게 절대 해내지 못할 것이라고 말하고 있었다. 약 6주 뒤, 나는 그 체험자가 가진 문제가 최면에 걸리기 전보다 10배 더 악화되었다는 것을 알게 되었지만 이유를 아는 사람은 아무도 없었다. 이 사실을 알게 된 나는 최면술사에게 가서 내가 듣고 목격한 내용을 알려주고 혹시 이런 이유로 체험자의 상태가 악화된 것은 아닌지 물어보았다. 표정으로 미루어 짐작컨대, 그도 충분히 그럴 수 있다고 생각하는 듯했지만 그냥 이렇게 말했다. "그 일이 관계가 있을 것 같지는 않군요." 하지만 당시에는 그 사실을 정말로 알지 못했고 어쨌든 자신이 할 수 있는 일도 전혀 없었다고 생각했다. 설상가상, 무의식은 이전의 공포 기억 프로그래밍을 기반으로 최면술사의 말을 원래의 의도와 전혀 다른 방식으로 해석할 수도 있다.

이 내용은 그저 나의 의견에 불과하다는 점을 명심하기 바란다. 나는 최면으로 금연과 같은 좋은 결과를 얻은 경우도 더러 보았다. 하지만 개인적으로는 상태가 악화될 가능성이 있으므로 최면 치료는 절대 받지 않을 작정이다.

전형적인 치료 요법을 수년간 계속 받고도 지속적인 효과를 보지 못할 때도 있다. 의식에 완전히 초점을 맞추거나, 아니면 무의식의 깊은 곳을 손전등이나 작업에 맞는 도구도 없이 헤매고 다니기 때문이다. 그보다는 근원을 목표로 정해 치료할 필요가 있다. 여기서 근원이란 처음에 반응을 촉발시킨 원래의 기억을 말한다. 보다 구체적으로 말하면, 우리는 인간 하드 드라이브의 바이러스를 확인하고 그 기억이 공포 신호를 보내 우리의 면역 체계와 최고의 역량을 차단하지 못하도록 디프로그램 작업을 하고, 그 기억이 진실과 사랑으로 작용하여 우리 신체가 자연히 만들어냈어야 할 모든 긍정적인 증상들을 보일 수 있도록 리프로그램 작업을 해야 한다. 그러기 위해서는 단지 의지력이나 말이 아니라 설계와 시험을 거쳐 디프로그래밍과 리프로그래밍 작업을 실행할 수 있는 구체적인 방법들이 필요하겠다.[15]

출처 기억(source memory) 치유하기

비록 과학자들이 실험실에서 우리의 세포 표지 조작법을 여전히 연구하고 있지만, 다행스럽게도 당신의 기억을 디프로그램하고 리프로그램할 수 있는 과학적 돌파구를 기다릴 필요는 없다. 지금도 그렇게 할 수 있기 때문이다.

잠깐! 과거에 일어난 사건은 어떻게 치유할 수 있을까? 특히, 당신에게 일어난 사건이 아니라 여러 세대에 걸쳐 전해진 기억이라면 어떨까? 영적인 마음(잠재의식·무의식 등 사건들을 처리하는 장소)은 과거나 미래가 아니라 오로지 현재만 있다. 모든 것이 눈앞에서 360도 입체 음향으로 들리는, 지금 당장 진행되는 생생한 경험이다. 기억은 과거에 존재하는 것처럼 생각되지만 사실은 우리의 무의식에 생생하게 존재하며, 당장이라도 우리가 접근할 수 있는 것이다. 이후 자신의 출처 기억을 확인하고 치유하는 정확한 방법을 배울 예정이므로, 여기서는 일반적인 개념들에 대해서만 다루어보기로 하자. 나중에 이론을 실행에 옮기기 전에 개념부터 이해할 필요가 있으니까.

기억을 치유하는 첫 번째 단계는 그 기억을 형성한 사건에 관해 온전한 진실을 이해하는 것이다. 고통스러운 기억이 형성될 때마다 일반적으로 우리는 부정확한 믿음(거짓말이나 그 사건에 대한 오해)을 동시에 만들어내는데, 공포에 질린 반응을 야기하는 것은 사실상 이것에 대한 잘못된 믿음 혹은 이 사건에 대한 우리의 해석 때문이지 그 사건 자체가 아닌 것이다.

실제로, 공포를 유발하는 기억은 원래의 사건에 대한 잘못된 해석으로 항상 되돌아간다. 내가 느끼는 공포와 스트레스의 진정한 출처는 어머니가 돌아가셨다는 사실이 아니라, 어머니가 돌아가셨기 때문에 다시는 괜찮아질 리 없을 것이라는 나의 믿음이다. 그 출처는 암이라는 진단이 아니라, 암 진단을 받았기 때문에 나의 인생이 끝나버렸다고 믿는 것이다. 그 출처는 누군가의 불친절한 행동 자체가 아니라, 이 불친절한 행동이 나의 열등함과 무가치함을 뜻한다고 믿어버리는 것이다.

그런데 원래 사건은 심리학자가 정신적 충격이라고 할 만한 것일 수도 있지만 그렇지 않을 수도 있다. 어쨌든, 우리가 태어나서 6세까지 모종의 이유로 잔뜩 짜증이 났을 때 발생한 정신적 충격을 기반으로 프로그래밍 되었을 것이다. 수많은 내담자들을 만나본 결과, 결국 성공의 문제는 이런 종류의 사소한 사건들로 거슬러 올라가곤 했다. 그중 한 내담자는 자신의 성공 문제가 다섯 살 적에 아이스캔디를 받지 못해 짜증을 낸 순간으로 거슬러 올라간다는 것을 깨달았다. 나는 그 뒤로 그런 사건들을 '아이스캔디의 기억popsicle memories'이라고 종종 부른다.[16]

우리가 과거의 경험들을 '정신적 충격'이라고 정의하든 말든, 현재는 잠재의식과 무의식에 전혀 영향을 주지 않는다. 중요한 것은 기억과, 그것이 전송하고 있는 공포 신호를 치유하는 것이다. 우리는 과거의 고통스러운 기억에서 형성된 거짓말을 확인해서 지워버리고 이를 진실로 대체시켜야만 한다. 마치 가시를 뽑듯이, 당신이 고통을 느끼고 시키먼 안경을 통해 세상을 바라보게 하는 거짓말은 쏙 뽑아낼 수 있다.

명확히 해두면, 그 사건의 "온전한 진실을 이해하라"는 말은 우리가 발견할 수 있는 만큼의 진실을 이해하라는 뜻이다. 너무 고통스러워서 투쟁, 도피, 충격이 이를 방해하기 때문이다. 아니, 사실은 무의식에 잠겨 있기 때문에 대부분의 기억을 찾아내지 못하는 것이다. 그렇다고 걱정할 것은 없다. 기억을 잘 치유할 수 있는 방법이 있으니까. 그리고 이 방법은 의지력이 효과를 발휘하지 못하는 또 하나의 이유이기도 하다. 우리는 기억의 근원으로 곧장 들어가서 이를 치유할 수 있는 잠재의식적인 방법이 필요하다. 여기에 관해서는 4장에서 보다 자세히 알아보기로 하자.

언제 기억이 완전히 치유되었는지, 그리고 당신이 의지력을 발휘하지 않고 그 순환을 깨뜨렸는지는 어떻게 알 수 있을까? 그 순환이 깨진 후에는 공포의 부산물인 불안과 스트레스를 느끼기는커녕 사랑의 부산물인 평화와 기쁨을 맛보게 될 것이다.

호프는 나와 결혼하고 얼마 되지 않아 수년간 우울증을 앓았다. 그러던 어느 날, 커다란 소포가 UPS 택배로 집에 배달되었다. 그 당시에는 우리의 아들들인 해리와 조지가 어렸으므로 가족 모두 잔뜩 신이 나서 커다란 상자 안에 무엇이 들었는지 알아보려 했다. 열어 보니, 상자에는 작지만 무척 깨지기 쉬운 물건이 들어 있었고 대부분의 공간은 스티로폼 알갱이들로 채워져 있었다. 그로부터 세 시간 뒤, 우리 집은 다시 일상으로 되돌아갔다. 그때 위층에서 전에 없이 끔찍한 소란이 벌어졌다. 무슨 일인지 확인하려고 달려 올라가보니 조지는 울고 있었고 호프는 무척 화가 나 있었다. 그리고 하얀색의 작은 알갱이들이 청소를 막 끝낸 온 집안에 널려 있었다. 말할 필요도 없이, 향후 약 24시간 동안은 충격적인 상황이 조성되었다.

호프의 우울증이 치유된 뒤인 2년 뒤의 모습은 당신이 추측한 그대로다. UPS가 커다란 상자를 또 하나 배달해왔고 여기에도 스티로폼 알갱이들이 가득했다. 이번에도 세 시간 뒤에야 비로소 분위기가 안정되었다. 바로 그때, 위층에서 끔찍한 소란이 다시 한 번 벌어졌다. 이 문제를 진압하러 위층으로 올라가면서 나는 데자뷔 현상을 경험하는 듯했다. 하지만 계단 꼭대기에 도달하자 충격을 받았다. 아름다운 아내가 마치 10살짜리 여학생처럼 웃으며 하얀 알갱이들을 한줌 가득 집어 공중에 던지고는 마치 눈송이를 바라보듯 행동했다. 해리와 조지는 엄마를 그대로 따라하면서 장난치고 구르고 노래하며 생애 최고의 시간을 보내는 중이었다. 이 사건 역시 향후 24시간 동안 우리 집에 영향을 미쳤지만 그 방향은 예전과 전혀 달랐다. 나는 바로 그 5분을 기록한 동영상이 있다면 백만 달러라도 기꺼이 내놓을 의향이 있다.

그렇다면 그 2년 동안에 도대체 무슨 일이 일어났기에 호프의 반응이 그토록 극적으로 변화되었을까? 호프는 리프로그램 되었던 것이다. 첫 번째 사건이 일어났을 때 호프는 고통과 공포의 렌즈를 통해 그 상황을 지켜보았다. 2년 뒤, 그 프로그래밍이 사라지고 나자 상황을 바라보는 그녀의 시선이 달라졌고 이제 그녀의 자연스러운 본능은 즐거움이 된 것이다. 그녀에게 이러한 제안을 한 사람은 아무도 없었다. '의무'가 전혀 아니었다는 말이다. 그녀의 자연스러운 즉각적 반응은 완전히 반대가 되었다. 이것이 바로 "순환 끊기"의 좋은 예다.

※주목할 점-여기서 중독에 관해 한 마디 덧붙일 필요가 있다. 나의 경험에 비추어 보면, 자신의 인생에서 심각한 문제들을 안고 있으면서도 중독이나 해로운 습관에 빠지지 않은 사람은 아직 한 명도 없었다. 익명의 알코올 중독자 모임(AA)과 익명의 마약 중독자 모임(NA)의 후원자로 오랫동안 활동을 하며 지켜본 결과 이 모임들이나 이와 비슷한 다른 프로그램들 덕분에 목숨을 건진 사람들의 수는 결코 적지 않다.

대부분의 중독은 전체 재발 비율이 90퍼센트가 넘는다. AA는 자신들의 재발 비율이 50퍼센트 가량이라고 발표하지만 이 분야의 다른 전문가들에 의하면 수치는 이보다 훨씬 높다. 만약 우리가 그 재발 비율을 25나 35, 혹은 45 퍼센트 더 낮출 수 있다면, 그래서 AA를 비롯해 유사 프로그램들의 성공률이 75퍼센트 이상이 될 수 있다면 정말 멋진 일이 아니겠는가? 나는 최신 연구에 맞춰 우리 프로그래밍의 잠재의식적 근원을 다룬다면 성공할 수 있을 것이라 믿는다.

진실과 사랑의
영적 물리학

앞장에서 배웠듯이, 새로운 과학적 연구뿐만 아니라 고대의 영적 지혜도 기억이 거의 모든 신체적, 정서적, 영적 증상의 근원이고 그 증상들이 모든 신체 세포의 정보장the information field에 존재한다는 것을 보여주었다. 여기에는 중요한 의미가 함축되어 있다. 당신이 생활에서 경험하는 온갖 증상들, 심지어 명백하게 신체적인 증상들조차 원인이 실재하지 않는다는 것이다. 이것은 뼈도 피도 신체조직도 아니라, 에너지로 만들어져 있다. 모든 것이 에너지라는 사실은 우리에게 그리 놀라운 소식이 아니다. 아이슈타인의 방정식 'E=mc2' 덕분에 모든 것이 결국 에너지 패턴으로 귀결된다는 것이 입증되었기 때문이다. 연구원 윌리엄 콜린지William Collinge의 설명에 따르면, "아인슈타인은 현인들이 수천 년 동안 알려준 다음과 같은 가르침을 물리학으로 입증했다. 물질계의 모든 것, 즉 모든 생물과 무생물은 에너지로 만들어졌으며 모든 것은 에너지를 발산한다."[1] 그러나 우리는 모든 것이 에너지라는 이 개념을 생활의 문제들, 그 중에서도 보편적으로 가장 힘든 일들에 체계적으로 적용해보지는 못했다.

건강과 성공의 열쇠는
신체적인 것이 아니라 영적인 것이다

우선 큰 그림부터 살펴보기로 하자. 뉴스를 빼놓지 않고 잘 듣고 있는 사람이라면, 우리의 수명은 이전보다 길어진 데 비해 사회의 건강은 점점 악화되어왔다는 것을 잘 알고 있을 것이다. 1971년, 미국의 대통령 리처드 닉슨Richard Nixon은 암과의 전쟁을 선포했다. 그 당시에 암은 미국인의 사망 원인 8위를 기록했다. 그로부터 40년 이상이 지난 오늘날, 암은 전 세계적으로 사망 원인 1위이다. 그리고 점점 더 확산되고 있는 추세. 2014년, 세계보건기구World Health Organization는 향후 10년 동안 암 발생률이 50퍼센트 증가할 것으로 예상된다고 발표했다.[2]

비단 암에 국한된 이야기는 아니다. 다른 거의 모든 병의 발병률도 기하급수적으로 늘어왔다. 이와 마찬가지로 병증을 다스리고 병을 완화시키거나 낫게 하는 잠재적 치료법들을 연구하는 데 쏟아 붓는

돈의 액수도 증가해왔다. 경우에 따라 전통적인 치료법과 약물의 부작용이 병 자체의 증상들보다 심각하기도 하다. 우리는 의약품 개발과 실험에 수십 억 달러를 사용하고 있으며, 플라시보 효과(가짜 약이지만 약을 복용하고 있다는 심리 효과로 환자 상태가 실제 좋아지는 효과—역자주)가 실험중인 진짜 약의 효과만큼 크거나 그보다 더 크다는 결과를 얻을 때도 많다.

이는 표준 서양의학은 물론이고 대체 의학에도 적용되는 사실이다. 물론, 나는 자연 건강법natural health을 믿는다. 여러 해 동안 나는 건강보조식품을 매일 섭취해왔다. 오랫동안 아내와 함께 동종 요법을 실행하기도 했다. 나는 명상을 한다. 기도도 드린다. 운동을 하고 깨끗한 물을 마시기도 한다. 하지만 솔직하게 이야기하면, 지난 20~30년 동안 자연 건강법이 급증했음에도 불구하고 우리의 건강이 여전히 악화되어왔다는 것을 인정할 수밖에 없다. 나는 이 문제에 대해서 많이 생각하고 명상해보았다. 이 현상이 어떻게 가능한 것일까? 의학적 발견이 이루어지는 동시에 자연 건강 요법에 대한 의존도가 높아지고 있는데 우리의 건강은 어째서 급격히 악화되어만 가는 것일까? 내가 생각해낼 수 있는 유일한 답변은 우리가 엉뚱한 곳에서 해결책을 찾고 있다는 것이다. 우리는 오직 전통의학과 대체의학의 대결이라는 관점에서만 생각해왔다. 하지만 치유의 원천은 전통의학이나 대체의학 어디에서도 발견되지 않는다. 이것은 물리적 세계에 전혀 존재하지 않는다. 영적인 세계, 즉 에너지 세계에 존재한다.

1988년에 러브 코드의 힘을 발견하고 향후 20년 동안 디프로그램과 리프로그램을 위한 세 가지 방법을 알아낸 뒤, 나는 그 원칙이 과학적 연구와 고대의 영적인 글에서 실제로 어떻게 작용하는지 밝혀내기 위해 수많은 연구를 했다. 그리고 3,000여 년 전에 작은 왕국을 넘어 멀리 외국에까지 지혜로운 사람으로 명성이 자자했던 이스라엘의 솔로몬 왕이 작성한 고대 문서에서 첫 번째 구성 요소들을 발견했다. 그 글에서 그는 이렇게 적었다. "무엇보다, 네 마음을 지켜라. 삶의 모든 문제는 마음에서 비롯되느니라." 비록 그가 '네 마음을 지키라'는 말의 의미를 완벽하게 설명하지는 않았지만 우리는 솔로몬 왕이 '마음'이라는 단어를 어떤 뜻으로 사용했든 적어도 혈액을 몸 전체로 밀어 보내는 심장을 의미하지 않았다는 것만큼은 잘 알고 있다. 그가 의미한 것은 '온 마음을 다해 상대를 사랑하라'는 영적인 마음이었다. 그리고 그것이 바로 우리가 삶에서 경험하는 모든 문제의 근원이었다.

2,000년쯤 전에 작성된 또 하나의 고대 문서에서 사도 바울은 "네 마음을 지키라"는 개념을 조금 더 자세히 설명했다. 그의 말에 따르면, 사랑이 있다면 모든 것을 가진 것이고 사랑이 없다면 아무 것도 가지지 못한 것이다. 만약 사랑으로 일을 한다면 그 일은 당신의 삶에서 성공을 일구어내지만 사랑으로 일하지 않는다면 그 일은 당신에게 어떤 이익도 안겨주지 않을 것이다.[3] 20세기에 마하트마 간디는 이와 동일한 진실을 다른 각도에서 묘사했다. "절망을 느낄 때면

나는 역사를 통틀어 진실과 사랑의 길이 언제나 승리해왔음을 기억한다. 독재자들도 살인자들도 있었고 잠시 동안 그들은 천하무적처럼 보일 수도 있지만 결국에는 항상 무너지고 말았다. 언제나 이 점을 명심하라."[4]

만약 솔로몬 왕의 생각이 옳고 우리의 모든 문제가 영적 마음에서 비롯된다면, 우리가 걸리는 암도 사랑이나 공포, 용서나 용서하지 않음, 기쁨이나 슬픔, 평안이나 걱정, 자기 존중이나 자기 거부를 경험하는 것 또한 영적 마음의 문제인 것이다. 당뇨병, 다발성 경화증을 비롯해 다른 어떤 건강 문제도 마찬가지다. 그렇다고 해서 우리가 질병에 걸리는 데 영향을 미치는 유전적 요인이나 영양적 요인이 없다는 말은 아니다. 다만 가장 핵심이 되는, 가부를 결정하는 스위치는 영적인 마음속에 있다. 우리 사회 집단적인 영적 삶은 있어야 할 곳에서 멀리 떨어져 있고, 그것이 우리의 스트레스가 통제되지 않는 이유인 것이다. 영적인 실재spiritual reality야말로 우리 인생에 가장 큰 영향을 미치지만 우리는 물리적이고 외부적인 환경에 시간과 주의를 가장 많이 집중하는 경향이 있다.

어떤 면에서 보면 좋은 소식이다. 지금까지 우리는 표준의학과 보완의학에 주력해왔지만 영적 의학에는 아직 초점을 맞추지 않았다. 혹여 그 분야에 중점을 두었다 해도 잘못된 방식으로 바라보았던 것이다.

어째서 대부분의 확언은 효과가 없을까?

대다수의 사람들이 영성과 외적인 결과를 통합시킨 한 가지 방법은 확언을 이용하는 것이다. 앞에서도 이미 언급한 바 있지만 브루스 립튼 박사는 우리가 가진 거의 모든 증상과 문제의 근원이 바로 믿음이라고 규명했다. 신체적인 결과와 정신적인 결과가 믿음의 문으로 들어오기 때문에 확언을 통해 믿음을 만들려는 노력은 지난 50년 동안 대단히 인기를 끌게 되었다. 이 방법은 마치 거대한 바위를 들어 올리려는 노력과도 같다. 당신은 엄청난 스트레스와 긴장감에 시달리면서 그 일을 해낼 수 있을지도 모르지만 그 과정에서 어떤 손상을 입을 수도 있다.

약 10~12년 전, 나는 확언이 사방에서 거세게 날아드는 듯한 기분을 느꼈다. 당시에는 확언을 주제로 한 수많은 베스트셀러 도서들이 출간되었고, 어디에서나 사람들이 그 주제에 대해 이야기했다. 자기계발 분야에서 가장 인기 있는 주제인 것처럼 보였다. 어느 날 나는 위장병을 앓고 있는 한 남자와 시간을 보내게 되었는데, 어디를 가든 그는 항상 이렇게 말했다. "내 위장병이 벌써 다 치유됐어요. 지금 내 위장병이 완전히 치유되고 있어요. 내 위장병이 벌써 다 치유됐어요. 지금 내 위장병이 완전히 치유되고 있어요." 나는 그를 얼마간 지켜보았다. 그러고 나서 이렇게 물었다. "그게 도움이 되나요?" 그는 이렇게 대답했다. "그럼요. 정말 그렇게 생각해요." 글쎄, 3개월 뒤에도 그는 여전히 이렇게 말하고 있었다. "내 위장병이 벌써 다 치유되었어요…." 물론, 사람들이 확언을 이용하는 분야가 오직 건강 문제만은 아니다. 성공 산업 분야에서는 다음과 같은 말을 자주 듣게 된다. "백만 달러가 오고 있습니다. 백만 달러가 지금 당장 제 손에 들어옵니다."

몇 해 전, 워털루 대학University of Waterloo은 대학 최초로 이 주제에 관해 이중 맹검 연구를 실시해 그 결과를 발표했다. 이 소식은 전 세계 뉴스의 헤드라인을 장식했다. CNN, ABC, NBC, FOX를 비롯해 곳곳의 신문들이 이에 관해 떠들어댔다. 이 연구에 따르면, 자부심이 강한 사람들은 긍정적인 확언을 되풀이하고 나면 자신에 대한 만족감이 한층 커졌다. 하지만 기존 자부심이 강하지 않던 사람들은 (이 연구에 참여한 상당수의 사람들) 위와 동일한 긍정적 확언을 되풀이하고 나면 자신에 대한 실망감이 훨씬 커졌다.[5]

어째서 그럴까? 믿음을 통해 성과를 얻는 데 가장 중요한 두 가지 요인은 진실과 사랑이다. 첫째, 우리는 장기적이고 지속가능한 성과를 만들어내기 위해 진짜 진실을 믿어야 한다. 아가페, 에로스 등, 사랑의 종류가 다양한 것처럼 믿음의 종류도 다양하다. 나는 진실을 "플라시보placebo" "노시보nocebo" "데팩토defacto"로 구분한다. 플라시보 믿음이란 (제약의 사례에서 살펴보았듯이) 긍정적인 거짓말을 믿음으로써 일시적으로 긍정적인 반응이 야기되는 것이다. 여러 연구에 따르면, 평균적으로 플라시보가 일시적으로 32퍼센트 정도 효과가 있었다.[6] 노시보 믿음은 부정적인 거짓을 믿는 것으로, 긍정적인 효과가 일어나지 못하게 한다. 노시보 믿음은 앞서 2장에서 논의한 우리의 내적 프로그래밍에 대한 오해 또는 거기에서 비롯된 '파편splinters'으로, 당신이 차지할 수도 있는 치유와 성공을 가로막는다. 예를 들어, 당신이 의사를 찾아갔다가 유방암 진단을 받았다고 해보자. 병원에서는 조직 검사를 완수했고 백혈구를 측정했으며 전통 방식이든 대체 방식이든 간에 치료를 끝냈다. 당신이 추적 검사 결과를 확인하러 병원을 다시 찾으면 담당의사는 좋은 소식이 있다고 말한다. 암의 증거가 발견되지 않았다는 것이다. 의사의 소견에 따르면 당신은 건강하다. 하지만 당신은 집으로 돌아가면서 의사가 해준 말의 진실성을 믿지 못한다. '의사가 무언가를 놓쳤으면 어떻게 하지? 암이 재발하면 어떻게 하지?'하며 걱정한다. 이것이 노시보 믿음이다. 이것은 앞으로 가능하고 이미 일어나고 있는 모든 힐링을 문자 그대로 차단한다. 연구에 따르면, 노시보 결과가 외적 결과를 만들어낼 가능성도 30~40퍼센트다.

나의 다정한 친구이자 영화 〈시크릿The Secret〉에도 출연한 의사 벤 존슨Ben Johnson은 나에게 어느 환자에 관한 이야기를 들려주었다. 그 환자의 아버지와 할아버지, 증조할아버지는 모두 40세에 심장마비로 사망했다는 것이다. 이 얼마나 흔치 않은 상황인가. 비록 그 환자는 심장 질환을 앓지 않았지만 자신이 40세에 사망할 것이라고 전적으로 확신하며 겁에 질려 있었고 누구도 그렇지 않다고 그를 설득할 수 없었다. 말할 것도 없이, 그는 40세가 되자 세상을 떠난다. 문제는, 부검을 실시해 보니 그 젊은 남자가 사망할 이유가 전혀 없었다는 것이다. 심장 질환도 심장 마비도 없었을 뿐 아니라 그 밖의 어떤 건강 문제도 없었다. 그야말로 그는 노시보에 빠져 스스로 사망한 것이었다.

데팩토 믿음은 있는 그대로의 사실 혹은 객관적인 실재를 믿는 것이다. 만약 믿고 실행에 옮기기만 한다면 이것은 100퍼센트 효과를 거둔다. 노시보 믿음과 플라시보 믿음이 모두 공포를 기반으로 하는 반면 데팩토 믿음이 사랑을 기반으로 한다는 점은 주목할 만한 가치가 있다.

우리는 흥미로운 시대에 살고 있다. 요즘 엄청나게 많은 사람들과 책들이 우리에게 객관적인 실재란 존재하지 않으며 지각이 유일한 실재라고 믿게 만든다. 만약 이것이 사실이라면, 설사 당신이 서로 상충하는 믿음들을 가지고 있다 해도 모든 믿음이 데팩토 믿음이어야 한다는 뜻이다. 만약 객관적인 실재가 전혀 존재하지 않고, 모든 것이 지각일 뿐이라면, 우리는 어째서 건강해지려 하고 음식을 제대로 먹거나 운동을 하려고 노력하는 걸까? 당신이 성취하려는 효과에 따라 플라시보와 노시보 중 하나만 선택하라. 물론, 우리는 이런 식으로 살지 않는다. 대부분의 일들은 객관적인 실체가 있다는 것을 태어나면서부터 알기 때문이다.

확언이란 진실이 아닐 때가 많을 뿐더러 사랑으로 한 말이 아닐 때가 많아서 대부분은 효과를 거두지 못한다. 만약 공포를 기반으로 한 이해타산적 입장에서 반복되는 확언이라면 이는 사랑으로 실행되지 않을 공산이 크다. 앞에서 소개된 확언을 예로 들어보자. "내 위장병이 벌써 다 치유되었어요." 우선, 이 말을 반복하는 남자는 그것이 진실이라고 믿었는가? 아니다! 그는 그것이 진실이기를 희망했는가? 물론이다. 하지만 앞서도 말했듯이, 이런 종류의 믿음은 지속적인 결과를 산출하지 못한다. 둘째, 이 확언은 사랑으로 한 것인가? 확신할 수는 없다. 그러나 겁에 질려 한 것이 거의 틀림없다. 이는 사랑의 반대요 이기심의 기원이요 스트레스의 즉각적 유발 기제다. 바로 이런 식으로 그는 위장병을 얻었던 것이다. 당신이 진실과 사랑으로 확언을 한다고 합리화할 수 있을지 모르지만, 정직하게 검토하기만 한다면 자신의 마음과 의도를 확실히 알게 될 것이다.

대략 1년 반 동안 나는 심박 변이 검사(스트레스를 측정하기 위한 의학 검사)에서 이런 확언들을 시험했다. 여기서 발견한 사실은 사람들이 스스로 믿지 않는 확언들을 말할 때면 스트레스 수준이 급등했다는 것이었다. 그들은 애초에 스트레스 때문에 그 문제를 얻었다. 그러니 사실은 더 많은 스트레스를 초래하는 무언가를 이용해 스트레스 문제를 해결하려고 노력하고 있었던 것이다.

진실해지기와 사랑하기 이외에도 효과를 거둘 수 있기 위해서는은 확언을 믿어야만 한다. 희망에 가깝거나 허황한 꿈에 가까운 믿음과, 소위 '내가 알고 있다는 것을, 내가 안다는 것을 안다'는 믿음 사이에는 차이점이 있다. 후자는 성과를 얻어내는 효과적인 종류의 믿음이다. 지난 75년여 동안 신앙 요법 운동the faith healing movement의 역사를 통틀어 대단한 인기를 누린 신앙 요법사들은 상당수가 사기꾼으로 밝혀졌다. 언론사들은 명백히 유죄를 입증하는 증거를 통해 이들의 정체를 폭로했다. 즉, 치유자들이 청중 속에 심어둔 '스파이들'을 이용했던 것이다. 스파이들이 대화를 엿듣고 정보를 귀띔해준 덕에 소위 치유자들은 그렇지 않았더라면 몰랐을 내용을 알 수 있었다. 이와 더불어 몇몇 사람들의 몸이 기적적으로 치유되기도 했다. 그런데 여기에 흥미로운 점이 있다. 이런 치유 사례 가운데 일부는 다름 아닌 사기꾼들이 주인공이었던 것이다! 어떻게 이런 일이 가능한 걸까? 이 모든 일은 믿음과 관련이 있다. 치유자가 있든 없든 그들은 언제든 치유될 가능성이 있었다. 그들은 신체 치유력을 가지고 있었고 그 가능성을 믿었으며 그래서 치유되었던 것이다. 더욱이, 내가 생각하기에는 무대 위의 치유자가 사기꾼이라 할지라도 신이 당신을 벌하지는 않을 것이다. 그 반대도 마찬가지다. 당신이 짧은 시간동안 확언을 되풀이해서 백만 달러를 획득한 사람을 안다고 해서 이런 일이 당신에게도 일어난다는 뜻은 아니기 때문이다. 왜냐하면 당신이 진실하지 않았거나, 사랑으로 행하지 않았거나, 진정한 믿음으로 하지 않았기 때문이다.

아주 최근에 발표된 다른 연구들에 따르면, 피험자들이 이미 믿고 있는 진실한 '확언들'이 긍정적인 효과를 불러일으켰다고 한다.[7] 중요한 점은 이 진술들이 세 가지 기준(사랑을 기반으로 하고 진실에 근거를 두며 믿음을 받고 있는지)에 모두 부합하느냐는 것이지 '확언'이라고 불리는지가 쟁점은 아니다.

진실한 믿음은 인위적으로 만들어지지 않는다. 마치 땅에서 20달러짜리 지폐 한 장을 찾아내듯 우연히 발견된다. 대수학 문제를 푸는 것보다는 땅 위에서 20달러자리 지폐를 발견하는 일에 보다 가깝다는 말이다. 온전한 진실을 마음과 정신에 쏟아 붓고 사랑을 적용하면서 자신이 얻고자 하는 결과로 인해 편견을 갖지 않도록 노력한다면 결국은 자기도 믿음을 갖게 되었음을 알아차린다! 당신은 그 상황을 보고 느끼며 맛본다. 무엇보다, 깨닫는다! 잠재의식의 바이러스를 제거해야 하는 이유는, 바이러스는 당신이 있는 그대로의 사실을 이해하지 못하도록 방해하는 거짓말이기 때문이다. 일단 그 바이러스들을 제거하고 나면, 양심이라는 말로 더 잘 알려진 진실을 자연스럽게 인정하고 통합하는 내장형 기제를 갖게 된다. 이 기제는 영적 마음에 자리하고 있다. 당신의 양심은 있는 그대로의 진짜 진실에 응답하고 사랑하도록 사전에 프로그램되어 있고 최신 버전으로 끊임없이 업데이트된다.

어떤 확언들은 새로운 진실(진실이 전혀 사실이 아니거나 사랑이 아닌 공포를 기반으로 한 것)을 프로그램하려고 시도할 때 실제로 해로울 수 있다. 그뿐만 아니라 이 확언들은 당신이 가진 진실, 사랑의 양심과 반대될 수도 있고, 바이러스를 제거하지 않은 채 당신의 양심을 변화시키려고 시도한다. 결과적으로 당신은 그 문제에 관한 두 가지 내적 바이러스를 갖게 되거나, 진실이 거짓과 경쟁하면서 내면의 혼란과 더 많은 스트레스를 불러일으킨다. 둘 중 어느 쪽도 당신이 진정으로 원하는 것을 이루는 데 도움이 되지 않는다.

그렇다면 어떻게 우리는 효과 없는 믿음에서 효과적인 믿음으로, 플라시보와 노시보를 데팩토로, 결코 일어나지 않을까봐 마음속으로 두려워하는 무언가를 필사적으로 바라는 상태에서 평화롭고 사랑이 가득한 마음으로 "나는 내가 알고 있다는 것을 내가 안다는 것을 안다"고 말할 수 있는 상태로 건너갈까? 사실상 아주 단순한 문제다. 그저 우리가 이해만 하면 된다. 플라시보, 노시보, 그리고 데팩토 믿음의 차이는 있는 그대로의 사실을 이해하는지 혹은 오해하는지에 달려 있다. 나는 상담을 진행하면서 내담자들이 이렇게 오해하는 것을 무수히 많이 보아왔다. 진실을 믿고 있지만 삶의 아무 것도 개선되지 않는다고 주장하는 사람이 있다면, 이는 진실을 잘못 해석하거나 오해했기 때문일 가능성이 매우 크다.

그 한 가지 사례로, 남성들과 여성들의 뇌는 태생적으로 다르게 만들어졌다. 결혼 생활 초기에 부부 동반 외출을 할 때면 운전은 언제나 내 몫이었다. 우리가 어디론가 갈 때마다 나는 다른 차 뒤로 여유 있게 차를 세웠지만 호프는 매번 잔뜩 긴장해서는 계기판에 실제로 손을 얹고 이렇게 소리쳤다. "알렉스!" 실제로 비상사태가 아닌데도 이런 식의 비상상황이 주기적으로 반복되자 나는 슬슬 짜증이 나기 시작했고 우리는 이 문제로 언쟁과 말다툼을 벌이게 되었다. 별 일 아니었지만 우리 마음속에 감정의 가시가 돋아난 것만 같았다. 그리고 나서 나는 남성과 여성의 거리 감각이 물리적으로나 유전적으로 다르다는 내용의 연구 논문을 읽게 되었다. 저자가 책에서 사용한 사례는 운전과 정지에 관한 것이었다. 호프와 나 사이에서 일어나고 있던 바로 그 문제였다. 그 글을 읽자마자 호프와 나는 이해하게 되었고 그 뒤로부터는 전혀 문제가 되지 않았다.

퍼즐의 빠진 한 조각을 마침내 이해하고 사실을 있는 그대로 볼 수 있게 되면 그 즉시 힘들이지 않고도 아주 새로운 방식으로 진실을 믿게 된다. 그리고 예전에는 불가능했던 결과를 창출해낸다. 이런 변화가 생활에 관련된 문제에서 일어날 때마다 내담자들은 이렇게 말할 것이다. "아, 알겠어요." "이제 이해했어요." 그들은 항상 심호흡을 크게 하고 환한 웃음을 지어보일 것이다. 이제 그들은 진정으로 믿는다. 즉, 데팩토 효과가 일어났다.

우리는 무슨 일을 하든 진실하고 사랑이 가득한 마음으로 해야 한다는 사실을 이미 알고 있다. 정직하면 옳고 정직하지 않으면 잘못이라는 것을 선천적으로 안다. 다른 사람을 돕는 것이 옳고 남을 해치는 행동은 결코 하면 안 된다는 것을 느낀다. 무슨 일이든 진실하고 사랑이 가득한 마음으로 해내기를 간절히 원한다. 그렇다면 우리는 어째서 그렇게 하지 않을까? 나는 그렇게 할 수 없었다는 것을 거의 평생토록 알고 있었다. 아직까지 완벽하게 해낸 적은 한 번도 없지만 예전에 비하면 지금은 한결 나아진 셈이다. 거의 매일 나는 사랑과 기쁨, 평화, 진실이 가득한 채 살아가는 것처럼 느낀다. 그 기분을 당신도 느꼈으면 좋겠다. 그것이 내가 이 책을 집필하는 유일한 이유다. 많은 사람들을 직접 만나고 있지만 모두를 만나볼 수는 없다.

나는 여기서 설명한 개념들을 25년 동안 개인적으로 가르쳐왔다. 그리고 그 개념들을 입증하는 과학 연구들이 발표되기 전에도 그 개념들을 당당하게 받아들여 가르치고 환자들에게 적용했다. 한때 비주류로 여겨졌던 이 개념들이 이제는 최첨단 과학이 되었다. 예를 들어, 일부 주류 의사들도 점점 증가하는 과학적 근거를 바탕으로 모든 것이 에너지라는 생각에 이제는 동의한다. 그중 한 명은 '미국의 의사'라는 별명으로 불리는 메흐메트 오즈Mehmet Oz박사다. 2007년에 그는 세계적으로 방영되는 텔레비전 프로그램에서 에너지 의학energy medicine이 차세대 최첨단 의학 분야가 될 것이라고 말했다. 나는 이 개념들을 '영적 물리학Spiritual Physics'이라는 단 하나의 이름으로 부르게 되었다. 그 개념들로 인해 영성과 과학은, 우리가 실질적이고 지속적인 결과를 얻어내기 위해 삶의 모든 영역에 적용시킬 수 있는 조화롭고 공명을 불러일으키는 존재가 되기 때문이다. 나는 당신이 이번 장에서 플라시보나 노시보가 아닌 데팩토 믿음을 갖는 데 필요한 이해를 얻기 바란다. 그리고 내가 지난 25년 동안 시종일관 목격해온 것과 동일한 결과가 당신의 삶에도 일어나기를 바란다. 물론, 단순히 의지력을 발휘해서 이것을 해내야 한다고 제안하는 것은 아니다. 적어도, 당신이 지금까지 살아오면서 그런 결과를 얻어내지 못하게 방해해온 것을 디프로그램하고 리프로그램할 때까지는 말이다.

영적 물리학의 물리적 특성

아인슈타인의 방정식을 통해 모든 것이 에너지라는 사실을 입증했다면, 사랑 역시 에너지라는 뜻도 동일하게 입증된다고 볼 수 있을 것이다. 그리고 다른 종류의 에너지와 마찬가지로 사랑 역시 진동수로 작용한다. 사실, 사랑과 빛은 동전의 양면이다. 두 가지 다 긍정적인 치유의 진동수를 가지고 있다. 빛은 이 에너지 진동수가 보다 신체적으로 발현된 데 비해 사랑은 보다 정신적으로 발현된 것이다. 어둠과 공포는 전혀 다른 진동수로 존재하며 이 역시 동전의 양면과도 같다. 어둠은 에너지 진동수가 보다 신체적으로 발현된 데 비해 공포는 보다 정신적으로 발현된 것이다.

MRI 기계가 당신의 몸을 촬영하는 것이 사진을 찍는 것과 다르다는 것을 알고 있었는가? MRI는 기계가 기록하는 에너지 진동수를 기반으로 사진을 만들어낸다. MRI의 R은 '공명resonance'을 의미하고 진동수를 뜻하기도 한다. MRI 기계는 건강한 간세포 진동수와 건강하지 못한 간세포 진동수 같은 수백 개의 에너지 진동수로 프로그램 되어 있다. MRI는 신체를 정밀촬영해서 건강하지 못한 간세포의 진동수를 찾아내면 검은 점들로 이루어진 사진을 만들어낸다. 당신의 간에서 어둠의 진동수를 잡아내고 있기 때문이다.

나는 200명 이상의 의사들에게 다음과 같은 질문을 던졌다. "정신과 신체, 그리고 치유 체계가 완벽하게 잘 작동하고 있다면 보통의 일상 상황에서 당신은 병에 걸릴 수 있다고 생각하십니까?" 지금까지 내가 들은 대답은 언제나 "아니오"였다. 보통의 일상 상황에서 신체 면역 체계와 정신 및 영적 치유 체계가 완벽하게 잘 작동하고 있다면 당신은 절대 그 어떤 병에도 걸릴 수 없다.

여기서 주목해야 할 것은 우리의 치유 체계에 관한 두 가지 사항이다. 첫째, 우리의 치유 체계는 신체적 자아만이 아니라 온전한 자아, 즉 신체적이고 정신적이면서 영적인 자아를 다스린다. 당신의 치유 체계에는 분노와 슬픔, 공포, 불안, 걱정 대신에 사랑과 기쁨, 평화, 인내를 느끼도록 돕는 비신체적인 측면들이 있다. 둘째, 우리가 부정적인 증상들(고통, 공포, 질병, 분노 등)을 경험하는 이유는 부정적인 것이 존재하기 때문이 아니라 긍정적인 것이 없기 때문이다. 캐롤라인 리프Caroline Leaf 박사의 연구에 따르면, 우리는 인체에 부정적인 효과들을 만들어내는 신체적, 정서적, 혹은 영적 기제가 없다. 건강과 생명력, 면역이라는 긍정적인 효과들을 생산해내는 기제만을 가지고 있을 뿐이다.[8] 우리 몸의 기제는 하나같이 자연스러운 상태에서 건강과 행복을 창조하기 위해 작용한다. 질병이 우리 몸의 자연스러운 상태라고 믿는 것은 마치 고장 난 자동차를 영업소에 가져가서 이렇게 묻는 것과 마찬가지다. "왜 이 자동차를 고장나게 만들었어요?" 물론, 영업소 직원은 당황한 얼굴로 이렇게 말할 것이다. "그렇게 만들지 않았습니다! 특정 부분이 제대로 작동하지 않아서 고장이 난 겁니다. 실은 고객님께서 주행거리가 4만 마일이 되도록 오일을 교환하지 않으셨네요!" 우리 몸의 작동 원리도 이와 마찬가지다. 우리 삶에 부정적인 일이 발생하는 것은 언제나 긍정적인 체계의 기능 부전 때문이다.

앞에서 한 이야기를 다르게 표현해보자. 정신과 신체가 원래 정해진 대로 작동하기만 한다면 당신의 몸은 병에 걸리지 않을 것이다. 그리고 신체적인 부분을 제외한 나머지 부분의 상태도 좋을 것이다. 또한 당신은 공포와 불안, 걱정, 슬픔, 분노를 비롯해 여타 부정적인 감정에 빠져들지 않을 것이다.

당신의 치유 체계가 올바로 작동하지 못하는 원인은 단 하나뿐이다. 바로, 공포다. 1장에서 살펴보았듯이 공포가 스트레스 반응을 유발하면 당신의 뇌는 기억 장치에서 시상하부로 공포 진동수 혹은 공포 신호를 보내고 이로 인해 스트레스 스위치가 켜진다. 만약 시상하부가 공포 신호를 받지 못하면 스트레스 스위치는 켜지지 않는다. (스트레스 반응의 다른 이름이 '공포 반응'인 것은 우연의 일치가 전혀 아니다.) 이러한 반응들은 인간 생존 본능의 일부분으로 생명을 보존하도록 도와준다.

2장에서 논의했듯이 우리의 스트레스 반응은 지금 당장 생명을 잃을 위험에 처할 때에만 일어나도록 정해져 있다. 여기서 말하는 '스트레스'는 건강한 스트레스, 혹은 운동을 할 때 신체를 적절히 자극하는 스트레스가 아니다. 이런 종류의 스트레스는 '유스트레스 eustress (좋은 스트레스)'라고 종종 불리며 건강한 상태를 유지하기 위해서는 생활 속에서 이것이 필요하다. 하지만 우리 대부분은 하루에 10번, 15번, 아니 20번 가량 투쟁-도피 반응을 보인다. 스트레스가 우리의 생활이 되는 수준이다.

힐링 코드와 다른 방법을 이용해 3년 동안 심박변이 테스트를 실시하면서 나는 피험자들에게 이렇게 물어보았다. "스트레스를 느끼십니까?" 그런데 심각한 임상 생리적 스트레스를 느끼면서 테스트에 임한 피험자들의 90퍼센트 이상이 '아니오, 스트레스를 느끼지 않습니다'라고 대답했다. 그 이유는 무엇일까? 그들이 스트레스에 익숙해졌기 때문이다. 대단히 예외적이어야 할 상태가 일반적인 상태가 되었다는 말이다. 우리는 스트레스를 느끼며 살고 있으면서도 심지어 그것을 깨닫지도 못한다.

우리가 경험하는 파괴적인 느낌은 모두 공포를 기반으로 한다. 하지만 공포와 전혀 관계없는 부정적인 감정도 분명히 있다. 그렇지 않은가? 이렇게 한 번 생각해보자. 두려워하는 것이 지금 일어나고 있으면 우리는 분노를 느낀다. 두려워하는 것이 미래에 일어날 것이라고 믿으면 우리는 걱정과 불안을 느낀다. 두려워하는 것이 이미 벌어졌고 그 일을 되돌리지 못한다고 믿으며 자신의 삶이 완전히 달라졌을 때 우리는 슬픔과 우울함을 느낀다. 그리고 절망과 무기력이 바로 여기서 발생한다. 어떤 일이 옳지도 공정하지도 않고 바로잡힐 가능성이 전혀 없을 것 같아 두려울 때, 우리는 무자비한 기분이 든다. 누군가가 우리를 사랑하거나 받아들여주지 않고 그 문제를 해결하기 위해 자신이 할 수 있는 일이 아무 것도 없거나 그들이 우리를 이미 거절해버렸을 때, 우리는 거부당한 기분이 강력하게 든다. 그리고 반드시 받아들여지기를 너무도 간절히 바란다. 이런 예는 얼마든지 더 들 수 있다. 살아가면서 겪는 내면의 거의 모든 부정적 경험은 공포를 느끼고 거짓을 믿는 데서 비롯된다. 어둠이란 언제나 빛의 부재이듯이, 모든 공포는 사랑의 부재에서 비롯된다.

공포 기반의 사고나 감정, 기억은 우리의 생명이 일촉즉발의 위험에 놓인 상황이 아닐 때에도 스트레스를 증가시킨다. 공포를 기반으로 한 감정을 느낄 때마다 우리는 치유 체계를 약화시키거나 완전히 꺼버린다. 그 말은 우리가 질병에 걸리기 쉬워질 뿐 아니라, 그 상황이 장기적으로 이어지면 앞으로 병에 걸리는 것이 사실상 보장된다는 뜻이다. 이와 동시에 우리는 자신의 행복을 약화시키거나 없애버리고 만족감을 약화시키거나 없애고 성취와 성공을 약화하거나 없애며 삶의 만족을 낮추거나 없애버리고 있다.

분명, 우리는 공포 속에서 살면서 치유 체계가 꺼지길 원하지 않는다. 그러면 공포의 해독제는 무엇일까? 해독제는 '사랑'이다. 저명한 의학박사 버니 시겔Bernie Siegel은 저서 《사랑, 의학, 그리고 기적Love,

Medicine, and Miracles》에서 사랑의 힘으로 의학적 기적이 계속 일어나는 것을 목격했다고 말한다. 나도 마찬가지다. 그리고 이 지점에서 물리학이 필요해진다. 사랑의 진동수는 공포의 진동수에 직접적으로 대항한다. 사랑과 빛, 치유의 연결성을 강조하기 위해 한 마디 하자면, 고대 히브리어로 '치유'는 문자 그대로 '빛에 눈이 멀었다'라는 뜻을 갖고 있다.

　1952년, 레스터 레븐슨이라는 남자는 얼마나 몸이 안 좋았던지 두 번째 심장발작을 일으켰고 의사들은 집에 가서 임종을 맞이하라고 그를 퇴원시켰다. 그들은 단 한 걸음만으로도 그 자리에서 생을 마감하기 충분하다고 경고했다. 말할 필요도 없이, 이 무서운 예언은 레븐슨을 중대한 위기로 몰아넣었고 그는 의학의 영역을 넘어선 곳에서 해결책을 찾기 시작했다. 의학이 그에게 더 이상 도움이 되지 못한다는 것은 자명한 사실이었기 때문이다. 그는 해결책을 사랑에서 찾았다. 내가 그랬던 것처럼 그도 변화의 깨달음을 경험하고는, 사랑이야말로 자신의 모든 문제를 해결해줄 방법임을 알아차렸다. 해결책은 그렇게 단순하면서도 심오했다. 그는 모든 사람과 모든 사물을 사랑하고 사랑에 기반을 두지 않은 생각과 감정을 놓아버리는 데 초점을 맞추기 시작했다. 그 결과, 그의 의학적 문제는 완전히 치유되었고 그는 향후 40년 동안 자신이 '세도나 기법Sedona Method'(헤일 도스킨Hale Dwoskin이 주장한 마음 수련 방법으로, 각자의 타고난 능력을 찾아내 고통스럽거나 원치 않는 감정을 놓아버리는 것-옮긴이)과 '흘려버리기 기법

Release Technique '(레스터 레븐슨Lester Levenson이 고안한 방법으로 감정을 흘려 보내고 긴장에서 벗어나 심신을 회복하고 행복해짐으로써 삶을 한 단계 발전 시키는 방법–옮긴이)을 통해 얻은 성과를 다른 사람들이 실천할 수 있 도록 가르쳤다.[9] 결국 우리의 신체 증상을 포함해서 공포를 기반으로 로 한 모든 것을 치유할 수 있는 것은 사랑의 힘이었다. 공포 기반의 것과 반대로, 사랑을 기반으로 한 사고, 믿음, 그리고 기억은 짧은 시 일 안에 신체적, 정신적 스트레스를 경감시킨다.

공포의 반대는 사랑이다. 사랑이 존재한다면, 지금 당장 생명의 위 협을 느끼지 않는 이상 공포는 존재하지 않는다. 사랑과 공포가 반대 라는 개념이 새롭게 들릴지도 모른다. 대부분의 사람들은 공포의 반 대가 평화라고 생각하기 때문이다. 어떤 의미에서는 사실이다. 평화 는 사랑의 직접적인 표현이고 사랑에서 유래되기 때문이다. 사랑이 없이 진정한 평화를 누리는 것은 불가능하다. 이와 비슷하게, 만약 사랑이 있다면 당신은 어떤 환경에서도 앞으로 평화를 누릴 것이다. 또한 사랑의 반대가 공포가 아니라 이기심이라고 생각하고 싶어질 지도 모른다. 다시 한 번 말하지만, 어떤 면에서는 당신이 옳을 것이 다. 하지만 위와 마찬가지로, 이기심은 공포의 직접적인 표현이고 공 포에서 유래된다. 만약 공포가 없다면 이기심도 없다. 물론 어린 아 이는 예외지만 말이다. 만약 성인이 공포를 제거하고 나면 그 사람은 자연히 친절하고 포용적이며 어려움에 처한 사람들을 돕고 싶어 할 것이다. 이는 어두운 방에 불을 켜는 것과도 같다. 어둠이 완전히 사라지는 것이다.

사랑은 기쁨, 평화, 인내, 수용, 믿음 등의 모든 미덕이 흘러나오는 감정 상태다. 하지만 공포는 모든 신체적, 비신체적 기능 부전과 응답 억제, 실패, 해악이 흘러나오는 마음 상태다. 공포는 사랑하는 상태에서 존재하지 않는다. 마치 어둠이 빛으로 가득한 환경에서 존재할 수 없는 것과 같다. 사랑은 치유하고 공포는 죽이는 역할을 한다. 우리가 여기서 이야기하는 것은 진실로 생사의 문제다. 신체적으로, 정서적으로, 관계적으로, 경제적으로, 그리고 생각할 수 있는 다른 모든 면에서 그러하다.

영적 물리학의 영성

영적 물리학의 영적인 측면을 설명하기 위해 영적 마음의 개념으로 되돌아가보자. 영적 마음에는 모든 생활 문제의 근원이 자리하고 있다. 2장에서 과학자들은 영적 마음을 세포 기억이라 부르고, 다른 사람들은 잠재의식 또는 무의식이라 부르기도 한다고 소개한 바 있다. 영적인 마음이 구약성경에서 처음 언급되었다는 점으로 미루어 볼 때, 영적 마음의 필수는 언어 혹은 글귀가 아니라 상상이라는 것이 분명해진다. 믿거나 말거나, 아인슈타인은 자신의 가장 위대한 발견이 상대성 이론이나 에너지나 수학이 아니라 상상이 지식보다 더 강력한 것이었다고 말한다. 상상은 자기가 이룬 모든 발견의 근원이 었기 때문이다.

그러나 나는 상상imagination이라는 말 대신에 '심상 형성 기관image maker'라는 단어를 사용한다. 그것이 단지 헛된 공상이 아니라 심상을 만들어내는 내면의 창조력에 대해 이야기하고 있음을 강조하기 위해서다. 심상 형성 기관에 대해 처음 알려준 사람은 나의 영적 멘토인 래리 네이피어Larry Napier였다. 그는 지금 존재하는 모든 것이 어떻게 처음 생겨나게 되었는지 알려주었다. 건축가는 그냥 밖으로 나가서 건물을 짓기 시작할까? 토건업자는 그저 밖으로 나가서 구멍을 파기 시작할까? 아니다. 그들은 우선 최종 생산물을 자신의 심상 형성 기관 안에 있는 하나의 심상으로 바라본 다음에 그것을 종이에 옮긴다. 그러고 나서 밖으로 나가 그것을 창조한다. 이것은 나의 리바이스 청바지, 나의 카메라, 분필 한 자루, 에디슨의 전구, 그리고 아인슈타인의 상대성 이론에도 적용되었다. 지구상의 모든 존재는 심상 형성 기관에서 비롯되고, 인간이라면 누구나 심상 형성 기관을 가지고 있다. 심상 형성 기관의 이용방법을 배우는 것은 우리를 괴롭히는 모든 것을 치유하는 열쇠다. 왜냐하면 심상 형성 기관은 그 근원과 직접 연결되어 있고 그 근원의 언어이기 때문이다. 그리고 그 근원이란 우리의 영적 마음이다.

심상 형성 기관은 은유가 아니라 실제로 존재한다. 당신이 손으로 쥐고 있는 이 책만큼이나 실재하는 것이다. 만약 실재한다면 이것은 표준의학인가, 대체 의학인가? 둘 다 아니다. 이는 영적 의학이다. 심상 형성 기관은 영적이다. 과학이 그 위치를 찾아내지 못하기 때문에 나는 이것이 영적이라는 것을 알고 있다. 과학은 우리 몸 안의 다른 모든 것을 찾아낼 수 있다. 우리는 혈액과 호르몬, 장기, 다양한 신체 기관들의 위치를 알아내고 그것들이 어떻게 작용하는지 이해할 수 있다. 심지어 우리가 다른 행동을 하고 다른 생각을 하고 다른 꿈을 꿀 때 뇌의 어느 부분이 밝아지는지 관찰함으로써 어떤 생각을 하는지도 알 수 있다. 우리는 신체의 시신경을 통해 주위에 실제로 존재하는 사물을 보는 스크린을 발견해 정량화했지만 우리가 상상할 수 있고 내면의 심상과 사진을 볼 수 있게 해주는 스크린은 발견하지 못했다. 나는 우리가 그 스크린을 결코 발견하지 못할 것이라고 믿는다. 그것은 영적인 영역에 존재하기 때문이다. 영적인 마음은 영spirit을 담는 그릇이다. 이는 신체가 혼soul을 담는 그릇인 것과 마찬가지다.

하버드 대학교 출신의 신경외과의사인 이븐 알렉산더Eben Alexander 박사는 죽음을 목전에 두고 인생을 바꾸는 비전을 보았다. 아인슈타인의 상대성 이론 비전이나, 위대한 발견과 변형적 통찰력에 불을 붙인 다른 모든 비전과 마찬가지였다. 그러나 이 비전은 그가 비전을 보도록 유도한 뇌의 물리적 기제가 전혀 제 기능을 하지 않을 때 등장했다. 그러므로 그와 나의 생각으로는 그의 비전이 영적 영역에 나타난 것이 분명했다. 임사 체험을 하기 전만 해도 알렉산더 박사는 내세의 존재나 영적 영역에 대해 전혀 믿지 않았다. 그 주된 이유는 과학적 증거가 전혀 발견되지 않았기 때문이었다. 하지만 그런 경험을 한 뒤로는 영적 영역과 내세의 존재에 대한 믿음이 얼마나 달라졌던지, 《나는 천국을 보았다Proof of Heaven: A Neurosurgeon's Journey into the Afterlife》라는 베스트셀러 책을 저술해 그 이유를 설명할 정도였다.[10] 여기서 그는 이 경험들과 이를 뒷받침하는 자연 과학에 대해 전국 텔레비전 방송에서 이야기했다.

위키피디아에 따르면, 전 세계 97퍼센트 가량의 사람들이 영적 차원의 진실성과 신의 존재를 믿는다. 나는 이 퍼센트가 상당히 높은 수치라고 생각한다. 대부분의 사람들이 인생의 특정한 시기에 어느 정도 영적인 경험을 하기 때문이다. 그것은 말로 표현할 수도 없고 물리적인 차원을 넘어선 것으로, 마치 사랑의 경험과도 같다. 내가 보기에 이처럼 높은 비율은 영적 차원이 현실에 정말 존재한다는 사실을 알리는 주요 지표 중 하나다. 내가 이렇게 말하는 이유는 무엇일까? 역사적으로, 지배적인 믿음은 가장 물질적이고 측정 가능한 증거를 갖추고 있기 때문이다. 이런 이유로 갈릴레오는 지구와 달, 별들에 관해 자신이 관찰한 내용을 이야기한 죄로 감옥에 갇혔다. 만약 우리의 관점에서 지구를 바라보았다면 지구는 평평하고 모든 것이 우리를 중심으로 회전하는 것처럼 보인다. 1800년대에 이그나즈 필리프 제멜바이스Ignaz Philipp Semmelweis 박사는 인간의 손에 감염을 일으킬 수 있는 세균이라 불리는 보이지 않는 존재를 믿었다는 이유로 의학계에서 그야말로 조롱과 비웃음을 샀다. 그는 아기를 한 명 받아내고 나면 다음 아기를 받기 전에 손을 씻어야 한다고 주장했고, 이를 실천한 덕분에 그가 받아낸 태아의 생존율은 다른 어떤 의사들의 태아 생존율보다 훨씬 높았다.

이것은 오랜 시간 동안 규범화 되었고 "내 눈으로 보면 믿을 것이다"라는 오래된 표현의 뿌리이기도 하다. 그러나 이 영성의 존재에 관한 문제에는 정반대의 측면도 있다. 바로, 측정할 수 없고 눈으로 볼 수 없으며 존재한다는 실증적 증거가 거의 없는 무언가를 97퍼센트의 사람들이 믿는다는 것이다. 우와! 지구상의 97퍼센트 사람들이 동의하는 문제가 이것 외에 또 있을까? 심지어, 눈으로 보고 측정할 수 있는 존재에 관한 것이라 해도 상황은 마찬가지일 것이다.

하지만 과학이 영성을 찾아내지 못하고, 우리 중의 97퍼센트가 물질적 증거 부족에도 불구하고 영적 실재 혹은 신을 믿는다 해도, 우리는 과학이 영성의 존재를 입증하기 시작하는 시대에 접어들고 있다. 공동 저서 《신은 어떻게 당신의 뇌를 바꾸는가How God Changes Your Brain》에서 앤드류 뉴버그Andrew Newberg와 마크 로버트 월드먼Mark Robert Waldman은 운동보다 훨씬 더 뇌 기능과 건강을 개선시키는 가장 중요한 요인이 기도와 그에 상응하는 신 혹은 영적 근원에 대한 믿음이라는 광범위한 과학적 증거를 이야기한다. 그들이 이야기하는 것은 예배를 보러 가는 행위가 아니다. 그들은 과학을 따르고 자신들이 본 증거를 보고하는 신경 과학자들이다. 그뿐만 아니라 기도와 신에 대한 믿음 · 근원 · 사랑을 믿는 것이 뇌 기능과 건강에 가장 크게 영향을 미친다면, 그것은 그런 믿음이 당신 삶의 모든 것에 가장 큰 영향을 미친다는 뜻이다. 왜냐하면 뇌 기능은 심혈관계와 호르몬을 비롯해 어쩌면 가장 중요한 요소인 스트레스 조절 기제 등 모든 것에 영향을 미치기 때문이다.[11]

영적 마음의 언어는 사진이다. 언제든 우리에게 일어났던 모든 일은 마음속에 하나의 심상으로 기록된다. 피어스 하워드Pierce Howard 박사는 저서《뇌 소유자 매뉴얼The Owner's Manual for the Brain》에서 이렇게 설명한다. "모든 데이터는 사진의 형태로 인코딩되고 상기된다." 서던 캘리포니아 대학교University of Southern California의 두뇌와 창의성 연구소 소장인 신경 과학자 안토니오 다마지오Antonio Damasio 박사는 이렇게 말한다. "심상이 없는 생각은 불가능하다."

우리의 기억을 떠올려 보면, 마치 우리가 한 편의 영화를 감상하듯 기억이 생각의 스크린 위로 펼쳐지는 것만 같다. 나는 이 스크린을 '마음 스크린heart screen'이라고 부른다. 즉, 우리의 심상 형성 기관을 들여다보게 해주는 일종의 매체다. 다시 말하면, 정말로 실재하지만 물리적 영역이 아니라 영적 영역에서만 존재하는 것이다.

우리는 마음속에 수십, 수백 억 개의 사진들을 품고 있다. 마음의 스크린이 커다란 고화질의 홀로그램 컴퓨터, 스마트폰, 혹은 태블릿의 스크린이라고 생각해도 좋다. 이 위에는 지금 당장 실행 가능한 기억들이 마치 컴퓨터 위의 열린 파일이나 아이콘, 사진처럼 전시되어 있다. 지금 스크린 위에 무엇이 떠있든 이것이 당신의 현재 경험을 결정한다. 만약 스크린 위에서 두려움을 느낀다면 당신은 신체적 스트레스를 경험하게 될 것이다. 스트레스가 지속되면 결국에는 약한 고리가 끊어지고 당신에게 구체적인 부정적 증상이 나타나게 되며, 이 현상은 '약한 고리 이론weak-link theory'이라고 불린다. 내가 아는 지구상의 모든 의사들은 이 이론이 옳기 때문에 여기에 동의한다.

스트레스가 지속되면 당신의 신체와 정신의 가장 약한 고리가 먼저 끊어질 것이다. 나의 아내 호프의 경우에는 그것이 우울증으로 나타났다. 나는 위산 역류를 경험했다. 약한 고리는 유전적 특징을 포함한 온갖 종류의 요인들을 기반으로 사람마다 다르게 나타난다. 질병의 95퍼센트가 스트레스로 인해 야기된다는 것은 앞에서 이미 말한 바 있다. 스트레스가 야기하지 않는 나머지 5퍼센트의 질병은 유전적인 소인으로 발생한다. 특정한 질병에 대한 이 유전적 성향 역시 스트레스에서 비롯된다. 그것은 질병 유전자가 스트레스로 인해 정체를 드러냈을 때 우리 혈통의 어딘가에서 생겨난 것이다. 현재 어떤 질병 유전자를 보유하고 있는 사람에게서 스트레스가 제거된다면-그리고 그렇게 할 수 있는 유일한 방법이 공포를 없애는 것이라면-뇌의 시상하부는 스트레스 스위치를 꺼버리고 스트레스는 우리 몸을 떠나간다. 그러고 나면 면역 체계가 그 특정 질병에 대한 유전적 성향을 치유할 수 있다.

우리의 마음 스크린이 현재의 경험을 어떻게 결정하는지 보여주는 사례를 하나 들어보자. 어느 날 나는 집에 있다가 무심코 서랍 하나를 열어보았다. 그러자 호프가 천장을 뚫을 것처럼 펄쩍 뛰며 분노에 찬 고함을 질러댔다. 나는 서랍을 들여다보고 별다른 반응을 보이지 않았다. 물론 입 꼬리를 슬쩍 올리기는 했지만 말이다. 서랍에는 해리의 모형 고무 뱀이 들어 있었다. 바로 그날 몇 분 뒤, 호프가 무언가를 보고 이렇게 말했다. "우와, 정말 마음에 드네." 나는 아내가 무얼 보고 그러는지 확인하고는 소리를 지르기 시작했다. 아내는 장미를 쳐다보고 있었다. 내가 마지막으로 본 장미는 어머니의 관 위에 놓여있었다. 이 두 가지 상황에서 호프와 나는 동시에 동일한 물리적 환경을 경험했지만 180도 다른 반응을 보였다. 이유가 뭘까? 우리가 눈으로 본 것이 각자의 마음속에 다른 모습으로 자리했기 때문이다.

문제는, 약 99퍼센트의 사람들이 자신의 마음 스크린에 뜬 99퍼센트의 장면에 관해 아무 단서도 갖고 있지 않다는 점이다. 그런 이유로 사람들은 각종 프로그램에 잇따라 가입하고 계속해서 약을 먹고 심리치료사를 반복해서 찾아다니다 40년이 지난 뒤에야 수만 달러를 허비했다는 사실을 깨닫지만 여전히 동일한, 혹은 더 나쁜 문제를 안고 있다. 대개는 포기해버리고 원래의 모습대로 세상을 떠난다. 하지만 꼭 그렇게 될 필요는 없다! 그들은 그저 문제의 진짜 근원에 대해 고심하지 않았고, 그 근원은 마음 스크린 위에 떠있는 공포 기반의 기억들이었을 뿐이다.

영적 물리학의 물리적 부분에 근거하여, 스크린 위에 공포가 있다면 스크린 위에 어둠도 존재한다는 뜻임을 알고 있다. 다음과 같은 일은 벌어지기 마련이다. 누군가 교통 체증에 갇히고 누군가 샌드위치를 한 입 베어 물지만 기대만큼 맛있지가 않고 누군가 당신을 우습게 생각하며 옆에 앉은 사람에게서 당신이 싫어하는 향수 냄새가 난다. 수많은 상황 가운데 무엇이든 상관없다. 이 사건은 눈으로 들어와서 심상으로 변환된다. 비록 이 데이터가 오감 가운데 시각이 아닌 다른 감각을 통해 들어왔다고 해도 마찬가지다. 모든 데이터는 심상으로 인코딩된다는 사실을 기억하라. 심지어 냄새를 맡고 소리를 들으며 맛을 본 것들도 심상으로 인코딩되고 심상으로 상기된다. 사진은 마음의 언어일 뿐만 아니라 보편적인 언어이며 초속 약 30만 킬로미터인 빛의 속도로 전달된다. 말은 시간이 훨씬 오래 걸리고 그 특정한 언어를 알아야만 한다.

립튼 박사에 따르면, 이 심상은 우리의 영적 마음에 자리한 개인적 기억과 세대를 거쳐 전해진 기억에서 축적된 심상 데이터베이스로 내려가고, 이곳에서 수백만 개의 심상들과 비교해 어떤 반응을 보일지가 결정된다. 호프와 나 둘 다 모형 고무 뱀을 보았지만, 시선을 두자마자 마음 스크린에 부정적인 심상을 떠올린 것은 그녀였다. 그녀의 마음 스크린에는 공포와 어둠이 떠있었다. 반면에 나는 그렇지 않았다. 그 모형을 보았을 때 나의 마음 스크린 위에는 사랑과 빛이 있었다. 나의 상상 속에서 본 장면은 해리가 그 뱀을 가지고 행복하게 놀고 있는 모습이었다. 나는 기분이 좋았다.

그에 비해 장미를 보았을 때 나는 여러 가지 심상들을 떠올렸다. 어머니가 기억나자 사랑이 느껴졌고 공포도 찾아왔다. 어두운 심상들과 빛나는 심상들이 함께였다. 나의 반응은 뒤죽박죽이었다. 우리 마음의 스크린 위에 뜬 심상은 신체의 생리 기능을 즉시 결정해버린다. 가령, 마음 스크린 위에 커다란 공포가 나타난다면 땀이 나거나 가슴에 긴장감이 서리거나 두통이 느껴질지도 모른다. 이런 상태가 되면 신체적 증상에 초점을 두지 마라. 물론, 당신이 보이는 반응에는 신체적 요소도 있지만 이 모두가 하나같이 마음 스크린에서 비롯된다. 타이레놀을 먹어야 할 상황이면 어서 먹어라. 하지만 약을 먹는 한편, 이와 동일한 문제로 내일 또 다시 타이레놀을 섭취할 필요가 없도록 문제의 근원을 해결하기 위한 노력을 시작하라.

우리의 프로그래밍은 마음 스크린에 무엇을 떠올릴지 결정할 때 커다란 역할을 한다. 성장기에 호프의 프로그래밍은 그녀에게 '착한 아이'가 되라거나 사람들이 원하는 것이면 무엇이든 들어주라고 말했다. 만약 사람들이 원하는 일을 완벽하게 해내지 못한다면 그녀는 나쁜 아이인 셈이었다. 좋은 아이가 되어야 한다는 믿음으로 인해 그녀는 자기 생각에 잘 맞지도 않는 존재가 되려고 언제나 노력했고, 자신의 본성에 부합하지 않는 것에도 순응하게 되었다. 수십 년 동안 그 프로그래밍은 호프의 마음 스크린에 공포와 어둠을 만들어냈다. 이것이 그녀의 몸에 지속적으로 스트레스를 심어주자 마침내 약한 고리가 끊어져 그녀는 우울해졌다. 그녀가 무엇을 하더라도 우울함을 떨쳐버리지 못했던 이유는 무엇일까? 그녀는 근원적인 기억들을 고치는 법을 알지 못했기 때문이다. 심지어 근원적인 기억이 무엇인지도 알지 못했다. 이와 동일한 환경에서 동일한 공포 기반의 심상들이 그녀의 스크린 위에 등장했고 그중 99퍼센트의 심상들이 공포와 어둠이었다. 심상의 기반이 그러했기에 그녀는 몹시 우울했으며 불안했다. 그리고 두려웠다.

이 이야기는 앞에서 이미 말했지만, 반복할 만한 가치가 있다. 누구나 나쁜 프로그래밍을 가지고 있다. 누구도 완벽하지 않다. 인간의 뇌는 다섯 가지 상태(알파, 베타, 감마, 델타, 세타)가 될 수 있다. 태어나서 첫 6년 동안만 뇌가 델타·세타 상태다. 델타·세타의 상태일 때 우리는 정보를 여과시키지 못한다. 가령, 다섯 살배기 아이가 아빠와 함께 뒤뜰에 나가 공놀이를 하고 있다고 해보자. 아이가 방망이로 공을 때리려다 놓쳐버리자 아빠가 빙그레 웃어 보이며 이렇게 말한다. "음, 그런 스윙으로는 야구 선수가 되기는 다 틀렸어." 아이에게는 이 정보를 걸러낼 능력이 없으므로 전혀 새로운 하드 드라이브 프로그래밍이 곧바로 생겨난다. 이런 종류의 기억이 없는 사람은 세상에 한 명도 없다! 앞에서 내가 '아이스캔디의 기억'이라고 불렀던 것과 마찬가지다. 게다가 이 나이에 프로그램된 것은 디프로그램하기가 무척 어렵다. 연구에 의하면, 아이들은 하나의 부정적인 진술을 중화하기 위해 최소한 열 개의 긍정적인 진술이 필요하다. 하지만 대부분의 부모들은 긍정적인 말 한 마디에 부정적인 말 열 마디를 한다! 어떤가? 이것이 바로 공포 기반의 프로그래밍이다.

설사 일말의 기적 덕분에 모든 사람이 매번 사랑과 진실로써 모든 일을 한다 해도, 여전히 우리는 과거 세대로부터 나쁜 프로그래밍을 물려받거나 주변 사람들로부터 그것을 흡수할 수 있다. 누구에게나 나쁜 프로그래밍이 있으며 마음 스크린은 이를 치유하는 직접적인 고리다. 뿐만 아니라 우리의 마음 스크린은 주변 사람 모두, 그중에서도 특히 가장 가까운 사람들의 마음 스크린과 연결되어 있다. 그러므로 우리는 일종의 '유기적 와이파이organic Wi-Fi'를 통해 에너지 진동수를 항상 퍼뜨리고 받아들이고 있다. 4장에서는 마음 스크린 방법에 관해 이야기하면서 사랑의 진동수를 맞추고 전송하는 방법을 배워보기로 하자.

에너지는 결코 파괴되지 않는다. 다만 형태가 변화할 뿐이다. 완전히 어두운 방에서 전등 스위치를 켜면 방 구석구석까지 환해진다. 어둠은 어디로 가버린 걸까? 정답은, 어둠이 더 이상 존재하지 않는다는 것이다. 어둠의 정의는 단지 빛의 부재다. 그러므로 빛이 있으면, 당연히 어둠이 없다. 우리의 신체에서 공포와 사랑도 이런 식으로 작동한다. 동일한 물리학이다. 당신이 공포에 사랑을 쏟아 부으면 공포는 더 이상 존재하지 않는다. 이 말은 우리에게 이상하게 들린다. 이 맥락에서 이런 식의 언어를 사용해 본 적이 없기 때문이다. 하지만 한 가지 상기시켜 주자면, 이 패러다임의 전환은 1905년에 아인슈타인에 의해 이미 예견되었다.

우리가 어떤 식으로든 패러다임을 크게 전환할 때마다 과거의 패러다임에서 성공했던 사람들은 새로운 패러다임을 종종 거부한다. 예를 들어, '하늘을 나는 기계flying machines'로 첫 발을 내딛었을 때 라이트Wright 형제는 철도회사를 찾아갔다. 그리고 이렇게 말했다. "당신에게 항공로의 제왕이 될 첫 번째 기회를 드리겠습니다." 철도회사 사람들은 그들을 면전에서 비웃었고 철도를 대체할 것은 세상에 없다고 말했다. 오늘날 우리는 공항으로 가서 B&O 항공의 비행기를 탈 수는 있지만, 요즘 어디에도 미국 최초의 철도회사인 'B&O'라는 마크가 붙어 있는 것은 본적이 없다. 미국 최초의 철도회사는 문을 닫은지 오래다. 그들은 새로운 패러다임을 전환시킬 기회가 있었지만 낡은 패러다임에 갇혀 있었고 그로 인해 쇠퇴했기 때문이다.

지난 세기에 예견된 건강과 치유, 성공의 새로운 패러다임이 지금 일어나고 있다. 당신은 낡은 패러다임에 갇히고 싶은가, 아니면 새로운 패러다임을 따르겠는가? 새로운 패러다임은 지금 오고 있는 것이 아니라 이미 와있다. 2013년, 미국 심리학 협회American Psychological Association는 최초의 에너지 의학 컨퍼런스가 지속적으로 학점을 제공하는 것을 허락했고[12] 지금은 상담과 치료에 관한 최초의 에너지 의학 형태를 승인하기 직전이다. 이는 20년간 이 분야 전체에 대한 엄청난 비웃음과 조롱, 과소평가가 쏟아진 끝에 얻어진 결과였다. 이렇게 상황이 역전된 것은 무슨 까닭일까? 치료가 훨씬 빠르고 보다 효과적일 뿐 아니라 부작용이 전혀 없다는 실질적인 증거가 압도적이기 때문이다.

이 결과는 체육 이론 분야에서도 주목받고 있다. 밴더빌트 대학교 Vanderbilt University의 미식축구 코치 제임스 프랭클린James Franklin은 100년 만에 처음으로 이 대학에 승리를 안겨주고 나서 2014년 1월에 펜실베이니아 주립대학Penn State University과 3,700만 달러짜리 계약서에 서명한 직후, 댄 패트릭Dan Patrick의 신디케이트 TV프로그램에 초대받아 코치로서 거둔 성공에 관해 인터뷰를 했다. 조금의 과장도 없이 표현하더라도, 프랭클린의 대답은 유별났다. 목표 설정에 관한 질문을 받자 프랭클린은 외적인 팀 목표를 설정하지 않는다고 대답했다. 만약 잘못된 목표를 설정한다면, 그 목표가 파괴적인 결과를 낳을 수도 있다는 이유에서였다. 그러므로 그가 선수들을 위해 설정한 목표는 이 순간과 오늘에 초점을 맞춘 것이다. 즉, 영적으로나 학문적으로나 신체적으로나 사회적으로나 최고의 상태를 유지하려는 의도였던 것이다. 그는 인터뷰 진행자에게 이렇게 말했다. "가장 중요한 것은 관계죠."[13]

그렇다. 지난 100년 동안 가장 성공적인 코치 가운데 한 명이 전국으로 중계되는 생방송에 나와, 지금 이 순간의 영성을 우선시하고 관계를 가장 중요시한다고 말했다. 현재에 초점을 둔 내적 목표를 설정함으로써 프랭클린은 무수히 많은 사람들이 이루지 못한 경지에 성공적으로 안착했을 뿐 아니라 속력, 힘, 그리고 등급 면에서 모자란 선수들을 데리고도 이런 결과를 일구었다. 프랭클린이 이 방법을 사용한 첫 번째 코치는 아니다. 오랫동안 앨라배마 대학교University of Alabama의 미식축구 팀 감독을 역임한 닉 사반Nick Saban과 뉴잉글랜드 패트리어츠New England Patriots 미식축구 팀의 감독 빌 벨리칙Bill Belichick도 선수들에게 득점 게시판이나 경기의 승리가 아니라 지금 완벽하게 최선을 다하는데 집중하도록 교육해야 한다고 이야기한 바 있다. 이것이 가장 큰 원칙의 정수다. 물론 이 코치들이 여기서 제시한 방법들을 활용했다면 훨씬 더 훌륭한 성과를 얻었을 것이다. 현재에 충실한 사랑은 최고의 성과를 지속적으로 생산한다. 원래 공포는 성과를 억제하고 방해하기 마련이다.

이 반전은 심리학과 자기계발, 의학, 체육학, 최적수행능력, 성공 분야에서 쇄도할 엄청난 변화 중 첫 번째다. 이 접근법은 대단히 효과적이기 때문에 20년 뒤에는 새로운 표준이 될 것이다. 하지만 당신이 인생에서 성공을 거두기 위해 20년을 기다려야 하는 일은 없기를 바란다. 나는 당신이 몇 달 뒤에 이런 성공을 거두고 그 성공이 평생토록 지속되기를 바란다.

우리는 영적 마음이 인생의 모든 문제의 근원이라는 것을 몇 천 년 전부터 알고 있었다. 아니, 알았을 수도 있다. 그러나 지금까지는 신체적인 것과 영적인 것을 구분하는 낡은 패러다임을 고수해온 탓에 이 영적 지식을 우리의 신체에 적용시킬 수가 없었다. 마음의 문제를 잘라내기 위해 외과용 메스를 사용할 수는 없다. 마음의 문제라는 독을 빨아내기 위해 약을 먹을 수도 없다. 자르고 태우며 독살하는 방법은 이 문제를 해결하는 데 효과가 없다. 대체의학의 물리적 방법들도 마찬가지다. 그러므로 마음의 문제가 얼마나 중요한지 알고 있었다 해도 우리는 이 지식을 의료에 제대로 적용한 적이 한 번도 없다. 우리가 알다시피 의료에는 이런 마음의 문제들을 정말로 치유할 방법이나 도구가 없었기 때문이다. 그리고 이 지식을 성공의 문제에 적용한 적도 분명히 없었다.

영적 물리학의 패러다임 아래에서 신체적인 것과 영적인 것은 완벽한 조화를 이룬다. 사실, 진짜 과학은 영적인 것과 언제나 조화를 이룬다. 만약 영적 마음이 우리가 가진 모든 문제의 근원이라면, 이 근원을 치유할 가능성이 있는 유일한 방법은 에너지 방법이다. 마음의 문제, 즉 우리의 기억은 에너지로 만들어졌기 때문이다. 우리는 이 새로운 패러다임을 거부하지 말아야 한다. 오히려 경축해야만 한다! 마침내 우리가 가진 문제의 진정한 근원을 확인하는 동시에 치유할 수 있게 되었기 때문이다.

은유적으로 말해, 나는 돌이 날아들 수많은 상황을 만들었다. 신체적인 것과 영적인 것을 결합하는 원칙들을 가르친다는 이유로 소위 전문가들이 나를 돈벌레나 사기꾼이라고 불렀다. 하지만 전 세계를 돌아다니다 보면 전혀 다른 장면을 마주하게 된다. 사람들이 이 원칙들을 배우고 적용할 수 있다며 얼마나 좋아하는지 모른다. 이 원칙들은 다른 무엇으로도 효과를 보지 못했던 방식으로 결실을 맺기 때문이다. 마침내, 문제의 근원에 접근해서 이를 치유할 수 있게 되었다는 말이다.

(교회와 국가는 분리할 수 있을지도 모르지만 영성과 성공과 건강은 분리할 수 없다. 만약 그렇게 분리할 수 있다고 믿는다면 결국)당신이 성공과 건강으로부터 분리되는 결과가 나올 것이다.

우리가 가진 성공 문제의 해결책은 문제에 집중하는 것도 이를 지속적으로 무시하는 것도 아니다. 이 두 가지 방법은 당신의 인생 경험이 지속적으로 악화되도록 만들 것이다. 해결책은 어둠 · 공포 · 기만을 빛 · 사랑 · 진실로 대체하는 것이다. 항상 그래야 한다! 빛 · 사랑 · 진실의 근원은 모든 문제를 푸는 해결책의 근원인 반면, 어둠 · 공포 · 기만의 근원은 테러행위, 기아, 질병, 빈곤, 혹은 불행 같은 모든 문제의 기원이기도 하다. 빛 · 사랑 · 진실과 어둠 · 공포 · 기만이 맞붙으면, 곧바로 결과가 명확히 드러나지는 않을지 몰라도 언제나 전자가 승리를 거둔다. 빛이 어두운 방을 가득 채우는 것과 마찬가지 이유에서다. 위대한 영적 지도자들이 모두 그렇듯, 간디는 이것이 사실임을 알고 있었다. 또한 역사를 통틀어 진실과 사랑의 길이 언제나 승리해왔다.

장기적으로는 이런 결과가 나온다.

사랑은 결코 실패하지 않는다!
공포는 결코 성공하지 못한다!

지금부터 당신은 어떤 선택을 하겠는가? 당신은 세포 기억과 영적 물리학의 개념을 이해하고 받아들이고 있기에, 이제부터 우리는 스트레스 기반의 목표가 아니라 성공 목표를 설정하는 방법에 대한 기초적인 원리를 알아보게 될 것이다.

CHAPTER 4

스트레스 목표가 아닌 성공 목표 설정하기

러브 코드는 사랑, 기쁨, 평화로 리프로그램 된 내면의 상태에서 지금 이 순간에 초점을 두고 모든 일을 사랑으로 실행하는 것이다. 앞서 1장에서 설명했듯이, '당신이 하는 모든 것'은 목표로 결정된다. 언제나 그렇다. 문제는 대부분의 사람들이 자신의 목표가 무엇인지, 어디에서 비롯되었는지, 옳은 목표인지 틀린 목표인지, 목표를 어디로 진전시키는지를 비롯해 목표를 바꾸는 방법도 인식하지 못한다는 것이다. 얄궂게도 우리는 대부분 인생의 비교적 사소한 문제에 대해서는 대단히 분명한 목표를 가지고 있다. 예를 들면 개인위생, 옷, 깨끗한 집 같은 것들이다. 이런 것들의 의미를 축소할 생각은 없지만, 우리 중 그런 것들이 인생에서 가장 중요한 영역이라고 말할 사람은 거의 없을 듯하다.

나는 완벽주의 경향을 보이는 수많은 여성들과 상당수의 남자 군인들과도 상담을 해왔다. 그들은 삶의 외적인 문제에서 극도로 절제력을 발휘해 이를 통제하는 성향을 보인다. 집, 자동차, 세탁, 잔디, 자녀들의 외적인 행동은 물론이고 심지어 직장에서의 뛰어난 성과가 여기에 해당된다. 그러면서도 많은 경우 인간관계와 과거의 문제 같이 구체적이지 않은 내적 문제들로 인해 버둥거린다.

하지만 이런 영역에서, 아니 세상에서 가장 원하는 것들과 관련해서 우리 대부분은 건강 문제와 경제적 결핍, 정신적 빈곤, 인간관계의 불화라는 무의식적 악순환에 자신을 가두어버리는 목표를 만들고 따르는 경향이 있다. 이 악순환은 번갈아가며 우리를 슬픔과 좌절, 불안, 절망, 외로움, 거부의 내적 상태로 이끌어 궁극적으로 중요한 모든 일에서 실패하게 만든다.

이 지점에서 하던 일을 10분 동안 멈추고 기도나 명상을 하며 이렇게 자문해보면 좋겠다. '지금 나는 가장 중요한 것들을 위해 (진실과 사랑으로) 진실하고 건강하며 올바른 목표들을 의도적으로 설정하고 있는가? 자동차는 아무 문제가 없을지 모르지만 나의 분노는 어떠한가? 빨래를 했을지는 모르지만 자녀 양육은 어떠한가?'

내적 상태가 외적 환경을 지배한다는 것을 알고 있으므로, 당신은 무의식적이고 종종 쓸모없기도 한 프로그래밍을 운영하기보다는 자신의 내적 상태에 대한 목표를 설정하는 것이 얼마나 중요한지 이해한다. (다시 한 번 말하지만, 2부에서는 당신의 내부 프로그래밍을 진단하고 치유하는 방법을 배울 것이다.)

자녀 양육이든 아니면 분노나 그 밖의 다른 영역을 다루든 간에, 자신의 목표가 가장 중요한 것을 반영하지 못했다는 것을 깨닫는다면, 이번 장은 당신이 내적으로나 외적으로 자신에게 가장 유용한 성공으로 이어질 목표들을 설정하는 데 도움을 줄 것이다.

하지만 인생의 가장 중요한 영역들에 대단히 명쾌하고 의도적인 목표들을 가지고 있다 해도, 대다수의 사람들은 여전히 의지력으로 성취되는 외적 환경에 중점을 두는 경향이 있다. 이는 심각하게 목표의 달성 가능성을 본질적으로 방해하는 것이다. 그렇지 않으면, 당신은 목표에 도달하고서도 여전히 행복감과 성취감을 오랫동안 느끼지 못한다. 그렇다면 백만 달러짜리 질문을 하나 던져보겠다. 어떻게 우리는 자신을 망치지 않고 성공으로 이끌어주는 목표들을 설정할 수 있을까?

나를 찾은 내담자 중 한 명에게는 이 질문이 문자 그대로 백만 달러의 가치가 있었다. 몇 해 전, 한 신사가 몇 가지 건강 문제를 치유하기 위해 나를 찾아왔다. 그 문제들이 치유되고 나자 그는 다시 연락을 취해와 내가 다른 문제도 도와줄 수 있는지 물어보았다. 그는 이렇게 말했다. "저기, 선생님. 지난 10년 동안 한 가지 성공 목표를 세웠지만 결코 달성하지는 못했습니다. 선생님이 그런 문제도 다루시는지 모르겠지만 혹시라도 저를 도와주실 수 있을까요?" 나는 그에게 자세히 설명해 보라고 말했다. 그러자 그는 자신을 아주 작은 마을의 최대 토건업자 중 한 명이라고 소개했다. 10년 동안 그의 목표는 1년 안에 100만 달러를 버는 것이었다. 회사의 총수익이 아니라 자기 수중에 100만 달러를 갖고 싶다는 말이었다. 그리고 그 10년간 그가 벌어들인 최대 수익은 목표의 절반가량이었다. 여전히 큰 액수이기는 했지만 거기에 만족하고 즐기는 대신 그는 목표에 도달하지 못했다는 이유로 끝없는 좌절감을 맛보았다.

이 신사는 소위 A유형 성격(미국의 심장전문의 프리드먼과 로즈먼이 연구한 A유형과 B유형 성격 이론으로, A유형은 경쟁적이고 성급하며 야심만만한 성격의 사람들로 심장질환에 걸릴 확률이 높은 반면 B유형은 느긋하고 낙천적이며 자율을 중시하는 성격의 사람들로 심장질환에 걸릴 확률이 낮다─옮긴이)이었으며 열정적이고 아랫사람을 마구 부리는 성향의 소유자였다. 그는 모든 사람과 모든 일을 끊임없이 몰아붙였다. 1주일에 80시간씩 일을 했고 직원들에게도 마찬가지로 긴 근무 시간을 요구했으며 초과 근무 수당을 지불하지 않는 경우도 잦았다. 그는 예민하고 신랄한 말본새로 유명했고 일을 쉽게 하려고 절차나 원칙을 무시했으므로 토건업계에서 그리 좋은 평판을 얻지 못했다. 그가 맺은 인간관계는 하나같이 위태로웠고 몇 해 동안 건강은 나날이 나빠져만 갔다. 나를 찾아온 애초의 목적도 건강 때문이었다.

그러므로 나는 이렇게 다음 질문을 던져보았다. "1년 안에 백만 달러를 버는 목표에 대해 어떻게 생각하는지 말씀해보세요. 저에게 자세히 설명하시면 됩니다. 그 돈으로 뭘 하실 겁니까? 그 돈이 선생님의 삶에서 무엇을 변화시켜줄까요?" 그는 아무 문제없이 대답했다. 지난 10년 동안 마음의 스크린으로 그 '영화'를 계속 보아왔기 때문이다. 그는 온 동네가 다 내려다보이는 언덕 꼭대기에 대저택을 구입하고 싶었다. 물론 빨간색 스포츠카도 빼놓을 수는 없었다. 그런 다음 초호화 골프 여행을 비롯해서 이런 질문을 받으면 흔히들 이야기하는 온갖 위안거리를 거론했다.

언덕 위의 집과 빨간 스포츠카를 갖고 싶은 이유가 무엇이냐고 내가 묻자, 그는 그렇게 하면 모든 마을 사람들에게 자신이 얼마나 성공했는지 보여주고 그들의 부러움을 살 수 있기 때문이라고 답했다. 나는 그의 목표 자체가 아니라 그가 이 목표를 설정한 이유가 문제라는 것을 알았다. 그리고 그를 도울 수 있지만 그러기 위해서는 그의 목표를 수술해야만 한다고 말했다. 그는 마지못해 동의했다.

그가 1년 안에 백만 달러를 벌고 싶어 하는 것은 괜찮았지만 그 부분은 '목표'가 아닌 '욕구'로 바꾸어 설정되어야 했다. 만약 그가 백만 달러를 벌어들인다면 새 집은 살 수 있지만 언덕 꼭대기 위의 집은 아니다. 새 차를 살 수도 있지만 빨간 스포츠카는 아니다. (둘 중 어느 것도 그 자체가 잘못되지는 않았다. 문제는 그가 그 두 가지를 원한 이유였다. 다른 누군가에게는 그 두 가지가 완전히 적절한 바람이었을지도 모른다.) 우리는 골프 여행을 가족 여행으로 변화시켰다. 몇 가지 위안거리들은 제거했다. 그리고 그보다 가난한 사람들에게 기부하는 항목을 추가했다. 그의 시간과 전문 기술을 공공 건축 사업에 개인적으로 투자하는 일도 추가했다. 그렇게 함으로써 그는 자신보다 가난한 사람들에게 기여할 수 있었다. 우리는 그의 최대 근무 시간을 주당 50시간으로 축소했다. 직원들의 근무시간을 줄였을 뿐 아니라 임금 인상과 복지 개선에도 힘썼다. 운동과 명상, 긴 산책, 더 건강한 생활방식을 위해 시간을 냈고, 그가 참을 수 있다고 생각한 것보다 더 많은 시간을 가족에게 할애했다. 그밖에도 이런 식의 변화를 시도했다. 핵심이 무엇인지는 아마 이해가 갈 것이다.

그의 목표에 전면적인 진단이 내려졌다. 이 과정이 끝나고 나자 그의 성공 욕구(나중에 정의를 내리겠지만, 성공 목표가 아니다)는 다음 해에 백만 달러를 벌되 그 돈을 바람직하고 건강하며 균형 잡힌 일들에 사용하는 것이 되었다. 다시 말해 '사랑을 기반으로' 돈을 쓰는 것이었다. 그리고 그의 성공 목표는 사랑으로 지금 이 순간에 초점을 맞추는 것이었다. 그러고는 자신의 욕구를 성취하기 위해 반드시 해야 할 일을 하면서 사랑 · 근원 · 신에게 백만 달러짜리 결과를 계속 넘겨주었다. 그렇게 하기 위해서는 자신의 내적 문제들을 먼저 디프로그램하고 리프로그램해야만 했다. 그런 다음, 욕구가 이끄는 방향으로 걸어가면서 목표를 수행해낼 수 있었다.

내가 마지막으로 만났을 때 그는 디프로그램과 리프로그램을 막 시작한 참이었고 그야말로 하기 싫어 발버둥을 치고 있었다. 그의 말은 정확히 다음과 같았다. "그 프로그램은 아마 절대로 효과가 없을 거예요. 제 건강 문제를 고쳐주시지만 않았어도 선생님이 제정신이 아니라고 생각했을 겁니다."

나는 약 1년 반 뒤에 그 토건업자에게 전화를 받았다. 어찌 보면 유난히 눈에 띄는 목소리였는데, 나는 그가 신분을 밝히고 나서야 비로소 알아차렸다. 그의 첫 마디는 이랬다. "저기요, 선생님, 저 기억나세요? 선생님이 미쳤다고 생각한 스트레스에 지친 토건업자 말이에요." 나는 그가 어떻게 되었을지 종종 궁금해 하면서 그를 위해 몇 번 기도를 했었다. 분명히 그는 프로그램 전체를 버리고 이전의 생활방식으로 되돌아갈 위험이 높았다. 그가 이렇게 말했다. "글쎄요, 선생님. 우리가 합의한 사항을 정확히 지켰지만 그 다음 해에 백만 달러를 번 건 아니었어요. 150만 달러 이상을 벌었어요. 그리고 올해에는 그보다 훨씬 많이 벌기 위해 일이 순조롭게 진행 중입니다. 지금까지도 어떻게 그런 일이 일어났는지 감이 잡히지 않네요. 마치 마법 같았죠. 지금까지 살아오면서 가장 수월한 해였어요."

그러고 나서는 사실상 인생의 모든 것이 변화했다고 말했다. 그는 건강하고 행복하고 인간관계는 지극히 원만했으며 동네에서의 평판도 완전히 뒤바뀌었다. 이제는 그에게 일을 맡기고 싶어 하는 사람이 줄을 설 지경이었다. 그는 동네에서 가장 좋은 일꾼이었고 가격을 낮게 부르는 사람이었으며 더 이상 절차나 원칙을 생략하지 않았기 때문이다. 직원들은 그를 사랑했고 다른 어떤 곳으로도 옮겨 가고 싶어 하지 않았으며, 사무실 전체가 그곳에서 일하기 전에는 결코 경험해 보지 못한 기쁨과 평화, 동지애로 가득했다.

그 토건업자는 내면을 디프로그램하고 리프로그램했으며 스트레스 목표를 성공 목표로 변화시키는 방법을 배웠다. 그러자 그가 바라던 외적 환경이 쉽게 얻어졌다. 나는 이런 사례들로 책 몇 권을 가득 채울 수도 있다. 결과는 믿을 수 없을 만큼 예측 가능하다. 스스로 가장 원한다고 생각하는 외적 환경 대신에 실제로 원하는 내적 상태에 영감을 얻어 성공 목표를 설정하고 실현한 사람들은 언제나 성공한다. 항상 그렇다. 그렇지 못한 사람들은 실패한다. 한 번의 예외도 없다.

목표와 욕구의 차이

그러면, 어떻게 그 토건업자가 실패에서 성공으로 그토록 빨리 전환하게 되었는지, 그리고 무엇보다 어떻게 당신도 그렇게 할 수 있는지에 대해 실질적인 세부사항들을 살펴보기로 하자. 아마 짐작했겠지만, 이것은 당신이 설정하는 목표와 전적으로 관계가 있다. 이제 베일을 걷고, 당신이 성공 목표를 세울지 스트레스 목표를 세울지 결정하는 요인이 정확히 무엇인지 설명할 때가 되었다.

욕구 정의하기

우선, 몇 가지 용어부터 정리해보자. 첫 번째 용어는 욕구^{desire}(또는 희망)다. 성공을 낳는 욕구는 다음의 네 가지 기준을 충족한다.

1. 욕구는 반드시 진실을 기반으로 해야 한다.
2. 욕구는 반드시 사랑을 기반으로 해야 한다.
3. 욕구는 (1장에서 말한) 성공의 최종 목표와 조화를 이루어
야 한다.
4. 욕구는 일반적으로 미래에 일어나는 것이다.

처음 두 가지 구성요소인 진실과 사랑에 관해서는 믿음의 맥락에서 이미 언급한 바 있다. 즉, 장기적으로 효과를 내야 하는 것은 반드시 진실과 사랑을 기반으로 해야 한다는 것이다. 하지만 이제는 진실과 사랑이 정말로 의미하는 바가 무엇인지 구체적으로 알아볼 때가 되었다.

1. 진실은 그 상황의 객관적인 사실을 말한다. 따라서 정황적으로나 외적으로도 욕구를 성취하는데 관련 있는 모든 객관적인 요소라 할 수 있는 자원^{resource}, 필요, 능력, 시장, 재정 문제, 시간에 대한 객관적인 사실이 요구된다. 이것은 욕구의 본질이다. 가령, 72세의 신

사가 미국 프로 미식축구 리그^{NFL}에서 선발 쿼터백으로 활동하고 싶은 욕구가 있다고 말했다 하자. 나는 그에게 그 욕구가 진실을 기반으로 하는지, 말하자면 그 상황의 객관적인 사실과 조화를 이루는지 물어보아야 한다.

2. 어떤 일이 사랑을 기반으로 이루어진 것인가 아닌가는 그 상황의 주관적인 사실이다. 이것은 욕구의 이유다. 애당초 이것이 어째서 당신의 욕구가 되었는가? 당신은 누구를 위해서 그것을 하는가? 그 뒤에 숨은 영감과 동기는 무엇인가? 만약 이기적인 이유가 크고 어떤 식으로든 누군가에게 손해나 상처를 입히는 욕구라면, 이는 사랑의 기준에 부합하지 않는다. 72세에 NFL 쿼터백이 되고 싶은 욕구는 사랑을 기반으로 할 수도 있지만 진실을 기반으로 했다고 할 수는 없다. 반면에, 백만 달러에 대한 토건업자의 원래 욕구는 진실에 기반을 두지만 그 돈을 어떻게 쓰고 싶은지 알아낸 바에 따르면 사랑에 기반을 둔 것은 아니었다. 그 말은 둘 다 우리가 내린 성공 욕구의 정의에 부합하지 않으며 어떤 식으로든 개선될 필요가 있다는 뜻이다. 예컨대 토건업자는 다른 사람들을 돌보는 데 시간과 돈을 쓰기로 결심하고는 자기보다 가난한 사람들에게 기부함으로써 자신의 욕구를 수정했고, 이렇게 사랑의 기준을 충족시켰다.

욕구에 대해 한 가지만 더 말해보면, 욕구는 성공의 최종 목표와 조화를 이루어야만 한다. 잠시 시간을 내어, 당신이 앞서 1장의 세 번째 질문에 대답할 때 어떤 내적 상태였는지 상기해보라(만약 가장 원하던 것을 이루고 그 결과로 어떤 상황이 벌어진다면 어떤 기분이 들겠는가?). 그 내적 감정이나 상태가 성공의 최종 목표다. 그것은 평화나 사랑, 기쁨, 안전일지도 모르고 다른 어떤 긍정적인 내적 상태일 수도 있다. 그런 이유로 당신은 무슨 행동이든지 하는 것이다. 그러므로 최종적인 내면의 성공 목표와 감정, 상태를 위반하는 욕구를 품으면 분명히 역효과를 낳는다.

나는 바닷가에 가는 것을 좋아한다. 내가 보기에 바닷가는 대단히 영적인 치유의 장소다. 바닷가에 가는 것을 나의 욕구로, 거기서 내가 느끼는 평화를 성공의 최종 목표로 생각해보자. 이제, 실제로 바닷가에 가기 위해서는 구체적으로 생각할 필요가 있다. 어느 바닷가에 갈 것인가? 그곳에 어떻게 갈 것인가? 바닷가를 즐기기 위해서는 무엇을 챙겨야 할까? 이와 동시에, 바닷가 여행을 위한 세부사항들이 성공의 최종 목표라고 정의내린 것, 다시 말해 사랑에서 비롯된 평화를 침해하지 않도록 주의할 필요가 있다. 만약 짐 챙길 시간을 충분히 두지 않아서 출발일 아침에 미친 사람처럼 뛰어다닌다면, 적어도 부분적으로는 바닷가에 가는 방법이 애초에 바닷가에 가는 중요한 목표를 무효로 만드는 셈이다. 조카가 결혼식을 올리는 날 마침 여행 계획이 잡혀 있어서 결혼식에 불참하게 되어 자신과 가족들에게 엄청난 스트레스를 안겨주는 것도 마찬가지다. 그렇다고 여행 자체를 백지화해야 한다는 뜻은 아니지만, 계획을 재평가해서 몇 가지 실질적인 변화를 줄 필요는 있다. 그 계획이 평화와 사랑 속에서 유지되어 현재뿐만 아니라 미래의 성공의 최종 목표와 모순이 없도록 하라는 것이다.

이보다 실용적인 사례도 있다. 어느 중년의 아버지가 가진 성공의 최종 목표는 평화고 그의 성공 욕구는 학교로 되돌아가서 공학 학위를 받는 것이라고 가정해보자. 그는 집에서 통학할 수 있는 거리에 있는 일류 공학 프로그램에 지원했고 합격 사실을 통보받는다. 기뻐서 펄쩍 뛸 지경이다! 그러나 학위를 받기 위해 수업을 듣기 시작하면서, 이 욕구를 추구할 경우 자신의 가족과 관련된 성공의 최종 목표인 평화가 근본적으로 사라진다는 것을 깨닫는다. 과도한 일정 탓에 가족들로부터 스트레스와 압박을 받고 있었던 것이다. 이 스트레스는 그가 목표에 대해 재평가를 해야 한다는 신호다. 어쩌면 그는 스트레스의 근원을 해결하기 위해 무언가 내적인 작업을 할 필요가 있을 것이다. 어쩌면 다른 학위 프로그램을 생각해야할지도 모른다. 아니면, 학교를 완전히 그만두어야 할 수도 있다. 여기서 핵심은 성공 욕구(외적 환경)를 위해 성공의 최종 목표(사랑이라는 내적 상태)를 희생시켜서는 결코 안 된다는 것이다.

마지막으로, 욕구는 일반적으로 아직 일어나지 않은 무언가를 바라는 것이다. 욕구를 다른 말로 표현하면 희망이라 할 수도 있다. 이것은 우리가 내적으로 갈망하고 존재한다고 믿고, 일어나도록 만들고 싶고 달성하려고 노력하지만 확실히 일어날지는 알 수 없는 무엇이다. 욕구는 우리가 걸어가는 방향을 설정한다. 그리고 욕구 설정에서 가장 중요한 것은, 처음부터 끝까지 매 단계마다 그것을 달성하리라는 모든 기대를 철저히 포기해야 한다는 것이다. 당신은 최종 결과를 신·근원·사랑 혹은 다른 사람들의 선량함에 넘겨주어야 한다. 하지만 욕구를 완전히 포기하기 위해서는 그 욕구에 대해 생각해볼 필요가 있다.

목표 정의하기

이제 목표를 정의해보자. 당신을 성공으로 데려가는 목표라면 다음의 네 가지 구성 요소를 모두 갖추어야 한다.

1. 목표는 반드시 진실을 기반으로 해야 한다.
2. 목표는 반드시 사랑의 기반으로 해야 한다.
3. 목표는 100퍼센트 통제되어야 한다.
4. 목표는 지금 이 순간 실행된다.

만약 목표가 이 네 가지 조건을 모두 충족한다면 당신은 성공 목표를 가진 것이다. 즉, 당신이 잘 해낼 수 있도록 우선 단념하지 않고 프로그램을 디프로그램한 뒤 리프로그램한다면, 이 목표는 장기적으로 효과를 발휘하고 당신을 매번 성공으로 인도한다는 뜻이다.

목표와 욕구를 분명히 구분하는 주된 요소는 3번, 목표는 100퍼센트 통제되어야 한다는 것이다. 99퍼센트여도 완전히 통제되어야 하는 것이다. 바꿔 말하면, 당신은 지금 혹은 적어도 향후 30분 동안은 그렇게 할 수 있다. 만약 진실이 '본질'이고 사랑이 '이유'라면, 통제력은 목표의 '방법'이다. 예외는 없다. 이 구성요소는 성공 목표의 범위나 한계를 설정하지만 그만큼 중요한 영향을 미친다.

그리고 이 지점에서 대부분의 사람들에게 문제가 생긴다. 사람들은 일반적으로 진실과 사랑은 괜찮다고 생각하지만, 목표를 100퍼센트 통제해야 한다는 말을 들으면 대개는 실망하거나 좌절한 듯이 기이한 표정을 짓는다. 예를 들어, 사업을 통해 백만 달러의 개인 수익을 올리고 싶다는 그 토건업자의 목표는 100퍼센트 통제되지 않았으므로 그의 목표가 될 수 없었다. NFL의 쿼터백이 되겠다는 72세 신사의 목표도 이와 마찬가지다. 그뿐만 아니라, '100퍼센트 통제'해야 한다는 말은 해로운 통제가 아니라 건강한 통제를 뜻하는 것이다. 우리는 앞장에서 해로운 통제에 대해 간략히 이야기했다. 즉, 해로운 통제란 자신이 100퍼센트 통제하지 못하고 진실이나 사랑을 기반으로 한 것이 아닌, 결과를 추구하는 것이다.

나는 외적인 기대를 추구하기 위해 의지력을 발휘하면 역효과만 낳는다는 개념에 대해 질문을 받을 때마다 그것은 이렇게 설명할 수 있다. 의지력만으로 외적인 기대를 추구하는 행동을 다른 말로 정의하면 해로운 통제와 걱정이다. 가령, 수년 간 내담자들은 외적 환경이야말로 부정적인 생각이나 감정, 믿음의 조짐이 조금도 없이 정말

전적으로, 100퍼센트 긍정적이라고 이야기한다. 그러면 나는 그들이 품었던 외적 기대가 결국 희망과 다른 결과로 나타난다면 어떤 감정이나 생각, 믿음이 생길 것 같은지 물어본다. 그들은 곧잘 당황스러운 표정을 짓고는 끔찍한 기분이 들 것 같다고 대답한다. 그들이 이런 반응을 보인 것은 아마도 희망했던 최종 결과가 일어나리라 확신한 채 다른 결과가 생겨도 괜찮을 것이라고는 믿지 않기 때문이다. 그리고 일반적으로는 완전히 믿으면 당연히 이루어진다고 생각하기 때문이다. 그러므로 그들의 의식적인 생각과 감정, 믿음은 100퍼센트 긍정적이었을지라도 그들의 무의식과 잠재의식은 그렇지 않았다.

무의식의 가장 중요한 임무는 우리를 위험으로부터 보호하는 것이지, 긍정적인 생각과 감정, 믿음을 만들어내는 것이 아님을 잊지 마라. 그러므로 그들은 내적 갈등에 부딪혔다. 의식적으로는 긍정적이었지만 무의식적으로는 적어도 부분적으로 부정적이었기 때문이다. 이 내적 부조화는 스트레스를 양산한다. 그리고 무의식과 의식이 어떤 문제에 대해 '다른 의견'을 갖게 되면 무의식이 언제나 승리한다는 사실을 기억하라. 나머지 한 가지 요인은 해로운 통제다. 자신이 완벽하게 통제하지 못하는 외적 환경과 관련된 결과를 억지로 만들거나 조작하려는 시도는 가장 많은 스트레스를 불러일으키는 행동 중 하나이며, 우리 대부분은 소기의 결과를 이루려는 노력을 계속해나갈 수 없다. 설령 최종 결과를 억지로 만들어낸다 해도 대개는 장기적으로 행복하지도 만족스럽지도 성취감을 느끼지도 못할 것이다.

좋은 결과가 믿음에서 비롯되는 것은 사실이지만, 모든 믿음이 다 좋은 결과로 이어지는 것은 아니다. 좋은 결과는 모두 진실을 믿을 때 얻어지는 것이다. 단순히 말해, 건강한 통제란 올바른 행동과 애정 어린 행동, 최선의 행동이다. 이와 반대로 해로운 통제는 언제나 거짓을 믿으며 생겨나는 공포를 기반으로 하기 때문에 당신이 달성하려고 노력하는 결과를 망칠 것이다. 걱정(스트레스)과 해로운 통제(성과를 만들어내는 믿음의 반대)는 기대와 의지력을 다른 방식으로 설명한 것에 불과하다. 걱정은 기대와 동일하고 해로운 통제는 의지력과 맞먹는다. 기대와 의지력은 우리를 자가당착과 만성 스트레스로 몰아넣는다. 우리가 이 상황을 의식적으로 알고 있는지는 관계없다.

그러므로 목표는 당신이 건강하게 100퍼센트 통제할 필요가 있다. 만약 무언가를 건강하게 통제하고 있다면 당신은 지금 당장 그 일을 할 수 있다. 게다가 그 결과를 통해 건강한 통제와 해로운 통제의 차이를 쉽게 판단할 수 있다. 건강한 통제는 대체로 평화와 기쁨을 생산하는 반면 해로운 통제는 불안과 스트레스를 생산한다. 이 성공 청사진의 놀라운 부작용 가운데 하나는 당신의 삶에서 불안을 제거하는 것이다.

선행 조건에 한 개 이상 부합하지 않는 목표를 설정했다면 어떻게 할까? 아마도 그 목표는 진실과 조화를 이루지 못할 것이다. 혹은 당신이 100퍼센트 통제하지 못할 수도 있다. (많은 사람들이 설정한 목표의 상당수가 이와 마찬가지다). 그러면 당신은 내가 스트레스 목표라고 부르는 목표를 설정한 셈이고, 간단히 말해 목표를 수정할 필요가 있다. 어째서일까? 스트레스 목표를 세우는 것은 실패가 보장되는 가장 빠른 방법이다. 아무리 진실과 사랑을 기반으로 세운 것이라 해도, 스트레스 목표는 결과적으로 성과를 망치고 불행을 낳는 기대를 조성하기 마련이다. 이는 성공의 반대다.

당신이 스트레스 목표를 설정했는지, 아니면 성공 목표를 세웠는지 판단하는 가장 쉬운 방법이 있다. 불안이나 분노, 혹은 초조함이나 좌절 등 이 비슷한 종류의 감정을 느끼고 있다면 당신은 스트레스 목표를 설정했을 가능성이 크며, 사랑으로 살아가도록 자신을 디프로그램하고 리프로그램하는 것과 관련해서 해야 할 일이 더 있다. 스트레스는 공포의 직접적인 신체 증상이고 불안은 공포의 직접적인 비신체적 증상이다. 불안은 분노 또는 비슷한 종류의 감정이 찾아올 전조 증상이다. 어떤 사람들은 분노를 잘 인식하는 반면 또 어떤 사람들은 불안을 잘 인식한다. 핵심은, 당신이 그중 한 가지 감정을 느낀다면 두 가지 모두 스트레스의 신호라는 것이다.

불안(혹은 단순히 불안이 진전된 감정인 분노)은 다음과 같이 실패로 직접 이어진다.

* 불안이나 분노 모두 당신이 현재 진전시키지 못하는 스트레스 목표가 있음을 나타낸다.
* 스트레스 목표는 당신이 불안과 공포, 걱정, 슬픔, 무자

비함, 자존감 문제, 죄의식, 수치, 공포 기반의 생각과 믿음을 곧 겪게 될 것이라고 암시한다(이미 경험하지 않았다면 말이다).

* 주변 환경에 대한 부정적인 사고나 감정, 믿음은 당신이 남과 자신을 비교하는 문제가 있다고 알려준다.

* 비교의 문제는 당신이 무언가를 기대하는 문제가 있음을 가리킨다.

* 기대의 문제는 당신이 원하는 것을 쟁취하기 위해 의지력을 사용하고 있음을 나타낸다.

* 의지력으로 환경을 통제하려는 노력은 당신이 스트레스를 느끼고 있다고 알려준다. 이는 결국 당신을 실패로 몰아넣는다(달리 표현하면, 건강하지도 행복하지도 못하며 자신에게 유달리 완벽한 외적 환경을 누리지도 못한다는 뜻이다).

* 실패는 당신이 스트레스성 목표를 세웠다는 것을 뜻한다.

반면에, 주변 환경에 관계없이 기쁨과 평화를 경험한다면 당신은 의식적, 혹은 무의식적으로 성공 목표를 세우고 사랑으로 살 수 있도록 성공적으로 자신을 디프로그램하고 리프로그램했을 가능성이 크다. 물론, 성공 목표를 세웠다 해도 자기가 선호하는 방향으로 상황이 항상 흘러가지 않으면 실망할 것이다. 차이점은, 실망에서 빨리 회복하고 다시금 절망에 빠지지 않는다는 것이다. 그러는 동안, 어떤 환경에 처하든 어떤 걸림돌에 걸리든 당신은 깊고 지속적인 기쁨과 평화, 만족, 감사, 충족감을 느끼게 될 것이다.

이 시점에서도 여전히 이런 생각이 들지도 모른다. '그래서 스트레스 조금 받는 게 뭐 그리 큰 문제야? 스트레스는 내 정신을 연마하고 주의를 기울게 만들며 꾸물대지 않고 임무를 완수하게 하잖아.' 스트레스가 어떻게 실패로 이어지는지에 관해 지금까지 제시된 증거로는 아직 확신이 서지 않는다면 이 점을 고려해보라. 스트레스의 부정적 효과를 입증하는 과학 연구의 숫자 다음으로 많은 것이 즉각적 만족의 부정적인 효과를 입증하는 과학 연구의 수다. 길버트 박사와 립튼 박사의 연구보다 50년을 앞서 진행된 수많은 이중 맹검법에 의하면, 즉각적 만족을 추구하면 행복, 건강, 수입, 심지어 SAT 점수까지 포함해 우리 삶의 모든 영역에서 지속적으로 부정적인 결과를 생산한다. 즉각적 만족 자체는 고통·쾌락 반응을 기반으로 한다. 즉, 즉각적 만족을 추구한다는 것은, 고통에 대해 사랑이 아닌 공포 반응을 선택하고 있다는 뜻이다.

성공 목표가 언제나 만족 지연을 필요로 하듯이, 스트레스 목표는 언제나 즉각적 만족을 기반으로 한다. 사실상 만족 지연은 신·근원·사랑에게 최종 결과를 넘겨주고 현재의 사랑을 선택하는 것, 바로 내가 여태껏 성공의 열쇠라고 설명해온 것의 본질이다. 이에 반대되는 것은 무엇이든 사실상 실패를 보장한다. 즉각적 만족과 만족 지연을 비교하는 연구는 이와 동일한 사실을 입증한다. 만족을 적절하게 지연할 줄 알면 삶의 모든 것이 성공으로 이어지고, 즉각적 만족을 선택하면 모든 것이 결국 실패한다는 점이다. 하지만 만족 지연은 의지력을 발휘해 억지로 하는 것이 아니라 쉽고 자연스럽게 일어나야 한다. 만족 지연이 강제로 이루어지면 더 많은 스트레스를 야기한다. 아마 짐작하겠지만, 강제적인 만족 지연을 확실히 방지하기 위해서는 디프로그램과 리프로그램 작업이 반드시 필요하다. 여기에 관해서는 2부에서 그 방법을 알려주겠다.

스트레스 목표를 건강한 욕구로 변환하기

스트레스 목표를 건강한 욕구로 변환하는 것만으로 스트레스 목표에서 스트레스를 모두 제거할 수 있다. 이 두 가지의 차이는 장기적인 성공과 불가피한 실패의 차이와 같다.

심한 눈보라가 불어치는 날, 2.5킬로미터 가량 떨어진 슈퍼마켓으로 가서 우유를 사와야 한다고 가정해보자. 눈은 이미 쌓이기 시작하는데 당신과 가게 사이에는 뿌리가 어지럽게 뻗은 작은 숲이 가로놓여 있고 숲의 정상에 올라서지 않는 이상 짐작하기도 어려운 수많은 위험이 도사리고 있다. 하지만 슈퍼마켓은 당신의 집에서도 보일 정도로 나무보다 높이 솟은 커다란 라디오 안테나 바로 옆에 있다.

그러면 질문을 하나 던져보자. 가게로 걸어가는 내내 라디오 방송탑을 쳐다볼 것인가? 아니다! 가끔씩 쳐다보기는 하겠지만 실제로 가게에 도착하기를 바란다면 발을 내딛을 방향에 거의 모든 주의를 기울일 것이다. 그렇지 않으면 발목을 접질리거나 구멍에 빠져서 아예 가게에 도착하지 못하게 된다. 만약 지속적으로 최종 결과만 바라본다면 결코 그 장소에 도착하지 못할 것이다.

내 말을 믿어도 좋다. 성공 목표에 도달하려고 노력하는 동안 당신은 수많은 구덩이와 나무뿌리에 쉼 없이 걸려든다. 인생에서 가장 중요한 것으로 향하는 길은 대개 똑바르지도 명확하지도 않다. 하지만 전문가들은 당신에게 라디오 방송탑에 집중하라고 이야기한다. 그것을 시각화하고 느끼고 맛보며 라디오 방송탑에서 절대 눈을 떼지 말라고, 그렇지 않으면 목표지점에 도달하지 못한다고 말이다. 그들의 충고를 받아들인 결과, 다음 발걸음에 주의를 기울이지 않았기 때문에 나무뿌리에 발이 걸려 넘어지고 구덩이에 빠져서 가고자 하던 목적지에 도착하지 못한 사람들이 도처에 넘쳐난다.

라디오 방송탑은 당신의 욕구지 목표가 아니다. 목표는 다음 걸음을 성공적으로 내딛는 것이다. 언제나 다음 걸음을 연이어 성공적으로 내딛는다면 욕구를 달성할 기회가 정말 크다는 사실을 잘 알고 있기 때문이다. 이제 당신은 라디오 방송탑을 계속 염두에 두고 이따금씩 쳐다본다. 그것이 당신의 방향을 잡아준다. 하지만 목적지까지 반쯤 갔을 무렵에 춥고 지치고 배가 고파서 집에 가고 싶어진다고 해보자. 그 무렵에 이웃을 한 명 만난다. 그가 어디로 가는 길이냐고 물으면 당신은 우유를 사러 슈퍼마켓에 가는 중이라고 대답한다. 그가 말한다. "어, 슈퍼마켓까지 먼 길을 갈 필요가 없어요. 여기서 몇 미터만 가면 편의점이 있는데 아직 우유가 있어요." 당신은 그 편의점의 존재를 이제야 알게 되었다. 어떻게 할 텐가? 생각을 바꾸고 그에게 무척 고마워하며 편의점에서 우유를 산 뒤 예상보다 빨리 집으로 돌아갈 것이다! 그 말은 최종 결과를 포기한다는 뜻이다. 아무리 자신이 설정한 욕구를 향해 다음 단계를 성공적으로 내딛는 데 집중하더라도, 다른 방향이 최선이라는 판단이 서면 욕구를 바꿀 여지가 충분하다. 그 특정한 최종 결과를 계속 원할지 알고 있을 만큼 앞날을 잘 알지는 못한다고 시인해야만 한다. 더욱이, 자신에게 일어날 수 있는 최악의 상황이라고 상상할 만한 최종 결과는 알고 보면 장기적인 측면에서 최선의 것일 수도 있다.

결혼생활 3년 만에 호프가 나를 쫓아낸 사건보다 더 심각한 사례는 생각해내기 어렵다. 나는 인생이 끝난 줄 알았다! 하지만 당신도 알다시피, 이 사건은 내 인생의 가장 긍정적인 전환점이 되었다. 변화의 깨달음을 유발해서 순식간에 나를 리프로그램하기도 했다. 또한 내가 필생의 업적을 발견하도록 이끌었고 오늘날 경험하는 모든 일의 핵심 요인일 가능성이 크다. 사실상, 지금의 성공은 25년 전만 해도 감히 상상조차 하기 어려운 수준이다. 만일 그 당시에 경력을 쌓기 위해 구체적인 최종 결과에 초점을 맞추었다면 나는 지금의 위치에 결코 도달하지 못했을 것이다. 내가 지금 하는 작업은 당시에 존재하지도 않았기 때문이다.

이런 경험을 한 사람은 비단 나 혼자만이 아니다. 대규모 청중을 대상으로 이야기할 때면 나는 다음과 같은 질문을 종종 던진다. "그 순간에는 정말 나쁘게 보였던 것이 몇 달이나 몇 년 뒤에는 정말 좋았다거나 여태껏 자신에게 일어난 가장 좋은 일 중 하나였다고 깨달았던 분이 몇이나 있습니까?" 이렇게 질문하면 언제나 거의 모든 사람들이 손을 든다.

내가 가장 자주 보게 되는 장면은 사람들이 자신의 삶에서 지나치게 현실 타협적으로 행동하는 것이다. 그들은 돈이나 승진을 목표삼지만 거기에 사랑과 기쁨, 평화, 친밀함, 충실한 관계, 내적 행복은 수반되지 않는다. 이 문제에 관해서는 앞서 1장에서 이렇게 이야기했다. 최종 결과를 목표로 설정하면, 설사 그 목표를 달성하더라도 예전보다 한층 더 비참한 처지에 놓일 때가 많다. 그런 목표로는 내면적인 만족을 얻지 못한다는 것을 그제야 깨닫기 때문이다.

요점은, 자신에게 맞는 최상의 최종 결과를 결정하기 위해 우리의 이성적인 의식적 사고에 항상 의존할 수는 없다는 것이다. 그리고 우리의 과거 경험이 이를 입증한다. 우리가 할 수 있는 최선이란, 무슨 일을 하든 사랑과 진실을 담아 지금 이 순간에 충실하게 살아가는 것이다. 거의 언제나 사랑과 진실을 담아 현재에 충실하게 살 수 있는 경지에 도달하게 되면 자신이 엄청난 성공을 거두었다고 느끼고 믿을 것이며, 십중팔구 그 누구와도 입장을 바꾸고 싶지 않을 것이다.

진부한 이야기처럼 들리겠지만, 이 프로그램은 '두 마리 토끼를 잡는 법'에 관한 것이다. 두 마리 토끼란 내면의 사랑과 기쁨, 평화, 행복 그리고 건강과 금전, 경력, 관계에서의 외적인 성공을 말한다. 내가 찾은 두 마리 토끼를 잡는 유일한 방법은 이 프로그램을 실천하는 것이며, 무엇보다 신·근원·사랑과 바른 관계를 맺는다는 단서도 따라붙는다.

누군가를 사랑할 때 우리는 스트레스 목표를 욕구로 가장 자연스레 전환시킨다. 당신과, 마음을 다해 진심으로 사랑하는 사람이 오늘 특별히 하고 싶은 일이 있다고 가정해보자. 사랑하는 사람이 무언가를 하고 싶다고 이야기하며 두 눈을 반짝이는 모습을 보면, 당신은 상대의 바람을 들어주기 위해 자신이 원하는 것을 자연스레 희생하고 만다. 자신이 원하는 것을 여전히 하고 싶더라도 말이다. 만약 이 사람에 대한 사랑이 에로스가 아니라 아가페라면 당신은 쓰린 마음이나 의무감에서 나의 노력과 시간을 희생하는 것이 아니다. 사랑은 의무를 욕구로 변화시킨다. 사랑은 당신이 원하는 것을 대체한다. 당신이 원하는 것은 목표나 생리적·심리적 요구가 아니라 욕구다. 달리 말하면, 원하는 것을 하지 않아도 당신의 정체성이나 안전감, 중요감에 영향을 미치지 않는다.

이 변화는 상당히 어려울 수도 있다. 최종 결과를 전부로 간주하는 태도에 너무 익숙하기 때문이다. 애초에 최종 결과를 목표로 설정한 것도 그런 이유에서였다. 그렇지 않은가? 결과가 전부다. 미식축구 선수 빈스 롬바르디Vince Lombardi가 말했듯이 "승리는 중요한 것이 아니라 유일한 것이다." 아마 당신도 그랬겠지만, 수십 년 동안 나는 결과가 가장 중요하다고 주장하기 위해 한 말이라고 이해했다. 최근 들어 롬바르디에 관한 다큐멘터리를 보다가 이 인용구에 관한 설명을 듣고는[1] 그야말로 자리에서 방방 뛰며 "야호"하고 신나게 외쳤다. 알고 보니, 롬바르디는 그 인용구와 사람들의 해석 방식으로 인해 커다란 슬픔을 느꼈다. 그가 정의한 승리란 정말로 최선을 다한 뒤에 필드를 떠나는 것이었다. 최종 스코어와는 아무 관계도 없었다. 그러므로 빈스 롬바르디조차 승리를 정의하면서 최종 결과가 아니라 과정을 기반으로 삼았다. 사실은 과정이 최종 결과가 된다.

성공의 최종 목표 그리고 구체적인 성공 목표

우리는 앞에서 성공 목표를 다음과 같이 정의했다. 성공 목표는 진실과 사랑을 기반으로 해야 하고 100퍼센트 통제될 수 있어야 하며, 그래서 거의 현재에 실행가능해야 하는 것이다. 성공 목표는 욕구를 향해 나아가는 다음 단계다. 목표는 무엇을, 어떻게, 왜 할 것인지 정해주는 반면 욕구는 라디오 방송탑과 같아서 앞으로 걸어갈 방향을 결정해 주는 것과 같은 역할을 한다. 앞서 1장에서 우리는 성공의 최종 목표 혹은 가장 원하는 내적 상태를 설정했다. 하지만 일상에서 내가 목표한 과제를 끝까지 해내기 위해서는 성공의 최종 목표 이상의 것이 필요하다. 그때그때마다 무엇을 할지, 어떻게 할지, 그리고 왜 해야 하는지를 보다 정확히 알려주는 매우 구체적이고 실행 가능한 성공 목표가 필요하다는 말이다.

구체적인 성공 목표를 설정할 때 가장 힘든 부분은 당신이 건강하게 100퍼센트 통제할 수 있는 무언가를 발견하는 것이다. 이 구성 요소는 수없이 많은 선의의 사람들이 실수한 지점이다. 정확히 어떻게 당신은 건강한 통제를 성공 청사진의 일부로 사용하는가? 내가 찾아낸 가장 단순한 방법은 다음과 같다. 어떤 상황에서든 당신의 목표는 향후 30분 안으로 진실과 사랑의 내적 상태에서 모든 행동을 실행할 수 있어야 하는 것이다. 맞다. 이것은 가장 위대한 원칙이다. 이것은 한 번의 예외도 없이 당신이 건강한 통제를 할 수 있게끔 할 것이다. 이는 당신이 100퍼센트 통제해야 한다는 요건에도 부합한다. 다만, 당신이 아닌 어느 누구도 당신의 내적 상태를 통제할 수 없으므로, 반드시 내적으로 디프로그램 및 리프로그램 방법을 활용해야 한다는 조건이 붙는다.

실제적으로 말해, 욕구는 당신이 향후 30분 안으로 무엇을 할지 결정하는 데 도움이 될 뿐만 아니라 (당신이 나아갈 방향), 앞서 언급한 가장 위대한 원칙인 러브 코드는 그것을 어떻게, 왜 하는지 언제나 알려준다. 사랑을 담아 현재에 집중하며 최종 결과에 대한 지나친 기대를 포기하라고 말이다. 사실, '무엇'을 할 것인가는 더 이상 가장 중요한 목표가 아니다. 중요한 것은 '어떻게'와 '왜'의 문제다. 중요한 것은 최종 결과가 아니라 과정이라는 말이다. 당신의 내적 상태가 외적 결과를 언제나 결정하는 법이기 때문이다.

이쯤에서 가장 위대한 원칙의 표현법에 다소 차이가 있다는 것을 알아차렸는지도 모르겠다. 우선, 우리는 사랑뿐만 아니라 진실도 덧붙였다. 진실은 사랑과 대단히 밀접한 관련이 있지만, 진실에 부합되게 살아가는 것의 특별한 중요성을 3장에서 이미 설명했으므로 그 차이는 더욱 의미심장할 것 같다. 둘째, '무슨 일이든 지금 이 순간에 집중하면서 진실과 사랑을 담아 행동하라'고 간단히 충고할 때마다, 나는 대다수의 사람들이 이 말을 실천하느라 대단히 애쓰고 있다는 것을 알아차렸다. 생각해보면, 나의 충고는 죽을 때까지 매 순간 사랑으로 살아가라는 것이다. 놀랄 것도 없이, 이런 충고가 일부 사람들에게는 매우 부담스럽고 버겁게 느껴질 수 있다. 특히, 과거에 사랑으로 살아가려고 시도했다가 실패하는 바람에 그것이 또 하나의 스트레스 요인이 되었다면 더욱 그럴 수 있을 것이다. 하지만 러브 코드를 접하고 향후 30분 동안 사랑으로 살아보라고 제안하자 대부분의 사람들은 그 일을 전보다 해볼 만하다고 여기게 되었다. 영원히 실행하는 것은 불가능할지도 모르지만 향후 30분 동안 한 번 해볼 수는 있다. 솔직히, 특별히 압박감을 느끼는 것이 있으면 나는 30분도 채 하지 못할 때가 더러 있다. 그러면 나 자신에게 이렇게 말한다. 30분은 잊어버려. 다음 5분 동안은 무엇을 하든 사랑을 담아 해낼 수 있을까? 아무리 극심한 압박을 받을 때에도 나는 대체로 5분은 해낼 수 있었다.

러브 코드의 작용 방식을 뒷받침하는 기초 원칙들은 지금까지 충분히 설명했으니 이제 러브 코드를 실행할 준비가 되었다. 다음 2부에서 어떻게 실행에 옮길 수 있는지, 알아보도록 하자.

PART 2

러브 코드
실행하기

CHAPTER 5

의식과 무의식을
프로그램하는 세 가지 방법

마침내 우리는 모든 것을 종합해서 시작할 수 있는 지점에 도달했다. 이번 장의 첫 발을 내딛는 즉시 내 머리와 마음속에서 긴장감을 자아내는 드럼 소리가 울린다. 나는 이 모든 과정을 대중에 공개하기 위해 25년가량을 기다려왔기 때문이다. 겨우 몇 년 전에야 흩어진 조각들을 모두 제자리에 맞춰 그 과정을 완성할 수 있었다.

수십 년 전 나는 사랑으로 현재에 충실히 (사랑과 기쁨, 평화를 담아 리프로그램한 내적 상태에서) 사는 것이 성공의 열쇠라는 것을 알았다. 그리고 내가 이 사실을 알아차리기 훨씬 이전에 종교 지도자, 카운슬러, 자기계발 권위자, 동기 부여 전문가를 포함해서 수많은 사람들이 동일한 내용을 가르쳐왔다. 앞에서 이미 설명하기는 했지만 다시 한번 이렇게 말해야겠다. 문제는 우리가 무엇을 해야 할지 모른다는 것이 아니다. 진짜 문제는 누구나 들어본 적 있는 전형적인 성공의 청사진을 기반으로 성공을 이루지 못하는 사람이 99퍼센트 이상이라는 것이다. 여기서 말하는 청사진이란 첫째로 자신이 원하는 최종 결과에 집중하고, 둘째로 그 최종 결과를 얻기 위해 계획을 만들며, 셋째로 자신이 원하는 바를 이룰 때까지 의지력을 발휘하고 개인적으로 노력해서 계획한 일을 하는 것이다.

비교적 최근에 들어서야 립튼, 길버트, 틸러, 와일, 사노를 비롯해 다른 박사들의 과학적 연구를 통해 어째서 이 청사진이 성공보다 실패를 야기하는지 입증되었다. 당신의 영적 마음에 성공 프로그래밍이 이미 입력되지 않은 이상, 의지력만으로 영적 마음의 프로그래밍에 저항하는 것은 성공할 가능성이 극히 희박하다. 영적 마음은 (혹은 립튼 박사의 용어에 따라 잠재의식은) 의식보다 백만 배 더 강하기 때문이다. 문제는 우리 대부분이 내적인 공포 기억을 기반으로 실패의 프로그래밍을 입력하는 인간 하드 드라이브 바이러스에 감염되었다는 것이다. 보이지 않는 것이 언제나 보이는 것의 원인인 법이다. 기대 (최종 결과에 대한 집중)는 행복을 제거한다. 의지력만으로는 우리가 갈망하는 삶을 결코 가질 수 없다.

대부분의 사람들은 사랑을 담아 현재에 충실하게 살기 위해 의지력을 이용하려고 오랫동안 노력했지만 도저히 성공할 수 없었기 때문에 아마도 자책감에 시달렸을 것이다. 일부 사람들은 외적으로 그렇게 하는 척하지만 내적으로는 사실 엉망이다. 어쩌면 자신의 문제가 너무 엄청나거나 무언가 잘못을 저질렀다고 생각했을 것이다. 반드시 해야 한다고 생각하는 것을 해내지 못했기 때문에, 다른 사람들이 이룬 성공(처럼 보이는 것)과 비교하며 자신이 어딘가 잘못된 것이 아닐까 고민했을 법도 하다. 나도 변화의 깨달음을 경험하고 세 가지 방법을 발견하기 전까지는 확실히 그런 기분이 들었다. 여기저기서 읽고 들은 놀라운 성공 사례들과 조언을 근거로 삼아, 내가 성공하지 못했다면 어딘가 나에게 잘못된 점이 있었다고 추측할 뿐이었다. 분명히 말하겠다. 문제는 당신이 아니다! 부디 그 점을 이해하기 바란다. 1장에서 제시한 목록의 첫 번째 원칙을 기억하라. 죄책감과 수치심이 사라지게 하라. 결코 당신 탓이 아니었다. 당신은 기존의 프로그래밍으로 사실상 해낼 수 없는 일을 하려고 시도해왔을 뿐이다.

나는 일곱 살 터울의 두 아들을 두고 있다. 첫째인 해리는 언제나 무엇이든 타고 올라가는 재주가 있었다. 나무에 오르고 장대를 기어 올라가고 매달린 밧줄을 탈 줄도 알았다. 건축물을 관람하러 들어가면 심지어 커다란 기둥을 미끄러지듯 올라가기도 했다! 아이가 어디로 갔는지 궁금할 때쯤 저 높은 곳에서 모습을 드러냈다. 주변 사람들은 하나같이 놀라워하며 이렇게 말하곤 했다. "도대체 어떻게 올라간 거죠?" 같은 또래의 다른 아이들은 그렇게 하지 못했다. 아, 물론 일곱 살 어린 조지는 형이 하는 행동을 지켜보면서 이렇게 생각했다. 나도 할 수 있어!

우리 집 뒷마당에는 낮은 가지는 별로 없이 하늘로 길게 뻗은 플라타너스 나무 한 그루가 있었다. 해리는 그 나무에 폴짝 뛰어올라 꼼지락 꼼지락 천천히 올라가다가 첫 번째 가지에 닿고 나면 눈 깜짝할 사이에 꼭대기에 도착해버리곤 했다. 열두 살의 어느 날, 해리는 그 플라타너스 나무 꼭대기에 앉아서 바닥에 있는 조지를 보았다. 그리고 동생이 올라갈 수 없으리라는 뻔히 잘 알면서도 이렇게 소리쳤다. "조지, 위로 올라와!" 그러자 다섯 살배기 조지가 들뜬 목소리가 말했다. "아빠, 나 나무 올라갈래. 괜찮지?" 나는 아이를 말리려고 설득해보았다. "조지. 너는 저 나무에 올라가기 힘들 것 같아. 해리는 너보다 몸이 더 크고 힘도 더 세잖아. 낮은 나뭇가지가 하나도 없어. 그러니까 못 올라갈 거야." 아이는 할 수 있다고 우겼다. 그래서 나는 할 수 없이 한 걸음 뒤로 물러서서 이렇게 말했다. "좋아, 올라가봐." 아니나 다를까, 아이는 2미터쯤 올라가다가 첫 번째 나뭇가지에도 한참 못 미친 채 오도 가도 못하는 신세가 되었다. 나는 아이가 내려오도록 도와주어야 했다.

우리는 이와 비슷한 처지에 처할 때가 많다. 말하자면 나무 꼭대기에 올라앉은, 아니 적어도 그런 지위에 오른 것 같은 사람들을 많이 본다. 그리고 이렇게 말한다. "나도 저기 올라갈래!" 그러고는 달려가서, 기대를 안고 의지력을 발휘해 그들과 똑같은 성과를 얻으려고 노력한다. 하지만 실상을 알고 보면, 우리가 생각한 것과 달리 대체로 그들은 실제로 나무 꼭대기 위에 있지 않다. 땅에 서 있는 우리의 관점에서만 그렇게 보였을 뿐이다. 어쩌면 나무 오르기에 딱 맞는 방법인 사다리가 있었을지도 모를 일이다. 사실은 그렇지 않으면서도 자신들이 나무 꼭대기 위에 있다고 모든 사람들이 생각하기를 바라는지도 모른다. 그것도 아니면, 정말로 나무 꼭대기 위에 있지만 당신과 완전히 다른 프로그래밍을 가지고 있을 수도 있다. 아무튼, 추가로 도움을 받지 않고 우리가 그 나무 꼭대기에 올라가는 것은 불가능하다.

이런 기대를 품고 의지력을 발휘해 목표를 달성하려고 노력할 때 어쩌면 우리는 다섯 살 아이처럼 행동하는지도 모른다. 하지만 자애로운 부모가 그때그때 자신이 옳다고 생각한 대로 행동하는 아이를 감싸고 이해하는 것처럼, 우리 역시 자신에게 자비심을 가져야 한다. 그저 우리는 모든 사실과 정보를 확보하지 못했다는 것을 몰랐을 뿐이다. 마치 모든 사람이 지구가 우주의 중심이라고 믿었거나 지구가 평평하다고 생각했다거나, 아니면 우리 손에 세균이라고 불리는 보이지 않는 온갖 유기체들이 있다는 것을 알지 못했던 시절과 같다. 이 책은 언제나 진실이었던 지식을 적용할 새로운 기술을 제공하고 있다. 다만 우리가 최근에 들어서야 이 지식의 과학적 증거를 발견했을 뿐이다.

요점은, 우리가 갈망하는 성공을 이루기 위해서는 의식적으로 의지력을 발휘해 무의식적인 프로그래밍을 극복할 수 있는 아주 특별한 사람이 되거나, 기적에 가까운 초자연적 도움이 있거나, 그것도 아니면 완전히 새로운 청사진과 방법이 있어야 한다는 것이다. 나는 자신의 삶은 물론이고 다른 사람들의 삶에서도 이런 기적이 수없이 일어나는 것을 목격해왔고 심지어 오늘날까지도 기도하라는 충고를 언제나 가장 먼저 건넨다.

하지만 나는 의지력 없이 성공하도록 프로그램할 수 있는 기적적인 방법, 즉 새로운 기술이 있다는 믿음도 가지고 있다. 이 방법은 새로운 소프트웨어를 인간의 하드 드라이브에 로딩시켜, 필요한 부분에서 우리를 자동으로 디프로그램하고 리프로그램한다. 우리가 하는 일이라고는 컴퓨터 앞에 앉아서 키보드를 두드리는 것뿐이며, 우리는 예전에 도저히 하지 못했던 것들을 할 수 있다.

최적의 방법 활용하기

우리 인간들은 다차원적인 존재다. 다시 말해 신체적, 정신적, 그리고 영적 차원으로 이루어졌다. 만약 인생에서 성공하고 싶다면 이세 가지 차원을 모두 다루어야만 한다. 그래야 세 가지 모두 건강하고 조화롭게 작용한다. 이번 장에서는 그 기능을 수행할 수 있도록 지난 25년 동안 내가 발견하고 시험해온 세 가지 방법을 소개하고자 한다. 그 방법들이란 (신체적 차원을 위한) 에너지 의학 방법과 (정신적 차원을 위한) 리프로그래밍 진술 방법, (영적 차원을 위한) 마음 스크린 방법을 가리킨다. 다시 한 번 말해, 있는 그대로의 사실을 이해하고 나면 진정한 힘을 가진 믿음이 생겨난다. 당신은 이 세 가지 방법의 작용 원리 뒤에 숨겨진 과학적 원리와 영적 원리에 대해 더 자세히 배웠으므로, 그 방법을 활용하는 것이 더 쉬워져서 오래도록 활용하기를 바란다.

내가 정의하는 신체적인 차원이란 빛이나 어둠의 진동수, 원자, 분자, 세포에 이르기까지 인간의 모든 생리 기능을 가리킨다. 정신적인 차원에는 의식과 의지, 감정 혹은 내가 일반적으로 우리의 혼^{soul}이라고 부르는 것이 포함된다. 우리는 모든 것이 에너지로 만들어진다는 사실을 알고 있으므로, 에너지의 작용 방식을 근거로 볼 때 이 차원들 가운데 감정 등 한 가지만을 다루면 나머지 두 가지 차원에도 반드시 영향이 미친다. 그러므로 각각의 방법이 우리 존재의 특정한 측면을 다룬다고 해서, 에너지 의학 방법은 신체적 증상만을 다룬다는 뜻은 아니다. 오히려 이 방법이 생리적인 면에 직접적으로 개입하여, 우리 존재의 모든 측면, 즉 신체적이고 정신적이며 영적인 측면들을 치유하고 심지어 환경적인 측면마저 아우른다는 의미다.

나는 이 세 가지 방법에 관해 꽤나 엄청난 주장들을 펼쳐왔으며 거기에는 정당한 이유가 있다. 지금까지 나와 개인적으로 작업한 내담자들은 내가 알려준 방법들을 장기간 정확히 실천하기만 하면 그 누구도 실패하지 않았기 때문이다(이는 개인적 주장이 아닌 내담자들이 직접 한 말을 바탕으로 했다)[1]. 내가 확인한 바에 따르면, 이 방법들은 성별과 나이를 초월해 어떤 세계관을 가진 사람에게도 효과적이었다.

이 요인들 중 어느 쪽을 기준으로 해도 그들이 거둔 효과에는 전혀 차이가 없었다. 마치 중력에 대한 믿음이 있든 없든 모든 사람이 중력의 영향을 받는 것처럼 이 방법들도 모든 이에게 똑같은 방식으로 작용하는 것이다.

지금부터 하는 설명은 규칙이 아니라 제안임을 명심하길 바란다. 당신은 각자에게 가장 잘 맞는다고 생각하는 방식으로 이 방법들을 자유롭게 혼합하고 연결시켜 실행하면 된다. 내담자들과 작업하면서 나는 이 방법을 개별적인 사람과 상황, 그리고 특정한 사안에 적합하게 맞춤변형하곤 했다. 그러나 누구나 당연히, 책 한 권에서 독자의 개별적 요구 하나하나에 맞는 내용을 제시할 수는 없다. 그러므로 반복된 테스트와 검증을 바탕으로 각각의 방법에 맞는 일반적인 실행 과정을 개발했으므로 사실상 어떤 사람, 어떤 환경에서도 일관되게 예상한 효과를 발휘할 것이다. 이 지시 사항들을 잘 따르기만 하면 효과가 나타나겠지만, 만약 너무 짐스럽고 부담이 되면 자신에게 맞게 마음껏 수정해도 좋다.

한 가지 덧붙일 말이 있다. 이 책을 읽다 보면 당신도 이중 한 가지 방법과 비슷한 기술을 예전에 사용했거나 보았다는 것을 알게 될지 모른다. 나는 개인 진료를 하는 도중에 세 가지 방법을 발견했지만, 그렇다고 해서 다른 사람들이 개인적으로 이 방법들을 발견하지 못했다는 뜻은 아니다. 게다가 누가 뭐래도 이 방법들은 오랜 세월 동안 널리 가르쳐온 원칙들을 기반으로 만들어졌다. 가령, 당신은 에너지 의학 방법과 비슷한 것을 이미 사용해서 적어도 부분적으로는 증상이 상당히 개선되었을 것이다. 하지만 이 결과가 장기적으로 지속되지 않았다면 영적인 차원이나 감정적인 차원도 다룰 필요가 있다. 이 방법들을 단독으로 사용해서 놀라운 효과를 거두기도 하지만, 대개 세 가지 부분으로 이루어진 문제를 오직 한 가지 측면에서만 다루기 때문에 단독으로는 장기적이거나 완전한 효과를 내지 못할 수도 있다. 내 생각에는 바로 그런 이유로 대부분의 기법들이 완전한 효과를 지속적으로 거두지 못하는 것이다. 성공이나 치유를 완수하기 위해서는 우리 존재의 세 가지 차원을 모두 치유해서 조화롭게 만들 필요가 있지만, 한 가지 기법이 세 가지 차원을 모두 다루는 경우는 거의 없다.

당신을 가장 괴롭히는 성공 문제의 근원을 완전히 치유하기 위해 나는 세 가지를 모두 시도하라고 권하고 싶다. 내가 이 책을 집필한 한 가지 주된 이유는 당신이 근원적 문제들을 영원히 치유하고 새로운 성공 프로그래밍을 인간 하드 드라이브에 심고 나서, 평생토록 놀라운 성공을 경험하는 데 필요한 방법을 모두 알려주기 위해서다. 하지만 이 방법들을 시도하다 보면 한두 가지가 더 나은 결과를 만들어낸다는 사실을 알게 되기도 한다. 그래도 아무 문제없다. 최선의 결과를 안겨주는 한 가지 방법 혹은 결합된 방법들을 사용하면 된다. 하지만 어느 정도의 기간을 두고 이 방법들을 시도해보지 않으면 어느 것이 최선의 결과를 만들어낼지는 확실히 알 수 없다.

세 가지 방법을 모두 설명하고 나면, 최대의 효과와 최선의 결과를 얻기 위해 한 번에 세 가지 방법을 모두 활용하는 기법을 알려줄 것이다. 이 결합 방법은 적어도 5분 혹은 당신이 원하는 만큼 사용하면 된다. 하지만 어떤 방법이 자신에게 어떻게 작용하는가에 익숙해지기 위해서는 우선 이 방법들을 하나씩 따로 사용해보기 바란다.

에너지 의학:
신체의 근원적 문제를 치유하기

내가 경험한 바에 따르면, 에너지 의학은 대부분의 사람들에게 가장 강력한 효과를 즉각적으로 발휘한다. 에너지 의학은 에너지를 우리 신체의 구체적인 부위에 적용해서 증상이나 문제를 치유한다. 에너지 의학은 적어도 지난 15년 동안 의료 분야에서 뜨거운 주제였고, 날이 갈수록 그 적용 방법이 더 많이 밝혀지고 있다. (일부 주류 의사들은) 이 책의 앞 장들에서 소상히 설명했듯이 서서히 증가하는 과학적 증거를 기반으로, 에너지 지식을 실무에 적용한다면 예전에 결코 찾지 못했던 돌파구를 마련할 수 있다고 믿는다. 이 분야의 고전인 《에너지 의학Energy Medicine》의 저자 다나 이든Donna Eden은 의학이 절대 고치지 못했던 대단히 어려운 수천 가지 문제의 해결책을 기록했다. 전 세계에서 30년 이상 치유와 가르침을 실천한 경력을 기반으로, 이든은 에너지 의학이 불치의 기관지염을 해결하고 사망한 심장병 환자를 되살려내며 심각한 정신 장애를 완화시키는 것을 보았을 뿐 아니라, 이와 같은 극적인 결과를 수천 번 목격했다.[1]

겨우 작년에야 나는 심지어 지그문트 프로이트Sigmund Freud도 나와 비슷한 심리 치료 기법을 사용했다는 사실을 알게 되었다. 오스트리아 출신의 유명한 신경학자이자 의사로서 정신치료요법과 정신의학, 카운셀링, 심리치료요법의 아버지로 간주되는 바로 그 프로이트가 맞다. 믿거나 말거나, 다른 방법이 모두 실패했을 때 그가 깊이 의존한 치료법이 바로 에너지 의학이었다. 저서에서 그는 이렇게 말했다. "이 방법은 곤경에 빠진 나를 저버린 적이 거의 없다고 말해도 과언이 아니다."[2] 어떤 면에서, 그는 비신체적인 것이 신체적인 것을 변화시킨다는 사실을 세상에 입증해준 최초의 인물이었다. 프로이트는 어째서 이 방법이 효과적인지는 몰랐겠지만, 이 방법을 사용하는 순간 환자의 내면에 더 깊이 자리한 문제들이 드러난다는 것을 알았다. 내가 당신에게 알려줄 에너지 의학 방법에는 손을 이마 위에 올리는 등 프로이트가 환자들에게 사용한 것과 동일한 자세가 포함되어 있다. 물론 나는 보다 강력한 효과를 발휘한다고 믿는 다른 자세를 두 가지 추가했다.

에너지 의학은 이상하거나 신비하거나 영적인 것이 전혀 아니다. 사실 이것은 물리적인 것이며, 물리학을 기반으로 한다. 1905년, 아인슈타인은 모든 것이 에너지로 귀결된다는 것을 입증했다($E = mc2$).

달리 표현하면, 우리 신체의 모든 세포는 전기 에너지로 작용되고 미토콘드리아라고 불리는 각자의 에너지 발전소를 가지고 있다. 긍정적인 에너지를 충분히 가지고 있는 한 세포는 건강하다. 만약 에너지가 부족하거나 부정적인 에너지에 감염되면, 건강하지 못한 세포로 변하기 시작한다. 그리고 CT 스캔과 MRI를 비롯해 다른 비슷한 검사들을 통해 우리는 세포의 에너지 수준을 진단하여 측정할 수 있다.

에너지 의학은 단지 긍정적이고 건강한 에너지가 부족한 세포에 이런 에너지를 불어넣으려고 노력한다. 그 역할이 전부다. 초기 형태의 에너지 의학은 서양 의학보다 사실상 먼저 등장했다. 아인슈타인의 발견 이래로 노벨상 수상자들은 언젠가 이 원칙들을 의료 분야에 효과적으로 적용하는 방법을 알아낼 것이며, 마치 1905년 이후로 전자기기, 와이파이, 그리고 컴퓨터에 작동된 에너지가 세상의 사실상 모든 기술 분야를 변화시킨 것처럼, 에너지가 의학계와 보건계의 풍경도 변화시킬 것이라고 예견했다. 앞장에서 말했듯이 이런 현상은 지금 벌어지고 있다.

요점을 말하면, 일반적으로 에너지 의학은 새로운 것이 아니다. 어떻게 에너지가 모든 문제의 근원인지를 더 깊이 이해하게 되면서, 최근 의학계에서 에너지가 얼마나 강력한 힘을 발휘하고 효과적일 수 있는지, 어떻게 우리가 예전에 성취하지 못했던 것을 실행하도록 만드는지 기록할 수 있게 되었을 뿐이다.

에너지 의학 방법의 작용 원리

에너지 의학 방법이 효과적으로 작용하도록 만드는 근본 원리는 대단히 단순하다. 모든 세포와 생각, 감정 등 우리 신체를 이루는 모든 것은 에너지를 기반으로 작용한다. 그리고 에너지는 신체에서 지속적으로 뿜어져 나오고 그 대부분이 손에서 발산된다.[3] 손을 신체의 특정 부위에 놓으면 당신은 사용 가능한 치유 에너지를 몸으로 다시 돌려보내게 된다. 가용 에너지를 몸속에 더 많이 집어넣을수록 에너지는 더 많은 일을 하고 여분의 에너지를 사용해 문제를 해결할 수 있다. 근본적으로 우리가 지닌 문제는 뼈나 혈액, 조직이 아니라 오로지 내적 에너지 패턴으로 존재한다는 것을 명심하라. 물리학 개론에 따르면 이 에너지 패턴은 다른 에너지 패턴에 의해 변화될 수 있다. 나는 프로이트가 이런 방법을 환자들에게 적용했고 나 또한 지난 25년 동안 이 방법을 환자들에게 적용해왔다고 믿는다.

에너지 의학 방법은 심장과 이마, 정수리, 이 세 가지 부위를 이용한다. 이 부분에는 스트레스 반응에 직접적으로 영향을 주거나 받는 신체 부위들과 우리 몸의 모든 세포를 관장하는 조절 기제가 자리하고 있다. 에너지 의학 방법은 당신이 자신이나 다른 사람을 대상으로 이용하거나, 다른 사람이 당신을 대상으로 활용할 수 있다. 내가 알아낸 바에 의하면, 다른 사람이 당신을 대상으로 이 방법을 활용할 때 더 엄청난 결과가 발생한다. 이는 프로이트가 환자를 대할 때와 내가 내담자들을 대할 때 사용한 방법이다.

심장 자세(Heart Position)

심장 자세를 취할 때에는 양손 중 아무 쪽이나 한 손을 손바닥이 아래로 향하게 해 가슴 상부, 심장 위에 올려두고 나머지 손 역시 손바닥이 아래로 향하게 해 첫 번째 손 위에 포갠다.

이 자세와 이어서 설명할 나머지 자세들은 두 가지 동작으로 실행할 수 있다. 첫째는, 두 손을 가슴 위에 올려두고 1~3분 동안 그대로 있는 것이다. 이는 프로이트가 활용한 방법이었다. 둘째는, 방향 상관없이 양손으로 부드럽게 원을 그리며 움직이되 뼈 위의 피부를 천천히 움직여준다. 피부를 살살 문지르기만 하면 안 된다. 15초 정도

마다 방향을 바꿔 1~3분 동안 계속한다. 이 마사지 방법은 내가 대부분의 환자들에게 시도해보았고, 양손을 가만히 포개고 있을 때보다 효과가 2배나 좋았다. 원하는 결과가 2배 빨리 나왔던 것이다. 하지만 어떤 이유로든 양손으로 원을 그리기 힘든 사람이라면 부동자세를 취해도 같은 결과를 얻을 수 있다. 다만 시간이 조금 더 걸릴 수 있다.

이 자세는 심혈관계와 흉선에 에너지를 넉넉히 공급하고 핵심 에너지는 면역계를 겨냥한다. 흉선은 면역계의 필수적인 부분으로, 샘腺조직의 호르몬과 화학 물질의 분비를 관장한다. 사실, 일부 의사들은 흉선이 바로 면역계라고 설명한다. 흉선이 무너지면 면역계가 무너진다는 뜻이다. 흥미롭게도, 흉선이 최고의 성능을 발휘하는 시기는 아주 어릴 때로 출생기와 사춘기 직전이다. 흉선을 활성화해서 기능을 끌어올리면 암을 비롯해 여러 가지 질병이 치유되는지 알아보기 위한 연구가 현재 진행되고 있다.

흉선과 마찬가지로 가슴 부위에 자리한 심혈관계는 뇌보다 50~100배 더 강력한 전자기장을 생성한다. 뇌를 포함한 중추신경계가 우리 신체의 조절장치라고 했을 때, 심혈관계가 일차적인 수신기와 발신기라고 믿는다. 심혈관계가 중추 신경계의 명령을 받은 진동수를 공명시키기 때문이다. 그것이 사실이라면 중추 신경계와 뇌, 선호르몬계glandular hormonal system, 심혈관계가 함께 우리 몸, 즉 신체적인 부분과 비신체적인 부분(정신과 영혼 포함) 모두의 조절 기제를 다스리고 있는 것이다. 이 영역은 우리가 에너지 의학 방법으로 에너지를 공급하고 있는 곳과 일치한다.

이마 자세(Forehead Position)

이마 자세는 한 손바닥을 왼손이든 오른손이든 상관없이 새끼손가락이 눈썹 바로 밑 콧대에 닿을 듯 말 듯 한 위치에 오게 이마 위에 얹고 다른 손 손바닥을 그 위에 포갠다. 다시 한 번 설명하면, 두 손을 이 자세로 1~3분 동안 유지해도 좋고 더 빠른 결과를 얻고 싶으면 양손으로 원을 그리며 뼈 위의 피부를 움직이되 10~15초마다 방향을 바꿔서 1~3분 동안 실시한다. 만약 손을 좌우로 움직이는 게 더 편안하다면 굳이 원을 그리지 않아도 좋지만, 내가 경험한 바로는 원을 그리는 동작이 가장 빠른 성과를 얻었다.

이 자세는 프로이트가 환자들에게 적용한 것이다. 그는 자신의 손을 환자의 이마 위에 얹었다. 이 기법은 심장 자세 및 정수리 자세와 결합해서 사용하면 한층 더 효과가 좋다. 의사였던 프로이트는 신체적 기제physical mechanisms가 이 부위에 위치했다는 것을 알고 있었겠지만, 다른 기법들과 달리 어째서 이것이 심리적 문제들을 그토록 지속적으로 불러일으키는지 알지 못했다. 하지만 이제 우리는 그 이유를 안다.

에너지를 이마로 부어넣으면 당신은 몸에서 가장 중요한 신체적 기제의 일부를 자극하는 셈이다. 우선, 뇌 전체를 자극하게 된다. 상뇌와 하뇌뿐만 아니라 좌뇌와 우뇌 모두를 자극한다는 말이다. 이 실험으로 노벨상을 받은 로저 스페리Roger Sperry가 1972년에 실시한 뇌 분할split-brain 실험에 따르면, 우뇌에는 변연계와 망양체가 자리해 지혜와 의도, 감정, 믿음, 행동, 심상을 다스린다. 좌뇌는 언어와 논리, 합리적인 추론만을 다스린다.

또한, 스페리의 연구를 근거로 삼아 나는 우뇌가 영적 마음의 주 조절 중추가 자리한 곳 중 하나라고 믿게 되었다. 이는 무의식, 잠재의식, 의식 같은 우리의 영혼spirit을 담는 '그릇'이자 소위 마지막 미개척지다. 그 밖의 영역에 대해서는 아직 알지도 못하는 상황이다. 그리고 우리 몸과 더불어 영혼soul의 주 조절 중추가 좌뇌라고 믿는다. 우리의 의식과 의지, 감정. 그리고 그 모든 것이 이마 뒤에 자리하고 있다!

정수리 자세(Crown Position)

정수리 자세를 제대로 하기 위해서는 양 손 중 한 손을 머리나 정수리 위에 올려두고 다른 손을 그 위에 포개되, 양손 모두 손바닥이 아래를 향하게 한다. 이 자세는 이마 자세와 동일한 생리학적 기제뿐 아니라 비록 각도는 다르지만 척추·척추골과 정수리 차크라도 작동시킨다. 이는 흔히 영적인 영역spiritual realm과의 연결성을 다스린다고 여겨지는 또 하나의 강력한 에너지 의학 포인트이다.

이제 이 생리학적인 방법이 인간 존재의 세 가지 측면, 다시 말해 신체physical와 정신mental과 영혼spiritual을 어떻게 다루는지 알게 되었다. 당신이 에너지를 세 부분(심장과 이마, 정수리)에 적용시키면 모든 세포와 모든 생각, 모든 감정, 모든 믿음의 조절 중추를 비롯해 우리

몸에서 가장 강력한 세 개의 에너지 중추인 심장, 제3의 눈, 정수리 차크라의 혈류량과 기능이 물리적으로 증가한다. 간단히 말해, 당신은 당신 삶의 모든 부분을 조절하는 기제를 활성화시키고 더 큰 힘을 제공할 수 있는 것이다. 신체와 정신, 의식과 무의식, 내면과 외면, 건강, 관계, 번영…아니, 모든 것을 말이다.

에너지 의학 방법을 이용하는 것은 잔디 깎는 기계에 가스를 주입하거나 그릴에 프로판 탱크를 연결하고 굶주린 사람에게 음식과 물을 제공하는 것과 같다. 당신은 몸이 해야 하는 일을 수행할 수 있는 힘을 공급하는 것이다. 현재 상태라면 우리 몸이 여느 때와 마찬가지로 제 기능을 수행할 수 있다. 하지만 이 방법을 이용하면 우리 몸은 평소와 달리 비범한 일을 할 수 있다. 즉, 기억과 생각, 감정을 치유할 수 있다. 이는 우리가 바라는 것이기도 하고 우리 몸은 애초에 이렇게 작용하도록 만들어졌다.

나는 프로이트의 의견에 동의한다. 특히 세 가지 자세를 모두 이용할 때 이 방법은 나를 결코 저버린 적이 없었다. 내가 가장 자주 그리고 가장 오랫동안 의지해온 방법이다.

에너지 의학 방법 이용하기

에너지 의학 방법은 두 가지 방식으로 이용할 수 있다. 첫째는 격

정거리, 두통, 통증을 비롯해 온갖 부정적인 감정들처럼 그 순간에 무언가가 당신을 괴롭힐 때다. 그럴 때면 이렇게 하면 된다.

1. 첫째, 당신을 괴롭히는 한 가지 쟁점에 대해 생각해보고 그 정도를 0~10점 사이로 평가하라. 다루고 싶은 문제가 한둘이 아니라 해도 한 번에 한 가지에만, 이상적으로 말하면 현재 가장 당신을 괴롭히는 문제에만 정신을 집중하기로 하자. 어쩌면 당신은 이 문제에 7점을 매길 수도 있다. 지금까지 겪은 일 가운데 최악은 아니겠지만 심각한 문제임에는 틀림없다. 만약 문제의 정도를 평가하기가 어렵더라도 걱정하지 마라. 그로 인해 마음이 불편한지 그렇지 않은지만 판단하면 된다.

2. 눈을 감고 긴장을 풀어라. 여러 문제를 유발하는 것은 무엇이든 치유해달라고 마음에서 우러난 솔직하고 진심어린 기도를 올려라. 확언에 대해 논의하면서 설명했듯이, 이런 기도는 진심과 사랑을 담아 말해야 한다. 현재 진실이 아닌 것을 말하거나 다른 사람에게 상처를 주거나 손해를 입히는 소원을 이야기해서는 안 된다. 이미 치유된 것이 아니라 치유되기를 바라는 문제에 대한 진실한 소원을 표현하라. 사랑을 담은 기도로, 결과적으로 모든 사람에게 도움이 되고

어떤 패배자도 생기지 않기를 소원하라. 가령, 직장에서 해야만 하는 무언가에 대해 걱정이 되거든 이렇게 말해도 괜찮을 것이다. "제게 걱정을 불러일으키는 것은 무엇이든 근원적으로 완전히 치유되게 해 주십시오. 제가 이 걱정에서 벗어나 자유롭게 더 나은 일꾼(더 나은 부모, 더 나은 배우자 등)이 되고 모든 관련자들에게 유리한 결과가 될 수 있게 해 주옵소서." 걱정이 아니라, 노여움이나 복통 등 당신을 신경 쓰이게 하는 무엇이든 위와 같이 기도한다. 마음에서 우러난 기도를 하며 최종 결과와 의지력을 포기하고, 그 과정과 빛, 사랑이 당신 안에서 제 할 일을 하게 하라.

3. 심장 자세로 시작하고 양손을 가슴 위에 얹어라. 손을 움직여 앞에서 설명한 심장 자세를 취하라. 이제 당신의 문제에 집중하되 변화는 시도하지 마라. 그저 차분하게 관찰하자. 아니면, 긴장을 풀고 사랑과 빛을 대변한다고 생각되는 긍정적인 심상들에 집중해도 된다. 가장 좋고 옳다고 느껴지는 것이면 무엇이든 집중하라. 개인적으로 나는 문제 자체에 집중해서 그 문제가 차츰 사라지는 것을 보고 싶다. 불안감을 예로 들어보자. 이따금 당신의 마음 스크린에 등장하는 불안감의 심상을 차분히 관찰하고 조금이라도 변화가 감지되는지 알아보자.

4. 양손을 포갠 채 자세를 유지하거나, 아니면 시계방향 혹은 반시계방향으로 원을 그리며 뼈 위의 피부를 움직이되 앞에서 설명했듯이 10~15초마다 방향을 바꾸어주자. 이때, 손으로 원을 그리는 동작을 추가하기만 해도 효율성이 한층 높아진다는 사실을 기억해두자. 만약 장애가 있어서 손으로 원을 그리지 못하거나 피로해졌다면 자세를 그대로 유지해도 아무 상관없다. 원을 그리는 동작을 하지 않는다고 해서 이 방법의 전반적인 효과가 감소하지는 않을 테니 말이다.

5. 이 자세를 1~3분 동안 유지하라. 이 시간을 정확히 지킬 필요는 없으며 자세 유지 시간은 당신이 결정하기에 달렸다. 하지만 나는 1분으로 시작하라고 권한다. 자세를 이보다 더 오래 유지하면 치료 반응을 유발하는 경우도 생기기 때문이다. 치료 반응이란 치료법을 실시하는 동안 경험하는 두통이나 그 밖의 새로운 부정적 증상으로, 약 10퍼센트의 사람들에게 나타나는 것이 보통이다. 이 증상이 나타난다는 것은 당신이 한 번에 너무 많은 일을 하려고 애쓴다는 뜻일 뿐이다. 만약 치료 반응이 나타나거든 자세를 바꿔주기만 하면 된다. 다음 자세도 불편하게 느껴지거든 잠시 멈추고 몸이 따라올 시간을 주어야 한다. 아니면 계속 긴장을 이완시키고, 당신이 이 자세를 취하는 동안 경험하는 증상에 변

화가 없는지 지속적으로 관찰하라.

6. 시간이 다 되면 자세를 바꿔 이마 자세를 취하자. 손을 움직여 앞에 나온 그림대로 이마 자세를 취한다. 만약 손으로 원을 그릴 수도 있고 그렇게 하겠다고 마음을 정했으면 이 자세가 편안하게 느껴지는 한도에서 10~15초마다 방향을 바꾼다. 자세를 취하는 내내 마음을 느긋하게 먹되 이따금 문제를 관찰하라. 그냥 관찰하기만 해야지 어떤 일도 유발해서는 안 된다는 것을 명심하자. 이 자세를 1~3분 정도 더 유지하자. ※주의할 점은 살을 문지르는 동안 방향을 바꿀 필요가 없다는 것이다. 규칙에 구애받지 말고 당신이 가장 기분이 좋게 느껴지는 대로 하라.

7. 시간이 다 되면 자세를 바꿔 마지막으로 정수리 자세를 취하자. 손을 움직여 앞에 나온 그림대로 정수리 자세를 취한다. 앞의 두 가지 자세와 같은 절차를 따른다. 손을 움직여 원을 그리되 자세가 편안하게 느껴지는 한도에서 10~15초마다 방향을 바꾼다. 그리고 1~3분 동안 자신의 문제를 차분히 관찰한다.

8. 당신의 문제나 부정적인 감정의 정도가 1 아래로 내려갈

때까지 (다시 말해, 이로 인해 더 이상 마음이 쓰이지 않을 때까지)
세 가지 자세의 순환과정을 순서대로 하루에 2~3회 반복하
라. 한 번 하는 동안 치료 반응이 나타나지 않으면 세 가지
자세를 원하는 만큼 반복해도 좋지만 나는 한 번에 세 가지
자세를 2~3회 반복하거나, 한 번에 10분가량씩 하루에 한
두 차례 반복하라고 권하고 싶다. 한 번으로 여러 가지 문제
의 근원을 치료할 수도 있겠지만, 어떤 문제들은 며칠이나
몇 주, 아니 심지어 몇 달이 걸려야 완전히 해결된다. 만약
하루가 지난 뒤에도 어떤 문제에 여전히 마음이 쓰인다면,
부정적인 감정의 정도가 1 아래로 내려가는 날까지 (외적인
스트레스가 아무리 심한 상황이라 해도 원래의 문제로 더 이상 신경
이 쓰이지 않을 때까지) 하루에 2~3차례씩 이 방법을 사용해
도 좋다.

9. 시간에 대해서는 걱정하지 마라. 아무리 오래 걸리더라
도, 부정적인 감정의 정도가 1 아래로 내려가기까지의 기간
이 당신에게 적절한 시간이다. 중요한 것은 이 방법을 정확
하고 꾸준히 실천하는 것이다.

현재 당신을 괴롭히는 신체적 및 내면적 증상이 있다면, 에너지 의
학 방법을 지금 당장 자신에게 시도해보면 좋겠다. 다른 사람 혹은

이 방법을 스스로 실행하기 어려운 부류, 가령 아기나 반려동물 혹은 노인을 위해 실행해주어도 좋다. 앞에서 말했듯이, 나의 경험에 의하면 누군가가 다른 사람에게 이 방법을 활용할 수 있을 때 가장 강력한 결과가 나온다.

결과는 상당히 강력하고 거의 즉각적으로 나올 수 있다. 일례로 나는 2012년 세미나를 진행하던 중에 스페인에서 만난 의사에게 이 방법을 시도해서 그런 결과를 얻었다. 당시 이 의사는 세미나가 끝난 뒤에 나에게 이야기를 나눌 수 있는지 물어보았다. 우리는 대화를 나누기 위해 조용한 방으로 갔고 그녀가 해결하지 못한 문제들이 무엇인지 금세 드러났다. 문제는 모두 외부의 기대와 최대한의 의지력을 끊임없이 발휘하는 생활에 기인한 것이었다. 한 마디로 요약하면, 그녀는 정말 하고 싶은 일은 아니었지만 가족을 기쁘게 해주려고 의사가 된 것이었다. 나는 에너지 의학 방법만을 사용해서 그녀를 치료했고 우리는 20분 만에 20가지 문제를 해결했다.

그녀는 즉시 달라진 것을 느꼈고 지금까지 경험한 어떤 방법과도 다르다고 말했다. 사랑과 기쁨, 평화, 자유, 에너지를 느꼈던 것이다. 그보다, 더 이상은 부모님을 기쁘게 해드리기 위해서가 아니라 사람들을 돕기 위해 의술을 펼치고 싶어졌다. 특히, 이 방법이 자신에게 도움이 되었던 것과 마찬가지로 환자들과 함께 노력해서 그들이 느끼는 증상의 진짜 원인을 치료하고 싶었다. 그로부터 6개월 뒤에 들려온 소식에 따르면 그녀는 20가지 문제 가운데 어느 것도 재발하지 않았다고 한다. 모든 문제가 여전히 완벽하게 해결된 상태였다.

사실, 그녀의 경우와 달리 이런 종류의 결과들은 일반적으로 하루 만에 일어나지는 않는다. 더욱이, 그녀는 그런 변화를 일으키기 위해 노력하지도 않았고 심지어 그렇게 되리라고 기대조차 하지 않았는데도 이런 성과를 얻었다. 우리가 에너지 의학 방법을 이용해 20가지 문제를 치유했을 때 그녀는 아무런 노력도 기울이지 않고 그 순간에 사랑과 기쁨, 평화에 자연스레 중점을 두게 되었다. 그때까지 그녀의 외적 환경은 하나도 변하지 않았다. 모든 것이 내적 변화에 기인한 것이었다.

그것은 에너지 의학을 사용하는 한 가지 방법이다. 당신이 지금 겪고 있는 구체적인 증상에 적용하라는 말이다. 두 번째 방법은 현재 특별한 문제가 없는 경우거나 심지어 문제를 치유한 뒤에 예방용으로 활용하는 것이다. 그저 하루의 스트레스를 해소하기 위해 하루에 2~3차례, 한 번에 5~10분가량 이 방법을 사용하면 된다. 심지어 텔레비전을 보거나 이와 비슷한 활동을 하는 동안 이 방법을 사용할 수도 있다. 내가 상담한 환자 중에는 이 방법으로 대단히 좋은 결과를 얻은 경우가 많다. 하지만 앞에서 자세히 설명한 명상 유형으로 이 방법을 실행하는 편이 여전히 최고의 효과를 낳는다. 그리고 예방적 측면의 접근법은 구체적인 문제를 치료하는 대안이 아니라 추가적인 도구로 활용해야 한다.

마지막으로, 세 번째는 보다 공식적인 디프로그램 및 리프로그램

과정인 러브 코드 40일간의 성공 청사진이다. 이 성공 청사진은 하나의 증상을 다루기보다, 상세한 단계별 과정을 선호하는 사람들이 인생의 구체적인 영역에서 장기적인 성공을 거두도록 돕기 위해 고안되었다. 가령 사업하기, 부모 역할 개선, 직업이나 스포츠에 관련된 목표 달성, 비영리단체 조직, 이사, 혹은 사랑에 기반을 둔 소명이나 성공이라고 정의할 만한 영역이라면 무엇이든 여기에 해당된다. 성공 청사진의 세부사항에 관해서는 11장에서 다시 다루기로 한다.

리프로그래밍:
정신을 통해 근원적인 문제들을 치유하기

리프로그래밍 진술 방법은 정신(의지와 감정이 포함된다)과 영혼을 모두 다루어 논리적이고 분석적인 좌뇌를 주로 치유한다. 하지만 이 방법은 인간의 생리 기능은 물론이고 잠재의식적인 마음과 영혼에도 영향을 미친다. 정신의 언어는 말words이다.

우선, 사랑과 공포의 진동수가 우리 삶에서 어떻게 나타나는지 다음 도표를 참고해서 살펴보자.

사랑	공포
기쁨	슬픔, 절망, 무력감
평화	불안, 걱정
인내, 올바른 목표	분노, 잘못된 목표

친절, 수용	거절
선, 비심판, 용서	죄의식, 수치심, 심판 혹은 용서하지 못하는 마음[1]
신뢰, 믿음, 희망, 신념	바라던 결과를 얻기 위해 상황을 조작하는 건강하지 못한 통제
겸손, 혹은 자신에 관한 진실을 믿는 것	자신에 관한 거짓말을 믿는 것(실제 자신보다 더 나은 쪽이든 부족한 쪽이든)
자제력	생각과 감정, 믿음, 행동에 대한 건강하지 못한 통제

위 도표의 왼쪽 항목들은 모두 사랑과 빛의 진동파에서 발생해 흘러나오는 반면, 오른쪽 항목들은 공포와 어둠의 진동파에서 발생해 흘러나온다. 왼쪽 항목과 오른쪽 항목 가운데 어느 쪽을 경험할 것인지는, 당신이 특정한 문제에 관해 진실을 믿을지 아니면 거짓을 믿을지에 따라 결정된다. 거짓은 언제나 당신을 공포로, 그리고 공포로부터 위에 언급된 부정적인 경험들로 인도한다. 리프로그래밍 진술은 공포의 진동파와 부정적인 연쇄 반응을 사랑의 진동파와 긍정적인 연쇄 반응으로 대체하고 변형시킬 수 있다.

리프로그래밍 진술은 12가지 범주로 이루어져 있기 때문에 이 부분은 다른 어느 내용보다 길고 복잡하다. 그렇다고 해서 이 내용에 압도당하지는 말기 바란다. 내가 상담한 상당수의 환자들은 단 하나의 진술 혹은 진심으로 공감한 한 부분으로 인해 리프로그래밍을 경험했다. 그들은 며칠이고 몇 주고 문제가 해결될 때까지 기도하고 명상하며 그 진술을 반복했다. 그리고 그 문제가 해결되는 순간이 성공의 전환점이 되게 해달라고 기도하고 명상하며 거듭 말했다. 이보다 공감이 가는 진술들이 있거든 거기에 기꺼이 초점을 맞추어라. 나중에 언제든지 되돌아와서 다른 문제들을 검토할 수 있으니까. 이런 식으로, 다루어야 할 모든 문제들에 대해 고민하면 된다. 어떤 식으로 작용하든 간에 자신에게 가장 좋다고 생각되는 진술이라면 마음껏 사용해도 좋다. 사실, 진술을 사용하는 방법 중에 틀린 것은 없다.

리프로그래밍 진술의 작용 방식

나는 심리적, 영적으로는, 당신이 경험하는 모든 문제의 원인이 다음의 작용과 반작용 목록에 있다고 믿는다(아주 길게 이어진 도미노를 생각하라). 이 문제들은 마치 플로 차트 혹은 연쇄 반응처럼 작용한다. (다음의 도표를 참고하라.)

1. 시작점:	현재의 프로그래밍		
2. 지금 경험하는 것:	현재의 프로그래밍		
3. 위 사건을 이해할 때 근거로 삼는 것:	진실	or	거짓
4. 위로 인해 경험하게 되는 것:	사랑	or	공포
5. 결정을 내릴 때 근거로 삼는 것:	진실성	or	고통/쾌락
6. 위로 인해 경험하게 되는 것:	안도감(무사)	or	불안감(거절)
7. 위로 인해 경험하게 되는 것:	중요감	or	하찮음(심판/용서하지 못하는 마음)
8. 위로 인해 경험하게 되는 것:	겸손	or	건강하지 못한 자만심
9. 위로 인해 경험하게 되는 것:	믿음/신뢰/신념/희망	or	건강하지 못한 통제
10. 위로 인한 반응 상태:	긍정적	or	부정적
11. 위로 인한 행동 방식:	다정하게	or	이기적으로
12. 위로 인해 경험하게 될 결과:	성공과 행복, 건강	or	실패와 불행, 질병

당신이 경험하는 문제는 모두 언제나 이 작용들을 모두 수반하며 대부분의 경우 이 순서에 따라 진행되어 긍정적 혹은 부정적 도미노 효과를 일으킨다. 한 번에 한 가지 이상의 단계에 도달할 수는 있겠지만, 12단계에 이르기 위해서는 반드시 1에서 11단계를 모두 거쳐야만 한다. 캐롤라인 리프 박사로부터 배웠듯이, 우리 몸은 신체적이든 비신체적이든 부정적인 것을 위한 기제는 없고 오로지 긍정적인 것을 위한 기제만 있다. 그러므로 부정적인 경험이란, 마치 컴퓨터 바이러스처럼 늘 긍정적인 것의 기능 부전을 의미하기 마련이다. 기능 부전, 즉 바이러스를 제거하면 긍정적인 것들이 애초에 계획된 대로 다시 작동하기 시작한다. 부정적인 결과의 핵심은 거짓된 기억이고 기억은 에너지로 구성된다. 올바른 에너지 방법을 사용해 기억을 고치면, 즉 거짓을 제거하면 증상은 자동적으로 사라지기 시작하므로 긍정적인 도미노 효과가 발생한다.

인생의 한 영역에서는 긍정적인 결과를, 다른 영역에서는 부정적인 결과를 얻어낼 수도 있다는 사실을 주목하기 바란다. 결혼 생활에서 행복과 건강, 성공을 경험하지만 직장에서는 불행과, 병, 실패를 경험하기도 한다는 것이다. 당신의 프로그래밍에 진실과 거짓이 모두 들어 있다면 심지어 동일한 문제에서 긍정적인 결과와 부정적인 결과를 모두 얻어낼 수도 있다. 수백만 달러를 벌지만 불안과 불행에 휩싸여 있을지도 모르고, 물질적으로는 궁핍하더라도 완벽하게 행복하고 건강할 수도 있다.

핵심 문제들: 안도감과 중요감

이 연쇄 반응의 중심에 있는 핵심 문제는 안도감과 중요감이다. 이 핵심 문제에 앞서 발생한 모든 사건들이 이 문제의 발생 여부를 결정하고, 안도감과 중요감에 뒤이어 발생하는 모든 사건들이 직접적으로 이 문제에서 흘러나온다. 안도감과 중요감이 이처럼 중요한 이유는 정체성 문제와 직접적으로 관련되어 있기 때문이다.

안도감이란 다른 사람들을 수용하거나 거절하기, 다른 사람들에게 수용되거나 거절되기, 그리고 자신을 수용하거나 거절하는 것에 대한 우리의 인식과 관련이 깊다. 전 세계의 고객들과 25년 동안 일해오는 동안, 나는 심각한 질병이나 심리적 문제를 겪으면서 거절 문제가 없는 사람은 한 번도 보지 못했다. 유치원 놀이터에서 선의를 기반으로 한 어른의 말로 인해 생긴 문제라 해도, 델타·세타 뇌파 상태의 6세 이하 아이들은 여과할 능력이 없다. 아니면 우리는 신체적으로나 정서적으로 정말 학대를 받았을 수도 있다. 거절의 반대는 수용 혹은 친절이며, 이런 이유에서 우리가 남을 돕기 위해 취할 수 있는 가장 강력한 행동 중 하나는 그저 친절하게 대하는 것이다. 물론, 우리 자신에게 친절하게 구는 것도 포함된다. 하지만 중요감과 달리, 안도감은 내부적인 동시에 외부적인 상태다. 안도감은 안전성이나 음식과 피난처, 보호 같은 기본적인 욕구가 외부 환경에서 충족되는지의 여부와 관련이 있다.

중요감은 자아존중감(우리가 할 수 있거나 없다는 믿음 그리고 죄책감, 수치심, 기대에 부합하는지 못하는지, 용서할 수 있는지 없는지, 자신과 다른 사람들을 심판하는 것 등에 대한 경험)과 관계가 있다. 달리 말하면, 중요감은 우리가 누구인지를 나타낸다. 중요감을 경험하는 것은 거의 전적으로 내면적인 일이며, 잠재의식의 기억 장치와 믿음에서 비롯되는 것이다.

우리의 안도감과 중요감은 가계의 혈통을 따라 그리고 출생 이후 몇 년 동안 우리의 내면에서 형성되며, 어떤 상황에서 경험하는 공포 혹은 사랑의 감정을 기반으로 한다. 기본적인 욕구가 충족된다는 조건에서 사랑을 경험한다면, 우리는 그 상황에서 안도감과 중요감을 대체로 경험할 것이다. 만약 공포를 경험한다면 불안함과 하찮음, 다시 말해 죄의식과 수치심, 거절, 기대에 부합하지 못한다는 착각을 하게 될 것이다.

안도감과 중요감을 느끼는가에 따라 우리는 믿음과 신념, 신뢰, 희망이라는 시각으로 세상을 경험하기도 하고, 건강하지 못한 통제의 문제들을 갖기도 한다. 통제의 문제가 있다는 말은, 우리가 특정한 최종 결과(기대치)를 짜내려 노력하면서 괜찮아지기 위해 반드시 필요하다고 믿는 의지력을 발휘한다는 뜻이다. 하지만 괜찮아지기 위해서는 근본적 쾌락을 추구하고 고통을 피해야 한다. 우리의 프로그래밍은 신뢰하거나 믿어서는 안 된다고 말하는데 그건 과거에 사랑이 없이 고통 받았던 기억이 있기 때문이다. 기억하라. 우리가 쾌락을 추구하고 고통을 피하는 것을 우선으로 삼는다면 아직도 다섯 살배기처럼 살아가는 셈이다. 어른이 되어서도 그렇게 살고 있다면 그 문제에 관해 인간 하드 드라이브 바이러스에 걸렸다는 뜻이다. 우리의 잠재의식에는, 잘못된 명령을 내리고 뇌가 위험하고 파괴적인 명령을 반복적으로 실행하게 만드는 무언가가 존재한다. 2장에서 배운 것처럼, 어떤 사건에 대해 잘못된 해석을 하게 될 때 우리는 인간 하드 드라이브 바이러스에 '감염'된다. 특정한 상황에서 쾌락의 부족과 고통을 동시에 경험하고 가장 기본적인 프로그래밍이 고통은 나쁘고 쾌락은 좋은 것이라고 말한다면, 당신은 그 상황에 대한 거짓말을 십중팔구 그대로 믿어버릴 것이다. 거짓에 대한 믿음은 공포 기반의 기억을 형성시키고, 그 기억은 앞으로 유사한 상황이 벌어질 경우 우리의 반응을 지배하고 내적 프로그래밍과 믿음의 일부가 되어, 온갖 부정적인 결과의 악순환을 유발하게 된다.

반면, 특정한 상황에서 사랑을 경험하면 장차 비슷한 상황이 닥치더라도 최종 결과를 두려워하며 살지 않는다. 당신이 평화롭고 여유 있으며 현재에 집중해 살고 있다면, 믿고 신뢰할 줄 알게 되어 긍정적인 결과를 낼 것이다.

그뿐만 아니라, 여기에는 당신이 이미 알아차렸을 법한 대단히 중요한 의미가 담겨 있다. 나의 의견과 경험에 따르면, 거의 모든 문제는 관계의 문제다! 사랑은 관계의 맥락과 동떨어져 존재하지 않는다. 그러므로 온갖 공포의 근원에는 관계의 문제가 도사리고 있다. 당신 자신과 맺은 관계든, 신이나 타인, 동물, 혹은 자연과 맺은 관계든 상관없다. 올해 나는 오랫동안 소식이 끊겼던 형을 다시 만났다. 우리는 무려 40년 동안 연락을 하지 않았다. 마치 죽어 있던 나의 일부가 다시 살아나는 듯한 기분이었다. 말로 표현할 수도 측정할 수도 없을 방법으로 나의 내면을 치유해준 형언할 수 없는 감정이었고, 심지어 치유가 필요하다고 깨닫지도 못한 감정이었다. 나는 형을 잃어버린 것이 그 오랜 세월 동안 나의 삶과 건강에 얼마나 부정적인 영향을 미쳤는지 전혀 모르고 있었다.

이런 일은 세상 누구에게나 일어날 수 있는 상황이다. 당신의 안전과 의미는 언제나 관계의 맥락 속에서 형성된다(생명을 위협받는 상황에 처하거나 기본적인 신체 욕구와 안전을 보장받지 못할 때는 제외한다). 비록 당신의 문제가 오로지 재정, 건강, 혹은 다른 외적 환경에만 관련되어 있다고 생각되더라도, 공포·고통·쾌락이 수반된다면 그 원인은 분명히 관계의 문제에 있다. 그러므로 당신이 11장에 제시된 성공의 청사진을 활용한다면, 나는 관계의 성공 목표 달성을 위한 40일 과정을 활용할 것을 강력히 추천한다. 당신의 관계 문제들을 치유하라. 그리고 당신이 겪는 성공 문제들의 대부분을, 아니 전부를 치유하라.

바로 그렇게 리프로그래밍 진술은 당신을 돕는다. 즉, 리프로그래밍 진술은 모든 주요 사건에서 부정적인 부분을 디프로그램하고 긍정적인 부분으로 리프로그램시켜, 우리가 모든 면에서 행복하고 건강하며 성공할 수 있도록 만든다. 우리는 원래부터 행복하고 건강하게 성공하며 그렇게 살도록 되어 있기 때문이다.

※주목할 점-대다수의 확언과 달리 이런 리프로그래밍 진술은 진실과 사랑에 기반을 두고, 우리의 마음과 정신이 갓 태어나 인간 하드 드라이브가 바이러스에 걸리지 않았을 때처럼 완벽한 상태로 되돌아가도록 돕는다. 나는 25년 동안 이 진술들을 전 세계의 사람들에게 적용해 성공을 거두었다.

리프로그래밍 진술 사용하기

리프로그래밍 진술을 이용해 당신의 인간 하드 드라이브 바이러스를 디프로그램하고 당신을 진정으로 리프로그램하고 싶다면 특정한 사건이나 문제를 마음속에 떠올리고 첫 번째 진술을 시작하라. 여기서 '간절히 바란다'는 말은 기대치가 아니라 희망을 의미하는 것으로 공포 기반이 아니라 사랑을 기반으로 한다는 점을 명심하자.

첫 번째 진술을 말하고 당신의 주관적인 느낌을 기준으로 그것을 믿는지 믿지 않는지 결정하라. 예컨대, 첫 번째 진술은 "나는 누구이고 무엇인지, 나는 누가 아니며 무엇이 아닌지에 관해 완전하고 유일한 진실만을 믿기를 간절히 바라고 기도하며 간구한다"이다. 이 진술을 직접 말해보라. 크게 소리를 내든 마음속으로 하든 상관없다. 어떤 부정적인 느낌 혹은 약간의 저항감이 드는지 파악하고 정확히 어떤 느낌이 드는지, 몸의 어느 부분에서 그런 느낌이 드는지 주의하라. 대부분의 사람들은 몸의 부정적인 느낌을 압력이나 중압감으로 느낀다. 느낌에 대해 충분히 오랫동안 생각한다면 심지어 두통이나 복통이 생길지도 모르므로 주의하길 바란다. 이 진술을 진심으로 믿게 될 때까지 계속 반복하라. 부정적인 감정이나 긴장감, 갑갑함, 무서움, 고통이 사라지면 당신이 그것을 진심으로 믿는다는 걸 알게 된다. 몸에서 부정적인 느낌이 느껴지지 않으면 생각과 감정을 길잡이로 삼아라.

첫 번째 진술이 믿어지면 두 번째 진술로 넘어가서 동일한 절차를 따른다. 혼자서 진술을 이야기하고 자신이 믿는지 믿지 않는지(어떤 부정적인 감정이나 중압감이 드는지) 결정한 뒤, 그것이 믿어지고 무거움이나 압력, 고통이 사라질 때까지 반복한다. 그러고 나서 세 번째 진술로 넘어가고 마지막으로 네 번째 진술로 넘어가라. 12개의 진술을 차례로 모두 검토하고 나면 전체 과정을 반복하면서 끝까지 최선을 다하라. 그리고 이 진술을 활용하는 잘못된 방법이란 존재하지 않는다는 사실을 명심하기 바란다.

1. 현재의 프로그래밍. 우리는 상황이나 사물을 있는 그대로 보지 않고 우리 입장에서 바라본다. 그리고 우리가 사물을 바라보는 방식은 프로그래밍과 관련이 있다. 마치 컴퓨터를 사용할 때와 마찬가지

다. 우리의 현재 프로그래밍은 우리가 물려받거나 배우거나 흡수하거나 관찰하거나 실행한 것을 기반으로, 과거의 세대들과 우리 자신의 생활 경험에서 만들어진다. 우리는 모두 각자의 프로그래밍 안에 진실과 거짓을 갖게 된다. 부모가 아무 좋은 의도를 가지고 있었다한들, 우리가 아무리 완벽하게 살아가려 노력한들 관계없다. 하지만 자신이 원하는 삶을 살고 싶다면 공포를 기반으로 한 거짓된 프로그래밍은 반드시 없애야 한다.

　당신의 프로그래밍이 곧 당신은 아니라는 점을 부디 이해하기 바란다. 만약 인간 하드 드라이브 바이러스에 걸렸다면, 그 바이러스란 당신의 영적인 마음 안에서 부정적인 연쇄 반응을 불러일으키는 파편들이라고 간주하라. 당신의 프로그래밍에 있는 어떤 거짓도 보유하려 하지 마라. 우리는 이 방법을 활용해서 그 파편들을 제거해 당신이 원래 의도한 방식으로 움직일 수 있도록 할 것이다. 즉, 행복과 건강, 성공을 끊임없이 생산하는 것이다. 첫 번째 단계는 당신을 진실 되게 리프로그램하는 것이다. 완전하고 유일한 진실 말이다.

　　　나는 누구이고 무엇인지, 나는 누가 아니며 무엇이 아닌지
　　　에 관해 완전하고 유일한 진실만을 믿기를 간절히 바라고
　　　기도하며 간구한다.

　이 진술을 소리 내어 읽거나 마음속으로 말하라. 만약 이 진술이

완벽한 진실이라고 느껴지고 아무런 저항감이 들지 않는다면 다음 진술로 넘어가라. 조금이라도 저항감이 느껴진다면 몇 번이고 진술을 되풀이해서 말하고, 마침내 저항감이 사라지고 진술이 완전히 진실이라고 믿어지거든 다음 진술로 넘어가라.

2. 현재의 '실시간' 상황이 벌어지면 우리의 무의식은 현재의 외적 환경과 현재의 내부 프로그래밍을 자동적으로 비교한다. '실시간'에 관해 불안감을 조성하는 말을 인용하는 이유는, 경험에 따르면 99퍼센트의 사람들이 상황을 있는 그대로 보고 진실로 상황에 맞게 행동하지 않기 때문이다. 그보다는 자신들의 프로그래밍에 근거해 상황을 보고 그 상황에 맞게 행동한다. 그리고 이 프로그래밍은 대부분 공포를 기반으로 한다. 이와 동시에, 눈 깜짝할 사이에 우리의 무의식과 잠재의식은 현재의 상황이 아니라 현재의 프로그래밍에 근거해 적절하다고 여겨지는 생각과 감정, 믿음을 결정한다. 공포, 분노, 불안, 슬픔, 혹은 다른 부정적인 기분이나 감정은 느껴지지만 삶이 꼭 위험에 처한 것은 아니라면 그 문제에 관한 프로그래밍이 공포에 기반을 두고 있다는 뜻이며, 결국은 원치 않는 온갖 부정적인 결과가 곧장 발생한다! 우리는 올바른 행동을 선택해서 정말로 원하는 온갖 행복과 건강, 성공을 경험할 수 있기를 바란다. 올바른 행동을 선택하기 위해서는 올바른 프로그래밍이 필요하다.

나는 현재 상황에 관해 나의 프로그래밍에 자리한 내면적 허위를 근거로 삼지 않고, 완전하고 유일한 진실에 따라 행동하고 이를 믿기를 간절히 바라고 기도하며 간구한다.

이 진술을 소리 내어 읽거나 마음속으로 말하라. 만약 이 진술이 완벽한 진실이라고 느껴지고 아무런 저항감이 들지 않는다면 다음 진술로 넘어가라. 조금이라도 저항감이 느껴진다면 몇 번이고 진술을 되풀이해서 말하고, 마침내 저항감이 사라지고 완전히 진실된 진술이라고 믿어지거든 다음 진술로 넘어가라.

3. 거짓 혹은 진실. 모든 거짓말은 진실에 대한 잘못된 해석이다. 바로 그런 이유로 거짓말은 너무도 쉽게 합리화된다. 거짓말 안에는 일말의 진실이 들어 있다. 문제는 그것이 완전하고 유일한 진실이 아니라는 점이다. 완전한 진실은 언제나 사랑으로 가는 길을 알려주는 반면 거짓은 언제나 공포로 가는 길을 알려준다. 시간을 아끼고 고통을 면하기 위해서는 문제가 어느 정도 진실이고 거짓인지 알아야 한다. 언제 자신이 거짓을 믿는지 알 수 있도록 훈련하고 진실을 품에 안을 때까지는 행동하지 마라.

나는 마음과 영혼soul, 영spirit, 정신으로 완전하고 유일한 진실만을 믿고, 진실이 아닌 것은 더 이상 믿지 않기를 간절히 바라고 기도하며 간구한다.

이 진술을 소리 내어 읽거나 마음속으로 말하라. 만약 이 진술이 완벽한 진실이라고 느껴지고 아무런 저항감이 들지 않는다면 다음 진술로 넘어가라. 조금이라도 저항감이 느껴진다면 몇 번이고 진술을 되풀이해서 말하고, 마침내 저항감이 사라지고 진술이 완전히 진실이라고 믿어지거든 다음 진술로 넘어가라.

4. 고통 · 쾌락 혹은 진실성. 우리는 고통-쾌락 프로그래밍에 관해 이미 이야기했다. 이것은 어떤 경우에든 쾌락은 좋고 고통은 나쁘다는 단순한 등식이다. 이 프로그래밍은 생존 본능이 자연히 극도의 경계 태세를 취하는 생후 6년 동안은 적절하지만, 6~8세 무렵이 되면 이 프로그래밍으로부터 진실성으로 변화하게 되어 있다. 다시 말해 진실하고 다정하고 선하며 도움이 되는 것을 기반으로 결정하도록 프로그램 전환이 일어난다는 말이다. 사실, 진실성 있게 살아가는 것과 우리의 고통-쾌락 프로그래밍에 맞게 사는 것은 상호 배타적이다. 두 가지 방식을 모두 취할 수 없다는 말이다.

나는 고결하게 살아가기 위해 나의 삶을 바라보는 고통 및 쾌락의 시선을 포기하고, 최고의 삶을 살게 되기를 간절히 바라고 기도하며 간구한다.

이 진술을 소리 내어 읽거나 마음속으로 말하라. 만약 이 진술이 완벽한 진실이라고 느껴지고 아무런 저항감이 들지 않는다면 다음 진술로 넘어가라. 조금이라도 저항감이 느껴진다면 몇 번이고 진술을 되풀이해서 말하고, 마침내 저항감이 사라지고 진술이 완전히 진실이라고 믿어지거든 다음 진술로 넘어가라.

5. 공포 혹은 사랑. 사람이면 누구나 하루에도 몇 번씩 경험하는 일이지만 공포 또는 쾌락의 부족에 부딪히면 선택의 상황에 놓이게 된다. 이 상황을 사랑과 공포 중 어떤 마음으로 다룰 것인가? 어느 쪽이든 공포와 부정적인 상황을 경험하겠지만, 공포와 사랑 중 어느 태도로 대응하는가에 따라 당신이 생각하고 믿고 느끼며 행동하는 방식이 달라진다. 공포는 당신의 삶에서 결코 바라지 않는 모든 것을 가져올 수 있다. 대부분의 사람들에게 문제는, 사랑을 선택할 때조차 고통이 사라지지 않거나 쾌락이 빨리 찾아오지 않으면, 그들이 궤도를 벗어나 공포로 되돌아가서 원하는 결과를 억지로 끌어내려 노력한다는 것이다. 만일 사랑의 궤도에 그대로 남아 있으려 했다면 그들이 원하는 모든 것, 그 이상을 성취했을 것이다.

나는 무엇이든 공포가 아니라 사랑으로, 나의 마음과 영혼·영·정신·몸으로 생각하고 느끼고 믿고 행동하며 실행하기를 간절히 바라고 기도하며 간구한다.

이 진술을 소리 내어 읽거나 마음속으로 말하라. 만약 이 진술이 완벽한 진실이라고 느껴지고 아무런 저항감이 들지 않는다면 다음 진술로 넘어가라. 조금이라도 저항감이 느껴진다면 몇 번이고 진술을 되풀이해서 말하고, 마침내 저항감이 사라지고 진술이 완전히 진실이라고 믿어지거든 다음 진술로 넘어가라.

6. 불안감 혹은 안도감. 안도감은 앞에서 언급한 정체성에 관한 두 가지 핵심 가운데 하나다. 안도감과 중요감은 이 전체 목록에 포함된 모든 항목의 핵심 문제다. 앞서 발생한 모든 문제는 우리의 안도감과 중요감에 영향을 미치고, 앞으로 발생할 모든 문제는 안도감과 중요감에서 생겨난다. 우리의 안도감과 중요감은 서로 떼어놓을 수 없는 관계다. 때로는 안도감이 중요감보다 먼저 생겨나 거기에 영향을 미치기도 하고 때로는 중요감이 안도감보다 먼저 생겨나 거기에 영향을 미친다.

우리의 안도감은 내면적이기도 하고 외면적이기도 하다. 이는 우리가 안전하게 수용되었다고 느끼는지 아니면 불안전하게 거부되었다고 느끼는지와 관련이 있다.

나는 안전, 수용, 무사함과 관련해 공포와 거짓, 거절을 포기하고, 안전하게 수용되며 무사하기를 간절히 바라며 기도하고 간구한다.

이 진술을 소리 내어 읽거나 마음속으로 말하라. 만약 이 진술이 완벽한 진실이라고 느껴지고 아무런 저항감이 들지 않는다면 다음 진술로 넘어가라. 조금이라도 저항감이 느껴진다면 몇 번이고 진술을 되풀이해서 말하고, 마침내 저항감이 사라지고 진술이 완전히 진실이라고 믿어지거든 다음 진술로 넘어가라.

7. 하찮음 혹은 중요감. 정체성에 관련된 두 가지 핵심 중 두 번째인 중요감은 거의 언제나 내적인 상태다. 우리의 중요감은 '나는 누구인가?'라는 질문에 대답한다. 이 인식은 우리가 용서하고 비판하는 능력에 특히 영향을 미친다. 자신이 중요한 존재라는 의식을 갖고 있으면 사람들을 비판하지 않고 마땅히 사랑해야 한다는 것을 알고 있기에, 자기 자신을 포함해 모든 사람의 말을 온전하게 믿고 선의로 해석할 수 있다.

나는 중요감과 용서, 비심판, 진실한 정체성, 진실한 자존감을 가질 수 있도록 하찮음과 용서하지 못하는 마음, 비판, 거짓된 정체성, 거짓된 자존감 포기하기를 간절히 바라고 기도하며 간구한다.

이 진술을 소리 내어 읽거나 마음속으로 말하라. 만약 이 진술이 완벽한 진실이라고 느껴지고 아무런 저항감이 들지 않는다면 다음 진술로 넘어가라. 조금이라도 저항감이 느껴진다면 마침내 저항감이 사라지고 진술이 완전히 진실이라고 믿어질 때까지 몇 번이고 진술을 되풀이해서 말하라.

8. 자부심 혹은 겸손함. 겸손함은 세상에서 가장 잘못 이해되고 있는 특성이다. 겸손하다는 것은 나약하다거나 기개가 없다는 뜻이 아니다. 그보다는 자신에 관한 진실을 믿고 있다는 뜻이다. 그리고 진실은 우리 모두의 본심 혹은 근원이 동일하다는 것이다. 우리는 누구나 인간으로서 동일한 기본적 가치를 지니고 있다. 사는 곳이 어디든 피부색이 무엇이든 우리가 무엇을 가지고 있든 우리가 누구든 상관없다. 우리 모두에게는 무한한 가능성과 선량함이 있다. 우월함과 열등함은 똑같이 사실이 아니므로 똑같이 나쁘다. 두 가지 모두 하찮음과 불안감에서 비롯된다. 겸손함은 자신에게 너무 사로잡히지 않는다는 뜻이기도 하다. 겸손한 사람은 다른 사람들과 당장 해야 할 일에 집중할 줄 안다. 하지만 대부분의 사람들은 그런 식으로 살지 않는다. 자신을 다른 사람들과 지속적으로 비교하고, 비교한 내용을 근거로 예상하고 기대한다. '내가 잘하고 있는 걸까? 그들은 어떻게 생각하고 있을까? 그들이 알아차릴까?' 안전과 중요감에 뿌리를 둔 진정한 겸손은, 마음속으로 당신이 대단히 가치 있고 다른 누구보다 더 낫지도 못하지도 않다는 것을 알고 있으므로 꾸며내거나 숨을 필요가 없다.

나는 나의 진정한 정체성에 관한 진실, 즉 나는 멋진 존재이
지만 어느 누구보다 더 낫거나 못하지 않다는 사실을 경험
하도록, 다른 사람보다 우월하거나 열등하다는 잘못된 믿음
을 포기하기를 간절히 바라며 기도하고 간구한다.

이 진술을 소리 내어 읽거나 마음속으로 말하라. 만약 이 진술이
완벽한 진실이라고 느껴지고 아무런 저항감이 들지 않는다면 다음
진술로 넘어가라. 조금이라도 저항감이 느껴진다면 몇 번이고 진술
을 되풀이해서 말하고, 마침내 저항감이 사라지고 진술이 완전히 진
실이라고 믿어지거든 다음 진술로 넘어가라.

9. 건강하지 못한 통제 혹은 믿음·신뢰·신념·희망. 이 항목에서
는 우리가 믿는 것, 다시 말해 플라시보나 노시보 혹은 데팩토로 다
시 돌아간다. 건강하지 못한 통제는 진실한 신념과 믿음, 신뢰와 정
반대로, '내가 원하는 결과를 얻지 못하면 문제가 발생할 것이므로,
확실하게 최종 결과를 얻기 위해 상황을 조종하거나 통제해야만 한
다.'라고 여긴다. 사실, 의지력과 기대를 기반으로 인생을 살아가는
것이 바로 건강하지 못한 통제다. 우리가 이미 알고 있듯이, 이것은
당신이 할 수 있는 가장 스트레스 받는 일 가운데 하나다. 그런 이유
에서 기대는 행복을 죽이는 것이기도 하다.[2]
반면에 건강한 통제는 믿음과 신념, 희망, 신뢰와 직접 연결된다.

이는 외부의 환경이 어떤 결과를 초래하든 우리가 근본적으로 무사할 것이라는 믿음 아래 최종 결과를 포기할 수 있다는 뜻이다. 주목할 점은 대부분의 사람들이 이런 식으로 살아간다면 아무 것도 이룰 수 없을 것이라 믿는다. 그들은 외부의 기대를 목표로 한 의지력이야말로 결실을 맺게 하는 원동력이라 믿는다. 건강한 통제는 정확히 반대 방향으로 작용해서, 만약 기대감을 버리고 의지력에 의존하지 않는다면 더 짧은 시간에 더 많은 성과를 내고 또 더욱 행복해질 수 있게 한다.

> 나는 믿음과 신뢰, 희망, 신념을 가지고 내 삶에서 최고의 성과를 이룰 수 있기 위해, 특정한 최종 결과를 확보하려고 만든 건강하지 못한 통제를 포기하기를 간절히 바라며 기도하고 간구한다.

이 진술을 소리 내어 읽거나 마음속으로 말하라. 만약 이 진술이 완벽한 진실이라고 느껴지고 아무런 저항감이 들지 않는다면 다음 진술로 넘어가라. 조금이라도 저항감이 느껴진다면 몇 번이고 진술을 되풀이해서 말하고, 마침내 저항감이 사라지고 진술이 완전히 진실이라고 믿어지거든 다음 진술로 넘어가라.

10. 반응 혹은 응답. 반응은 생존 본능과 고통-쾌락 프로그래밍의

결과로 자동적으로 일어난다. 앞에 가는 차에 브레이크 등이 켜져서 즉시 브레이크를 밟을 때 혹은 슈퍼마켓 계산대에 늘어선 긴 줄을 보고 화가 날 때, 우리는 반응을 보이는 것이며 반응은 현재의 프로그래밍으로 쭉 거슬러 올라가는 연쇄 반응의 일부다. 이러한 반응을 보이는 프로그래밍 가운데는 앞차의 브레이크 등을 볼 때 나타나는 반응처럼 정말로 생명을 위협하는 상황에서 도움이 되는 것들도 있다. 하지만 생명의 위협이 없는 상황에서 부정적인 반응을 보이는 것은 공포 기반 프로그래밍의 확실한 증상이다. 올바른 프로그래밍을 가지고 있으면 사랑으로 현재의 상황에 반응할 줄 알게 되어 공포에 찬 반응은 보이지 않는다. 단, 응답하는 능력이 생겼다 해도 여전히 사랑으로 응답하겠다고 선택해야만 한다. 공포-쾌락 프로그래밍이 여전히 가끔씩 고개를 쳐들기는 하겠지만, 고통-쾌락 반응이 우리에게 무엇을 요구하든 우리는 그 순간 사랑으로 반응하겠다고 선택할 수 있다.

> 나는 고통과 쾌락에 근거하여 반응하지 않고, 진실과 사랑
> 으로 응답하기를 간절히 바라며 기도하고 간구한다.

이 진술을 소리 내어 읽거나 마음속으로 말하라. 만약 이 진술이 완벽한 진실이라고 느껴지고 아무런 저항감이 들지 않는다면 다음 진술로 넘어가라. 조금이라도 저항감이 느껴진다면 몇 번이고 진술

을 되풀이해서 말하고, 마침내 저항감이 사라지고 진술이 완전히 진실이라고 믿어지거든 다음 진술로 넘어가라.

11. 이기적인 행동 혹은 자애로운 행동. 당신이 반응을 할지 응답을 할지 결정하고 나면 그 다음 단계는 행동을 하는 것이다. 당신의 행동은 이기적인 것인가 아니면 사랑하는 것인가? 이 단계는 당신이 어떤 행동을 하는지가 아니라 왜 그렇게 행동하는지가 중요하다. 당신의 행동은 자기 본위와 타인 본위 중 어느 것에서 나왔는가? 이기심이 아니고 사랑으로 자신을 대하면서 한 행동인가? 돈을 최대한 많이 벌겠다고 결정할 때, 탐욕이 동기가 되어 장난감을 원하는 만큼 모으기를 바랄 수도 있지만, 가족이 가난을 벗어나게 돕거나 고아원을 건립하거나 재산 전액을 기부하길 원할 수도 있다. 행동의 이면에 숨겨진 진정한 동기가 무엇인지는 자신만 아는 법이다. 당신이 어떤 행동을 하든 그것은 공포가 아니라 사랑을 기반으로 삼아야 한다.

나는 결과에 관계없이 사랑하는 마음으로 현재에 충실히 살기를 간절히 바라고 기도하며 간구한다.

이 진술을 소리 내어 읽거나 마음속으로 말하라. 만약 이 진술이 완벽한 진실이라고 느껴지고 아무런 저항감이 들지 않는다면 다음 진술로 넘어가라. 조금이라도 저항감이 느껴진다면 몇 번이고 진술을 되풀이해서 말하고 마침내 저항감이 사라지고 진술이 완전히 진실이라고 믿어지거든 다음 진술로 넘어가라.

12. 실패 · 불행 · 질병 혹은 성공 · 행복 · 건강…. 우리가 불행하거나 건강하지 않다면 대개는 우리의 행복이 외부 환경과 고통-쾌락 본능에 기반을 두고 있다는 뜻이다. 또한 우리가 시도하는 것은 무엇이든 실패할 가능성이 대단히 크다는 뜻이기도 하다. 내가 내리는 성공과 행복, 건강의 정의는 외부 환경에 관계없이 지금 당장 기쁘고 평화롭게 느끼는 것이다. 당신의 프로그램에 담긴 내용물은 거짓이든 진실이든 당신이 앞으로 경험할 것들을 결정할 것이다.

　　나는 성공이라는 목표를 얻기 위해 행복, 건강을 힘들여 성
　　취하지 않기를 간절히 바라고 기도하며 간구한다.

이 진술을 소리 내어 읽거나 마음속으로 말하라. 만약 조금이라도 저항감이 느껴진다면, 저항감이 사라지고 진술이 완전히 진실이라고 믿어질 때까지 몇 번이고 진술을 되풀이해서 말하라.
다음은 리프로그래밍 기도문의 전체 목록이다.

1. 나는 누구이고 무엇인지, 누가 아니며 무엇이 아닌지에 관해 완전하고 유일한 진실만을 믿길 간절히 바라고 기도하며 간구한다.

2. 나는 현재 상황에 관해 나의 프로그래밍에 자리한 내면적 허위를 근거로 삼지 않고, 완전하고 유일한 진실에 따라 행동하고 이를 믿기를 간절히 바라고 기도하며 간구한다.

3. 나는 마음과 영혼soul, 영spirit, 정신으로 완전하고 유일한 진실만을 믿고, 진실이 아닌 것은 더 이상 믿지 않기를 간절히 바라고 기도하며 간구한다.

4. 나는 고결하게 살아가기 위해 나의 삶을 바라보는 고통·쾌락의 시선을 포기하고, 최고의 삶을 살게 되기를 간절히 바라고 기도하며 간구한다.

5. 나는 무엇이든 공포가 아니라 사랑으로, 나의 마음과 영혼, 영, 정신, 몸으로 생각하고 느끼고 믿고 행동하며 실행하기를 간절히 바라고 기도하며 간구한다.

6. 나는 안전, 수용, 무사함과 관련해 공포와 거짓, 거절을 버리고, 안전하게 수용되며 무사하기를 간절히 바라며 기도하고 간구한다.

7. 나는 중요감과 용서, 비심판, 진실한 정체성, 진실한 자존감을 가질 수 있도록 하찮음과 용서하지 못하는 마음, 심판, 거짓된 정체성, 거짓된 자존감 버리기를 간절히 바라고 기도하며 간구한다.

8. 나는 나의 진정한 정체성에 관한 진실, 즉 나는 멋진 존재이지만 어느 누구보다 더 낫거나 못하지 않다는 사실을 경험하도록, 다른 사람보다 우월하거나 열등하다는 잘못된 믿음을 포기하기를 간절히 바라며 기도하고 간구한다.

9. 나는 믿음과 신뢰, 희망, 신념을 가지고 내 삶에서 최고의 성과를 이룰 수 있기 위해, 특정한 최종 결과를 확보하려고 만든 건강하지 못한 통제를 포기하기를 간절히 바라고 기도하며 간구한다.

10. 나는 고통과 쾌락에 근거하여 반응하지 않고, 진실과 사랑으로 응답하기를 간절히 바라고 기도하며 간구한다.

11. 나는 결과에 관계없이 사랑하는 마음으로 현재에 충실히 살기를 간절히 바라고 기도하며 간구한다.

12. 나는 성공이라는 목표를 얻기 위해 행복, 건강을 힘들여 성취하지 않기를 간절히 바라고 기도하며 간구한다.

리프로그래밍 진술 전부를 적혀 있는 그대로, 진심으로 믿기 전에는 이 진술을 끝낼 수 없다는 것을 명심하라. 끝낼 수 있을 때까지 진술에 계속 매달려라. 그때까지는 당신이 공을 들이는 어떤 문제에 관해서도 내가 하루에 한두 번씩 그 진술들을 다룰 것이다. 도중에 막히면, 'beyondwillpowertogether.com' 사이트를 방문에 추가 자료를 찾아보아도 좋다.

어떤 바이러스든 완전히 디프로그램하고 연쇄 반응의 매 단계에서 정신과 영적 마음을 진실되게 리프로그램했다면, 당신의 현재 프로그래밍은 매번 긍정적인 결과를 만들어 낼 수 있을 것이다. 그리고 사람들이 당신을 알아보지도 못할 정도로 분명 엄청난 변화를 가져올 것이다!

나를 찾아온 내담자 가운데 어느 중년의 여성은 이 세상에 존재하는 자기계발 프로그램을 모두 시도해 보았다고 말했다. 그녀는 결혼 생활에 문제가 있었고 체중이 많이 나가고 건강이 좋지 않았으며 불행했다. 사실, 내가 만나본 사람 가운데 가장 부정적이고 신랄한 사람 중 하나였다. 나를 찾아올 때마다 그녀는 사람들이 자신에게 저지른 부당한 행동의 목록을 길게 적어왔다. 심지어 나마저 우울하게 만들 지경이었다. "이 일만 없으면 전 건강할 거예요. 이 일만 일어나지 않았어도 전 엄청난 돈을 벌었을 거예요. 이 세상은 정말 끔찍해서 살기 힘든 곳이지요. 정부는 우리를 해코지 하려 하고 사람들은 오로지 자기밖에 모르고 내 남편은 게으른 놈팡이라 내가 해달라는 건 전혀 해줄 생각도 없답니다." (물론, 그녀의 얘기 대부분은 진실이 아니었다. 그녀는 현실을 오해하고 있었다.)

나는 이 리프로그래밍 진술들이 그녀에게 도움이 될 거라 믿었다. 그녀가 어떻게 생각했을지는 아마 짐작이 갈 것이다. 그녀는 이렇게 한심한 방법은 처음 들어본다고 말했다! "글쎄요, 확언이라면 벌써 해봤는걸요." 나는 확언이 아니라고 설명했다. 이 진술들을 믿는다면 그저 말하기만 하면 된다고 말이다. 게다가 애초에 이 진술들을 진심으로 간절히 바란다면 그저 공을 들이기만 하면 된다. 그런 이유로 매번 첫 번째 진술은 "간절히 바란다"는 말로 맺는다. 그래서 그녀는 집에서 혼자 리프로그래밍 진술을 실시했다. 그러는 동안에도 이 방법은 자신에게 맞지 않는다는 말을 나에게 몇 번이나 전했다. 하지만 얼마 지나지 않아 그녀의 말투는 조금 달라졌다. 긍정적인 느낌이 조금 강해졌고 신랄한 기색이 조금 줄어들었다. 시간이 흐르면서 그녀의 말투는 계속 개선되었지만 꽤 기묘한 상황이 벌어졌다. 전화를 걸어올 때마다 그녀의 말투는 무척 긍정적이고 대단히 행복하게 들렸지만 그녀가 이렇게 말하곤 했기 때문이었다. "하지만 이 진술들을 말해도 아무 효과가 없는 것 같아요."

그녀는 어느 날 가장 친한 친구와 함께 점심을 먹다가 이런 이야기를 들었다고 했다. "좋아. 꼭 물어볼 게 있어. 대체 무슨 일이 벌어진 거야? 무슨 신앙 치료 같은 거라도 받은 거야? 일종의 신비 체험이라도 한 거야? 대체 무슨 일이 있었어?" 그러나 나의 내담자가 대답했다. "대체 무슨 말을 하는 거야?" 그녀는 친구의 말을 이해하지 못했다. 변화가 너무 천천히 일어나서 그녀는 무슨 일이 일어나는지 몰랐던 것이다. 마침내 그녀는 가까운 사람들에게 그 친구가 느낀 변화를 알아차렸는지 물어보고 이 사실을 분명히 확인했다. 그들은 그 친구와 똑같이 이야기했다. "그런 변화는 처음 봤어." 심지어 그녀의 남편도 이 변화에 깜짝 놀랐다고 인정했다. 하지만 그는 행여 변화가 사라져버리지나 않을까 두려워한 나머지 아무 말도 하고 싶어 하지 않았다!

그녀는 아무 노력도 하지 않고 체중이 엄청나게 줄어들었고 남편과 훨씬 더 친밀한 시간을 보내게 되었다. 우리가 한 일이라고는 이 리프로그래밍 진술을 말한 것밖에 없었다. 그녀 혼자서 디프로그래밍과 리프로그래밍을 끝마치고 나자 모든 것이 달라졌다. 바이러스들을 제거하게 되면 당신의 뇌는 자유로워져 제대로 작동하게 된다.

마음 스크린:
영성을 통한 근원적 문제들 치유하기

마음 스크린 방법은 우리의 영적인 부분을 다룬다. 다시 말해 영적 마음, 세포 기억, 무의식, 잠재의식, 의식 그리고 그 너머를 다룬다는 것이다. 특히 이 방법은 마음의 스크린, 즉 우리를 영적으로 디프로그램하고 리프로그램 할 수 있는 내면의 기제를 의식적이고 의도적으로 활성화시켜 사용하는 것이다. 3장에서 배웠듯이 마음의 스크린은 정신으로 기억들의 사진을 볼 수 있는 실재하는 내부 스크린이다. 컴퓨터나 태블릿, 스마트폰의 스크린에서 사진을 볼 수 있는 것과 마찬가지다. 실재하는 것이든 만들어낸 것이든 무언가를 상상할 때마다 우리는 이 스크린을 사용한다.

당신의 마음 스크린을 보고 싶다면 그저 눈을 감으면 된다. 이제 마지막에 먹은 음식이 무엇인지 생각해보라. 그 음식이 보이는가? 맛이 느껴지는가? 냄새가 맡아지는가? 주변에 무엇이 있었는지, 당신이 어떤 대화를 나누고 있었는지 기억나는가? 이 모든 게 가능하다면 당신은 마음 스크린을 들여다본 것이다. 만약 상상하기가 전반적으로 어렵다면 이렇게 한번 해보면 어떨까? 사탕을 한 알 먹으면서 지금 이 경험과 관련된 모든 감각, 다시 말하면 맛, 질감, 냄새, 느낌, 그리고 사탕을 먹는 동안 느끼는 신체 감각에 의식을 집중해보자. 그러고 나서 눈을 감고 사탕 먹는 것을 상기해보자. (사탕을 별로 먹고 싶지 않다면 자연으로 나가 꽃 한 송이를 응시하며 위와 같이 행동해도 좋다. 그러고 나서 눈을 감고 마음 스크린으로 꽃을 보는 것이다.) 만일 꽃을 마음으로 그릴 수가 없다면 과거에 뇌 손상을 입었거나 인생에서 너무 큰 고통을 겪었기 때문에 그와 관련된 심상들이 항상 고통스럽게 느껴진 나머지, 생존 본능에 의해 무의식이 심상 형성 기관에 접근하는 것을 차단해버린 것이다. 이 방법을 활용하면 이 문제들조차 몇 배로 개선되거나 모두 치유될 것이므로 이유를 막론하고 활용해보라고 권하고 싶다.

마음 스크린 방법은 에너지 의학 방법과 리프로그래밍 진술의 힘과 효과를 약화시킬 가능성이 있다. 왜 그럴까? 이 방법은 우리의 심상 형성 기관, 즉 역사가 시작된 이래로 세상에서 가장 강력한 창의력과 파괴력의 원천을 이용하기 때문이다(3장을 참고하라). 사실, 지금껏 인류가 창조하거나 파괴한 것은 모두 우리의 심상 형성 기관을 가장 먼저 거쳐 갔으며 그것이 없이는 일어날 수 없었다.

마음 스크린의 작용 방식

3장에서 설명했듯이, 마음 스크린은 당신의 상상을 펼쳐 보이는 화면이다. 이는 당신의 영적 마음 혹은 인간 하드 드라이브를 들여다보는 것으로 무의식과 잠재의식, 의식을 포함한다. 하지만 나는 심상 형성 기관이라는 표현을 더 좋아한다. 상상은 여기서 이야기하는 내용과는 전혀 다른 백일몽이나 환상을 전달하는 경향이 있기 때문이다. 우리가 여기서 말하는 것은 가장 강력한 방법을 사용해 당신에게 가장 이상적인 성공을 안겨주는 것이다.

마음 스크린에 나타나는 것은 무엇이든 당신의 향후 경험을 결정한다. 그리고 마음 스크린에는 몇 가지, 아니 수많은 것들이 동시에 떠오르기도 한다. 그 가운데 어떤 것은 볼 수 있고 어떤 것은 볼 수 없다. 당신의 의식에서는 스마트폰의 스크린에 표시된 내용처럼 많은 것을 볼 수 있다. 스마트폰 스크린에서는 특정 아이콘을 누르거나 설정을 변경해 스크린에 표시된 것을 지우고 변화시킬 수 있다. 이에 비해 잠재의식과 무의식은 눈에 보이지 않는 심층 프로그래밍 혹은 휴대전화의 하드웨어와 마찬가지다. 여기서 당신이 바꿀 수 있는 것은 한정되어 있다. 그 아래에서 무슨 일이 일어나는지 정확히 알지 못하기 때문이다. 휴대전화의 보이지 않는 프로그래밍이나 하드웨어는 당신의 변화에 응답하지 않거나, 프로그래밍이나 하드웨어가 대단히 강력하고 당신이 일으키려는 변화와 조화를 이루지 못할 경우 심지어 그 변화를 무시해버릴 수도 있다. 휴대전화가 실행하도록 프로그램되지 않은 것이라면 그 무엇도 실행할 수가 없다.

그러므로 마음 스크린이 한 가운데를 중심으로 두 부분, 즉 상층부와 하층부로 나뉜다고 가정해보자. 하층부 혹은 마음 스크린의 무의식 부분은 스크린 위에 표시된 것을 보거나 변경하기 위해 기계를 직접적으로 통제할 수가 없다. 상층부 혹은 의식 부분의 볼 수 있는 부분으로 그리고 디프로그래밍과 리프로그래밍 작업으로 그곳에 영향을 미치는 수밖에 없다. 이는 장치의 뒷면을 여는 것과 마찬가지로, 올바른 도구를 갖추고 그 사용 방법도 숙지하고 있어야 한다. 그럼에도 불구하고 당신이 보지 못하는 부분(무의식)에 존재하는 것들은 외부 환경을 포함한 인생의 모든 것과 보이는 부분(의식)에 떠오르는 모든 것에 영향을 미친다.

의식(보이는 부분)

무의식/잠재의식 혹은
영적 마음(보이지 않는 부분)

마음 스크린의 두 부분

그러므로 당신이 분노를 느낄 때면, 의식이든 무의식 혹은 잠재의식이든 분노를 담고 있는 기억이 마음 스크린에는 있다. 그럴 수밖에 없다. 그렇지 않고는 당신이 분노를 경험할 다른 방법이 없다. 만약 분노에 대한 기억이 마음 스크린의 무의식 부분에만 새겨져 있다면 당신은 그것을 기억하지도 볼 수도 없을 것이다. 만약 이 기억이 무의식과 의식에 모두 남아 있다면, 마음 스크린에서 그것을 기억하고 볼 수 있을 것이다. 낮은 자존감, 슬픔 혹은 다른 내적 경험 등 어떤 문제도 마찬가지다.

스크린의 심상들이 공포를 기반으로 하든 사랑을 기반으로 하든 스크린 두 부분의 부조화가 더욱 심해질수록, 만약 스크린의 보이지 않는 부분이 보이는 부분의 심상을 비상사태로 (사실이든 상상이든 유전적인 것이든) 간주한다면, 보이지 않는 부분은 그 심상을 넘겨받거나 요구하거나 심지어 무시한 채로 느낌, 생각, 그리고 행동을 요구할 것이다.

내가 기억할 수 있는 가장 극적인 사례 가운데 하나는 어느 내담자가 들려준 사연이다. 그는 걱정이 과도해서 단 하루도 정상적인 생활을 할 수 없을 정도였다. 그는 날마다 기분 좋게 하루를 시작했다가도 걱정이 과도해진 나머지 정상 생활을 할 수 없는 상태가 유발되곤 했지만 이유를 알 수가 없었다. 솔직히 말해 나는 오랫동안 어쩔 줄을 몰랐다. 하지만 어느 날, 그와 이야기를 나누며 어떤 테스트를 실시한 끝에 마침내 상황을 파악하게 되었다. 그를 이런 상태로 만드는 유발기제는 바로 노란색이었다. 노란색이 현재 상황에서 두드러지면 그는 즉시 극도의 투쟁-회피 상태에 돌입했다. 우리는 누군가가 노란색을 입은 모습을 보면 그 충격적인 기억으로 되돌아간다는 사실을 알게 되었다. 노란색에 대한 반응은 분명히 의식적인 것은 아니었지만 무의식적으로 존재하기는 했다. 그리고 문제를 완화하기 위해 활용할 수 있는 어떤 의식적인 생각이나 추론, 방어보다 한층 더 강력했다. 우리가 마음 스크린 방법을 (그리고 힐링 코드를) 이용해서 그 기억을 디프로그램하고 리프로그램한 뒤에야 노란색이 공포가 아니라 사랑이라는 결론을 이끌어내게 되었다. 그리고 그는 자신을 무기력하게 만드는 불안감을 더 이상 느끼지 않게 되었다. 우리가 문제를 개선하기 위해 애쓰기 시작했을 때 그는 그 기억을 의식할 수 없었으므로 마음 스크린에서 상상해서 그것을 볼 수 없었다. 우리가 그 기억을 찾아내고 나자 그는 그것을 기억하고 볼 수 있었다.

마음 스크린은 우리의 의식보다 엄청나게 더 강력할 뿐 아니라 의식과 신체를 통제하기도 하는 잠재의식과 무의식의 힘을 활용할 수 있는 대단히 강력한 방법이다. 하지만 마음 스크린의 훌륭한 점은 비단 잠재의식이나 무의식이 아니라 의식적인 면에서도 접근할 수 있다는 점이다. 마음 스크린의 상층부가 의식이어서 당신이 볼 수 있다는 점을 기억하라. 그리고 스크린의 의식 부분에서 일어나는 것은 당신이 보지 못하는 무의식 부분에서 일어나는 것에 영향을 미친다. 즉, 스크린의 무의식 영역에 치유 효과를 가져다줄 수 있다. 마음 스크린을 천천히 리프로그램하고 디프로그램하면서 당신은 마음 스크린에서 보고 싶은 것과 보고 싶지 않은 것을 선택할 줄 알게 된다. 달리 말하면, 경험할 것과 경험하지 않을 것을 선택할 수 있게 되는데 이는 당신의 건강과 재산, 인간관계, 행복, 모든 분야에서의 성공을 결정하기도 한다.

마음 스크린 사용법

이제 실제 스크린과 그것을 직접 사용하는 방법에 대해 이야 기해보자. 다음에 제시된 단계들을 그대로 따라도 좋고, 아니면 'beyondwillpowertogether.com' 사이트를 방문해 내가 마음 스크린 방법에 대해 한 시간 동안 설명하고 시연한 동영상을 찾아보아도 좋다.

1. 마음속으로 스마트폰, 태블릿, 컴퓨터, 혹은 텔레비전의 스크린과 같은 빈 화면을 상상하라. 무엇이든 당신에게 생 생하고 의미 있는 것이면 된다. 내 경험에 비추어 보면, 스 크린이 크면 클수록 더 좋다. 스크린 중앙을 가로지르는 선 이 마음 스크린의 의식 부분과 무의식 부분을 구분해 나타 낸다고 상상하자. 스크린의 상층부(의식 부분)에 무엇이 있 는지는 볼 수 있지만 하층부(무의식 부분)에 무엇이 있는지는 보지 못한다.

2. 이제 당신만의 영적 온도를 측정하라. 당신이 하고 싶어 하는 것과 다른 어떤 경험을 지금 하고 있는가? 예를 들어, 당신이 분노를 느끼고 있지만 그 감정을 원하지 않는다고 해보자.

3. 마음에서 우러난 단순하고 솔직한 기도를 해서, 마음 스크린에 있는 분노를 보라고 요청하라. 억지로 실행하지 말고 자연스레 이루어지게 하자. 마음 스크린에 있는 분노의 그림들이 나타나게 하라. 말이든 그림이든 과거의 경험에 대한 기억이든, 혹은 어떤 식으로든 관계없다. 만약 아무 일도 일어나지 않으면 분노라는 단어를 스크린 위에 떠올리려고 노력하라. 그러고 나서 마음을 느긋하게 먹은 후 분노가 그 자리에 자리 잡게 한 뒤에 어떤 일이 벌어지는지 지켜보자. 어쩌면 당신은 폭발할 듯한 기분이 들 때나 벌건 얼굴로 소리를 지르거나 어린 시절에 아버지의 고함소리를 들었을 때의 분노를 가장 생생하게 경험할지도 모른다. 지금 그 감정을 느낀다는 것을 스스로 인식하고 있기 때문에 당신의 분노는 의식적이다. 그러므로 의식 부분에서 이 분노의 심상을 그려라. 이 경험은 비록 의식적이기는 하지만 무의식적인 부분에도 존재하고 있다는 사실을 명심하자. 물론 당신은 무의식적인 부분에서 어떤 기억이 상영되고 있는지 알

지 못한다. 그렇지 않으면 이 감정은 오랫동안 의식적인 문제가 아니었을 것이다. 무의식은 의식보다 훨씬 더 큰 힘을 발휘하므로 만약 양쪽이 서로 맞지 않으면 무의식은 의식하고 있는 그림과 그로 인한 경험(느낌과 행동, 생리 상태)을 무척 빠르게 바꿀 것이다.

4. 당신의 분노나 타인의 부정적인 감정, 기억, 믿음, 사람, 장소, 혹은 마음 스크린에 자리한 것을 눈으로 목격하고 나면, 이 분노가 마음 스크린에 더 이상 존재하지 않고 당신 내면의 어디에도, 말하자면 스크린 위에도 기억 속에도 존재하지 않을 정도로 치유되기를 간구하고 기도하라. 가령, 당신은 이렇게 말할 수 있을 것이다. "신의 빛과 사랑이 나의 마음 스크린 위에 떠오를 뿐 그 이외에는 아무 것도 없게 하소서." 만약 신을 믿지 않는다면 그저 이렇게 말하기도 한다. "빛과 사랑이 나의 마음 스크린 위에 떠오를 뿐 그 이외에는 아무 것도 없기를."

5. 그리고 나서 마음 스크린 위의 빛과 사랑을 구체적인 심상으로 그려보자. 예컨대 푸른 하늘, 아이들, 석양, 진정한 사랑, 꽃들, 신 · 근원 · 사랑의 신성한 빛, 바닷가나 산의 아름다운 풍광을 떠올리는 것이다. 에너지 의학 방법을 활용

해, 마음 스크린에 표시된 빛과 사랑의 심상들을 관찰하기만 해야지 억지로 혹은 무리하게 심상이 나타나게 하려 해서는 안 된다. 당신은 마침내 빛과 사랑이 무의식 부분으로 번져 나가고 그곳에 자리한 어떤 기억이라도 치유해서 거짓과 공포, 어둠을 제거하고 이를 진실과 사랑, 빛으로 변화시키는 모습을 보게 될 것이다. 당신은 분노라는 단어를 본 뒤에 빛과 사랑이 이를 녹이고 당신이 볼 수 없는 부분의 스크린으로, 그러고 나서는 그에 관련된 의식과 무의식의 모든 기억으로 퍼져 나가는 것을 볼 수도 있다. 이런 변화는 대개 몇 분 동안 일어나지만 며칠이나 몇 주가 걸리기도 하고 장기적인 공포 프로그래밍으로 심각하고 반복적인 부정적 순환을 야기한 극단적인 경우에는 심지어 몇 달이 걸리기도 한다. 그 기억이 디프로그램되고 리프로그램되면 분노의 심상에 관해 생각하거나 상상하더라도 혹은 일반적으로 분노를 유발하는 환경이 다시금 발생하더라도 더 이상은 부정적인 느낌이나 감정을 경험하지 않는다는 걸 알게 된다.

6. 당신의 문제를 설명한대로 완벽하게 디프로그램하고 리프로그램하기 전까지는 이 방법을 매일 한두 번씩 기도와 명상으로 활용하라. 한 자리에서 이 방법을 얼마나 오랫동안 활용하는가는 전적으로 당신이 결정할 문제다. 마치 자

기만의 거대한 내면의 영화관에 앉아 있는 것처럼 당신 자신이 내부 세계로 완전히 들어가게 하라. 스크린에서 벌어지는 일이 무섭다면 당신이 사랑하고 당신을 사랑하는 사람을 그 극장에 정신적으로 데려가도 좋다.

내가 만나본 한 내담자는 거칠고 무뚝뚝한 이른바 '남자 중의 남자'였다. 나와 처음 만나던 날 그는 이 성격을 고치고 싶어 했다. 그에게는 자신의 성격이 관절염이나 마찬가지였다. 이 성격 때문에 그의 업무 능력이 제한되었고 그로 인해 스트레스가 생겼고 가족과도 멀어졌으며 결국 가족 관계에 어려움을 겪는 등 문제들이 연쇄적으로 발생했다. 흥미롭게도 그는 명상, 그중 정신을 비우는 데 중점을 두는 고대 동양식 명상에 빠져들었다. 정신을 비우는 것은 분명한 이점이 있다. 마치 채널을 돌리는 것처럼 당신의 문제와 스트레스에서 다른 곳으로 초점을 돌리기 때문이다. 이 방법은 그 자체로 자연히 안도감을 제공하기는 하겠지만, 경험에 비추어 보면 원인 자체를 치유하지는 못한다. 안도감을 계속 유지하고 싶다면 날마다 몇 시간씩 명상을 해야 할 것이다. 나를 찾아온 상당수의 내담자들은 명상을 하려고 부단히 노력했지만 결국은 그만두기로 결심했다. 명상이 잠시는 도움이 되었지만 장기적으로 무언가를 제대로 치유해주지도 못했고 날마다 그렇게 시간을 낼 수도 없어서였다.

분명히 말하지만 나는 전통적인 명상이 대단히 훌륭하다고 믿는다! 명상이란 수백 년 동안 유익하게 이용되어온 대단한 발견이다.
매일 1~3시간의 명상은 신체의 생리에 낮잠을 자는 것과 비슷한 영
향을 미치고 내가 살펴본 바에 따르면 매일 짧은 낮잠을 자는 것에
관한 연구는 이 점을 대단히 확신한다. 그뿐만 아니라 정신이 공포와
거짓말, 어둠(스트레스)으로 가득하다면 정신을 진정시키거나 비우는
것이 크게 도움이 된다.

하지만 요점은 이것이다. 만약 정신이 빛과 사랑, 진실로 가득해서
공포와 거짓말, 어둠이 존재하지 않는다면 당신의 정신을 진정시킬
필요가 없다! 정신은 하루 종일 작동하도록 만들어졌고 무슨 일이 있
더라도 그렇게 작동할 것이다. 당신이 멈추려고 해도 멈추지 못한다.
스트레스를 받을 때 정신을 진정시키는 것은 치유가 아니라 대처 기
제coping mechanism다. 물론 당신은 보다 편안한 기분이 들 것이다. 혈압
도 개선될 것이다. 그리고 기분이 나아질 것이다. 이밖에 다른 수많
은 긍정적인 증상들을 경험할 가능성이 크다. 하지만 하루에 몇 시간
동안 명상하던 것을 멈추는 순간 온갖 부정적인 증상들이 재발하게
된다. 당신은 그런 증상을 치유한 것이 결코 아니라 대응했을 뿐이기
때문이다.

마음 스크린 명상은 그와 정반대다. 정신을 비우는 것이 아닌 문제
를 통제하는 것에만 느긋하게 집중하려는 것이 핵심이다. 여기서 기
제를 활성화시키는 것은 바로 정신이다. 마음 스크린과 심상 형성 기
관이 함께 정신과 신체의 자가 치유 프로그램과 기제를 형성한다. 해

결책은 거기서 중단하는 등 손을 떼는 것이 아니라 거기에 관여해 정신과 마음, 신체에 자리한 내면적 스트레스와 공포의 근원을 치유하는 것이다. 마음 스크린 방법은 명상이 하는 역할을 모두 수행할 것이고 대체로 시간이 몇 분의 일로 단축될 것이다. 하지만 당신이 문제에 대처하게 하기보다는 근원적인 부분을 치유하도록 할 것이다.

나는 이 개념을 내담자에게 설명해주었고 그는 정말로 흥미를 느꼈지만 회의적이었다. 그의 말투는 조금도 따뜻하지 않았지만 정보를 모으는 듯한 어투였다. 그가 물었다. "마음 스크린 명상을 하면 몇 번이고 반복할 필요가 없다는 건가요?" 그것이 결정타였다. 만약 쉴 새 없이 이야기하거나 엄청난 돈을 지불할 필요가 없고 집에서 혼자서도 할 수 있는 해결책을 찾아낼 수 있다면 그는 바로 시도해 볼 참이었다.

그는 한 달쯤 뒤에 나에게 전화를 걸었다. 나는 그의 목소리를 거의 알아차리지 못했다. 그는 마치 내가 세상에서 가장 친한 친구인 것처럼 이야기를 건넸다. 정신없이 열변을 토했던 것이다. 그가 말했다. "내가 평생 찾아 헤매던 방법이에요." 그는 관절염을 더 이상 앓지 않았고 완전히 기운을 차리고 일하게 되었으며 가족들과도 시간을 보낼 수 있었다. 마음 스크린 방법이 그의 악순환을 선순환으로 반전시켰다. 그는 자신에게 맞는 진정한 성공을 이루었다.

나의 박사 과정 재학 시절을 되돌아보면 어느 교수가 나를 비롯한 학생들에게 가르쳐준 시험 공포증을 다루는 명상 기법이 하나 생각난다. 그 교수는 우리에게 지금 당장 완벽한 상황 속에서 좋아하는 장소에 가 있다는 상상을 하라고 제안했다. 우리는 어느 열대 섬의 바닷가에서 모래사장에 긴 의자를 놓고 비스듬히 기대 앉아 음료수를 마시고 햇볕을 실컷 받으며 넘실거리는 청록색 파도를 바라볼지도 모른다. 우리는 혼자일지도 모르고 가장 사랑하는 사람과 함께일지도 모른다. 우리는 바로 그 순간 완벽한 상황에서 그 장소에 있는 자신의 모습을 가능한 생생하게 상상한다. 이 기법은 당신이 시험을 치르는 것처럼 스트레스를 받는 외적 환경에 처할 때마다 불안감을 가라앉히는 데 도움이 된다.

다른 모든 것과 마찬가지로 이 방법은 최대의 효과를 얻기 위해 일반적으로 연습이 필요하다. 이 기법을 연습하면 할수록 자신이 완벽한 장소에 있다고 더 빨리 상상할 수 있고 스트레스 반응을 유발하는 어떤 상황에서도 우리가 느끼는 스트레스를 더 빨리 가라앉힐 수 있다. 마침내, 나는 연습을 통해 '그 장소'에 도달해서 10여 초 만에 시험의 중압감을 벗어버릴 수 있었다. 사람들이 내 주위를 온통 둘러싸고 있었는데도 말이다. 물론 이 상상은 사실이 아니었다. 현재의 상황은 변함없이 매번 스트레스 반응을 유발하여, 이 기법이 효과적이기는 하지만 결국 또 하나의 대처 기제에 불과하다는 것을 증명한다.

마음 스크린 방법은 그 시각화의 힘을 수백 배 강화시킨다. 당신의 영적 마음속에 사랑을 기반으로 한 완벽한 그림을 자리 잡게 해서 애초부터 외부 환경이 스트레스 반응을 불러일으키지 않게 한다. 이는 평범한 명상이나 대처 기제가 아니다. 이건 진짜다. 당신이 마음 스크린에서 보는 것이 당신의 마음에서 어떤 일이 일어날지를 결정한다. 그 다음에는 외적인 삶에서 어떤 일이 일어날지가 결정된다. 이것은 평생토록 당신 안에 존재해왔던 일이다. 그 사실을 알지 못했거나 자신을 치유하기 위해 어떻게 활용해야 할지를 몰랐을 뿐이다.

마음 스크린 방법은 정말 경이로운 결과를 경험할 수 있는 비결이다. 이 방법을 터득하는 데 시간이 얼마가 걸리든 노력할 만한 가치가 있다. 나는 여기서 논의한 세 가지 방법이 우리의 학습 방식에서 나타나는 자연스런 차이와 대략 부합한다는 것을 깨달았다. 만약 신체 접촉을 통한 경험을 중시하는 유형의 학습자라면 에너지 의학 방법을 활용하는 것이 더 쉬울 것이다. 그에 비해 언어적이고 분석적인 유형의 학습자라면 리프로그래밍 진술을 사용하는 편이 더 수월할 법하다. 그리고 시각화에 능한 학습자라면 마음 스크린 방법을 활용하는 게 한결 쉽다. 하지만 나는 이것 말고도 한 가지 더 깨달은 게 있다. 일반적으로, 마음 스크린 방법이 만들어낸 결과는 에너지 의학 방법이 만들어낸 결과만큼 그 즉시 극적인 효과를 일으키지는 않지만 시간이 흐르면서 그 효과가 한층 커진다. 시각화에 능한 학습자는 1주일, 시각화에 능하지 못한 학습자는 4개월이 걸리겠지만 나는 100명이면 100명 모두 결과를 얻을 때까지 마음 스크린 방법을 사용하는 연습을 하라고 권하고 싶다. 이는 특정 성격을 지닌 사람에게 힘겨운 투쟁에 가까운 일인지도 모르지만, 실제로 당신은 이 스위치를 딸깍 돌려 마음 스크린에 나타난 것을 의식적으로 변화시킬 수 있을 것이다.

영적 마음 기술

우리는 자신의 내면 마음 스크린에 접근할 뿐 아니라 다른 사람의 마음 스크린과도 지속적으로 의사소통한다. 우리는 스마트폰이나 컴퓨터와 비슷하게 기능한다. 아니, 보다 정확히 말하면 앞에서도 말했듯이 스마트폰과 컴퓨터는 우리와 비슷하게 기능하도록 설계되었다. 또한 우리는 '월드와이드웹www'이라는 적절한 이름을 붙인 인터넷이 인간의 행동 방식과 마찬가지로 기능하도록 설계되었다는 사실도 알고 있다. 나는 인간의 마음 스크린에서 컴퓨터의 인터넷 연결과 가장 유사한 것을 '영적 마음 기술'이라고 부른다.

컴퓨터가 인터넷에 연결된 모든 컴퓨터와 눈에 보이지 않게 무선으로 끊임없이 데이터를 주고받는 것처럼 인간의 마음 스크린도 세상의 모든 마음 스크린에서 발생한 에너지 데이터를 지속적으로 주고받는다. 따라서 이 데이터는 우리 자신을 비롯해 우리와 연결되어 있는 다른 사람들의 현재 경험과 건강에 끊임없이 영향을 미친다.

마치 우리의 마음 스크린이 '유기적 와이파이'를 통해 서로 연결되어 우리의 생각과 느낌, 행동, 생리기능에 즉각적이고도 지속적으로 영향을 미치는 것처럼 느껴진다. 그러므로 영적 마음 기술은 내면적으로는 각자의 마음 스크린에 자리한 세대에 걸쳐 전해진 기억과 개인의 기억에, 외면적으로는 우리와 관련되고 가까이 지내는 모든 사람과 최근에 만나는 사람들, 우리 주변에 있는 사람들의 마음 스크린에 연결되어 있다. 우리가 다른 마음 스크린으로부터 받은 모든 데이터는 프로그래밍을 통해 처리되며, 지속적으로 프로그래밍을 다시 작성하고 수정한다. 우리가 인식했든 그러지 못했든 다른 마음 스크린에서 온 데이터는 우리의 첫 프로그래밍에 큰 영향을 미쳤다.

물리학자들은 70년 전에 실험을 통해 마음 스크린과 영적 마음 기술의 존재를 입증할 수 있었고 그 시초는 앨버트 아인슈타인이었다. 1935년에 아인슈타인과 포돌스키Boris Podolsky, 로젠Nathan Rosen이 실시한 실험은 소위 '원격 작용action at a distance' 효과를 확인한, 과학사상 가장 유명한 실험 가운데 하나다. 이 실험의 결과는 아인슈타인이 사실이라고 믿었고 일어나리라 예상했던 것을 확증해주었다. 그러나 오랫동안 이것은 '유령 같은' 원격 작용이라고 흔히 알려졌다. 물리학자들은 이런 현상이 일어난다는 것은 알고 있지만 어떻게 발생하는지는 여전히 설명하지 못하기 때문이다.

이 실험은 1935년 이후로 여러 차례 반복되었지만 결과는 동일했다. 만약 현대의 물리학자들 앞에서 이 실험을 언급한다면 그들은 손으로 얼굴을 가리고 이렇게 외칠 가능성이 크다. "아니, 이런! 그 유령 같은 원격 작용 실험은 안 돼!" 비록 자신들도 알고 있고 이미 입증된 현상이지만 설명할 길이 없기 때문이다.

어느 세계적인 물리학자는 '유령 같은 원격 작용' 실험 한 가지를 내게 설명해주었다. 이 실험은 난생 처음 만나는 두 사람이 자기소개를 하고 이름, 고향, 자녀수 등, 서로 안면을 트는 데 필요한 정도의 개인 정보를 대충 주고받는 것으로 시작되었다. 그러고 나서 두 사람은 헤어져 각각 패러데이 상자Faraday cage에 들어가고 상대에게 어떤 일이 벌어지는지 전혀 알지 못한다. 패러데이 상자는 일반적인 전기와 에너지가 투과하지 못하도록 만들어졌다. 만약 스마트폰의 와이파이 막대가 5개일 때 패러데이 상자 속으로 들어가면 막대는 순식간에 모두 사라지고 '서비스 불가' 메시지가 뜰 것이다. 하지만 양자 에너지는 투과가 가능하다. 각각의 패러데이 상자 안에서 과학자들은 두 사람에게 생리 반응과 신경 반응을 측정하는 진단 장비를 착용시켰다. 한 과학자가 패러데이 상자 안에 있는 참가자의 눈에는 만년필 형 손전등을 비추었지만 보이지 않는 곳에 있는 다른 참가자는 편안히 쉬고 있었다. 손전등이 참가자의 눈에 비추자 모든 진단 장비의 바늘이 격렬하게 움직였다. 여기서 유령처럼 오싹한 부분이 등장한다. 바로, 나머지 참가자에게 착용시킨 진단 장비의 바늘도 격렬히 움직여 완벽하게 동일한 생리적 반응을 기록했다는 것이다. 나머지 참가자는 손전등의 불빛을 경험하지도 않았고 다른 피험자가 그런 경험을 한다는 사실도 몰랐는데도 말이다.

원격 작용 실험이 입증한 바에 따르면, 우리는 마치 무선으로 인터넷에 연결되어 있는 것처럼 주변 사람들, 그중에서도 특히 가장 가깝거나 가장 최근에 만난 사람들과 양자 에너지를 통해 지속적으로 연결되어 있다. 심지어 세상의 모든 사람들과 약간은 연결되어 있을지도 모른다. 사실상 우리는 자신과 연결되어 있는 사람들에게 의식적으로든 무의식적으로든 끊임없이 데이터를 전송하고 있으며, 그 데이터는 관련된 모든 사람의 생리 기능에 지속적으로 영향을 미친다.

국방부에서 실시한 한 연구는[1] 우리가 송신하는 에너지가 어떻게 각각의 세포에 즉시 영향을 미쳐 우리가 공포를 송신하는 경우 스트레스를 주거나 우리가 사랑을 송신하는 경우 스트레스를 제거하는지 한층 더 명확하게 보여준다. 이 1998년 실험에서 참가자의 입천장에서 세포들을 긁어내 80여 킬로미터 떨어진 장소로 옮겼다. 그러고 나서 참가자는 텔레비전에 비친 폭력적인 심상들을 보고 예상한 대로 스트레스 반응으로 인한 생리적 변화들을 나타냈다. 예를 들어 전기 피부 반응, 심박수 증가, 신경 활동 변화 등이다. 참가자가 생리적 스트레스 반응의 증상들을 보이는 그 순간에 80여 킬로미터 떨어진 곳 긁어낸 세포에서도 동일한 생리적 스트레스 반응이 나타났다.

그 다음으로, 참가자가 텔레비전에서 마음을 진정시키는 심상들을 보자 생리 반응 역시 마음을 진정시키는 효과를 나타냈다. 이와 동시에 80여 킬로미터 떨어진 곳에 있는 긁어낸 세포 역시 이처럼 차분한 생리 반응을 보였다. 실제로, 인체에서 세포가 분리된 지 무려 5일이 지난 뒤 여전히 80여 킬로미터 떨어진 곳에서 실험이 지속되는 동안에도 참가자의 세포들은 참가자 자신과 완벽하게 동일한 생리적 반응을 계속 나타냈다.

에모토 마사루 박사의 베스트셀러《물은 답을 알고 있다》와 그의 획기적인 연구에 따르면, 머리로 생각하거나 입으로 말한 단어들조차 동결된 물 결정체의 분자 구조를 변화시킨다. 공포 기반의 단어들은 분자 구조를 기괴하고 어둡고 비뚤어진 형태와 색채로 변화시키는 반면, 사랑 기반의 단어들은 현미경으로 들여다보면 숨이 멎을 만큼 아름답고 변화무쌍한 반짝이는 눈송이로 바꾼다.

심장-정서과학 연구소인 '하트매스Institute of HeartMath'의 연구에 따르면, 사랑을 기반으로 한 생각이나 말은 DNA를 치유하는 효과가 있지만 공포를 기반으로 한 생각과 말은 스트레스를 주고 피해를 입힌다. 한 연구에서 피험자들이 인간의 DNA가 담긴 시험관을 손에 쥐고 긍정적이고 치유가 되는 생각을 하자, 에모토 박사의 사랑을 기반으로 한 말로 인해 분자에 나타난 것과 동일한 유형의 조화가 이 DNA에도 나타났다. 이와 마찬가지로, 실험 참가자들이 부정적이고 파괴적인 생각을 하자 DNA에 혼란이 야기되었다.[2]

다시 한 번 말하지만, 우리의 마음 스크린과 영적 마음 기술은 은유가 아니다. 실제로 존재한다. 공포와 사랑의 데이터는 바로 지금도 생리 기능과 생각, 느낌, 믿음, 외부 환경 등 우리 세포에 끊임없이 영향을 미치고 있다. 이 공포와 사랑의 데이터는 우리의 프로그래밍, 세대에 걸쳐 전해진 기억, 각자의 선택, 그리고 우리가 연결되어 있으면서 그 사실을 알아차리지도 못하는 다른 사람들에게서 비롯될 수 있다. 물론, 무기력해지기 시작할 때마다 우리가 자동적으로 이렇게 생각하는 것은 아니다. '아, 맞다. 3일 전에 친구와 이야기를 나눴어. 그녀는 정말 무기력했지. 아마 그래서 내가 지금 무기력한가봐.' 이것은 틀렸다! 우리의 정신이 무기력한 이유를 떠올리려고 노력하기 때문에 우리는 의지력을 사용해서 고통을 피하고 쾌락을 추구하며 주변을 둘러보면서 배우자를 비난하거나, 강아지를 걷어차고 앞에 가는 자동차를 향해 경적을 울려대는 것이다.

영적 마음 기술 뒤에 숨겨진 과학적 근거를 이해한다면 "당신의 친구를 신중하게 선택하라"는 격언을 완전히 새로운 경지로 끌어올리게 된다! 이와 동시에 사랑과 빛으로 디프로그램과 리프로그램을 실행한 뒤에 현재에 충실하게 살겠다고 결정하면, 당신은 만나는 사람 모두에게 강력한 치유의 존재가 될 수 있다. 사랑과 빛은 공포와 어둠을 언제나 극복한다. 그러므로 사랑을 의식적으로 보내고 받는다면 당신의 에너지 장은 모든 공포 혹은 스트레스 진동수가 찾아오지 못하게 막는 살충 기구와 같을 것이다. 그리고 이는 당신을 비롯해 다른 사람들의 삶에 대단히 긍정적인 영향을 미칠 수 있다.

나의 내담자 중 한 명은 10년 동안 딸과 대화를 하지 않았다. 내게 처음으로 전화를 걸었을 때 그녀는 이렇게 말했다. "문제가 있어요. 제 딸과 관련된 거예요." 마침내 나는 그녀에게 딸 걱정을 하지 말고 그저 그녀 자신의 문제를 치유하는 데 집중하라고 설득했다. 몇 달 뒤, 그녀는 디프로그래밍과 리프로그래밍 작업을 열심히 하면서 점점 더 좋아지는 기분이 들었다. 어느 날 그녀는 나에게 전화를 걸고는 눈물을 흘렸다. 그리고 이렇게 말했다. "오늘 아침에 디프로그래밍과 리프로그래밍 작업을 하다가 제 안에 남아있던 마지막 한 점의 용서하지 못하는 마음과 분노가 사라지는 것을 느꼈어요. 마침내 완전히 치유되었다는 걸 알았죠. 그 순간 초인종이 울리더군요. 제 딸이었어요. 딸이 우리 집 문 앞에 서서 두 팔을 활짝 벌린 채 이렇게 말했어요. '엄마. 정말 죄송해요. 절 용서해주시겠어요?'"

12년 동안 나와 함께 작업해온 코치들도 이와 비슷한 사례들을 많이 겪은 바 있다. 당신 또한 자신을 디프로그램하고 리프로그램하여 사랑을 끊임없이 전달함으로써 만나는 모든 사람을 치유하는 인물이 될 수 있다.

나의 질문은 이것이다. 당신은 영적 마음의 기술을 관장하고 다른 사람들의 마음 스크린으로부터 사랑과 공포 중 무엇을 받을 것인지 통제하고 싶은가, 아니면 주변 사람들이 매순간 당신에게 전달하는 온갖 분노와 공포, 스트레스에 휘둘리고 싶은가? 키보드 앞에 앉아서 인터넷 설정을 구성해 컴퓨터가 받아들이고 내보내는 데이터 가운데 원하는 종류의 것을 선택할 수 있는 것처럼, 당신은 오로지 사랑의 진동수만을 받아들이고 내보내겠다고 선택할 수 있다.

이런 경로와 연결은 새로 만들어낼 필요가 없다. 우리가 어머니의 자궁에 있을 때부터 존재해왔기 때문이다. 마음 스크린 기법이 있어서 우리는 기존의 경로들을 의식적으로 활용해 사랑에 진동수를 맞출 수 있다. 말하자면 당신 자신, 당신 주변, 당신의 세포와 기억, 그리고 당신과 연결된 다른 모든 사람의 세포와 기억들을 사랑에 맞추는 것이다. 당신은 자신이 어떤 방송을 내보낼지를 결정할 수 있다.

개인적으로, 나는 인터넷 라디오 서비스인 판도라^{Pandora}를 즐겨 든는다. 청취자가 '나의 음악 그룹'을 선택하고 나면, 굳이 수동으로 검색해서 플레이리스트를 만들거나 라디오 채널을 계속 변경시킬 필요 없이 판도라가 그 그룹과 유사한 음악을 모두 찾아준다. 같은 방법으로, 당신은 이미 존재하는 경로를 활용해 자신의 사랑의 방송국에 의식적이고 지속적으로 진동수를 맞출 수 있다. 자신을 디프로그램하고 리프로그램하는 작업을 완수하지 않는 이상 원하는 정도까지 진동수를 맞출 수는 없을지도 모른다. 하지만 진동수를 의식적으로 사랑에 맞추는 것은 프로그래밍을 변화시키는 데 도움이 될 뿐 아니라, 이 책에서 제시한 원리들과 방법들을 사용해 리프로그램 작업을 완료하고 난 뒤에는 놀라울 정도로 수월하고 효과적일 것이다.

'사랑에 진동수를 맞추는 것'이 우리의 내면에서 화학적으로 어떻게 작용하는지 잠시 시간을 갖고 살펴보자. 옥시토신은 종종 '사랑의 호르몬'이라고 불린다. 이 호르몬은 우리가 사랑에 빠진 기분이 들 때에도 분비되지만 사랑을 나누거나 아이스크림을 먹는 등 어떤 즐거운 활동을 할 때에도 분비된다. 신체적으로나 비신체적으로 공포·스트레스 반응과 문자 그대로 완전히 반대된다. 우리는 공포가 아니라 사랑으로 살아가도록 설계되고 만들어졌다는 사실을 기억하

라. 공포를 기반으로 살아간다면 기능 장애 혹은 불량이라는 뜻이다.

옥시토신 연구에서 마가렛 알티머스Margaret Altemus 박사와 레베카 터너Rebecca Turner 박사는 연애의 추억을 회상하면 옥시토신이 뇌에서 분비된다는 것을 발견했다.[3] 또한, 대니얼 에이멘Daniel Amen 박사는 공포 기반의 기억들을 회상하면 그 사건이 처음 발생했을 때와 동일한, 공포 기반의 부정적인 호르몬들과 화학 물질들이 뇌에서 분비된다는 것을 알아냈다. 서론에서 언급했듯 스트레스 · 공포 반응 및 뇌에서 분비된 옥시토신의 임상 효과에는 다음 내용이 포함된다.[4]

다음 페이지 도표로 제시된 두 개의 목록은 실패와 성공의 정의 자체이며 두 가지의 궁극적 원인은 공포 기반의 기억과 사랑 기반의 기억이다. 공포 기반의 기억이 스트레스 반응을 일으키면 뇌에서 코르티솔이 분비되며 결과적으로 도표 위쪽에 제시된 모든 증상들이 나타난다. 마음 스크린에서 활성화된 사랑 기반의 기억이 뇌에서 옥시토신을 분비시키면, 결과적으로 아래쪽에 제시된 모든 증상들이 나타난다. 한 가지 반가운 소식을 알려주자면, 당신이 어떤 경험을 하게 될지는 스스로 선택하는 것이다! 당신은 공포 기반의 프로그래밍을 지속시키고 스트레스와 코르티솔, 실패의 스위치를 끊임없이 켜겠다고 결정할 수도 있고 공포를 디프로그램하고 사랑으로 리프로그램하여 지금 이 순간 사랑으로 살아가는 데 집중하며 사랑과 옥시토신, 성공의 스위치를 켤 수도 있다!

코르티솔의 임상 효과(공포·스트레스에 의해 분비됨)
사람을 우둔하게 만든다
몸을 아프게 만든다
에너지를 고갈시킨다
면역체계를 억압한다
고통을 증가시킨다
혈압을 상승시킨다
세포를 닫아버린다
관계를 망가뜨린다
공포와 분노, 우울, 혼란, 수치심, 가치 및 정체성의 문제들을 야기한다
모든 것을 부정적인 시각으로 접근하게 만든다 (심지어 행복한 표정을 짓고 있을 때조차)

옥시토신의 임상 효과(사랑에 의해 분비됨)
관계를 강화시킨다
부모와 자녀의 유대를 강화한다
사랑과 기쁨, 평화를 만들어낸다
면역체계를 강화한다
스트레스를 줄인다

혈압을 낮춘다
세포를 열어준다
중독과 금단을 해소한다
인간 성장 호르몬을 촉진한다
신뢰감과 현명한 판단력을 기른다
식욕과 건강한 소화, 신진대사를 조절한다
치유를 촉진한다
휴식을 촉진한다
비 스트레스 에너지를 촉진한다
고등 신경 활동을 촉진한다

　나의 개인적 경험과 지난 25년 동안 내담자들에게 들은 이야기들을 바탕으로, 우리가 공포를 디프로그램하고 사랑으로 리프로그램한 뒤 현재에 집중하며 사랑으로 살아가기로 선택한다면 우리 뇌에서 옥시토신이 꾸준히 분비될 것이라고 믿는다. 결국, 나를 찾아온 내담자들은 디프로그램과 리프로그램 작업을 하고 러브 코드를 실행한 뒤에 정확히 동일한 경험을 했다고 말한다. 그들이 느끼기에는 다시 20대로 돌아가 에너지가 충만해지고 더욱 명쾌하고 긍정적이며 건강하게 된 것 같다고 한다.

사랑에 흠뻑 빠졌을 때 어떤 기분이었는지 기억하는가? 그때도 이와 똑같이 그 어느 때보다 활력이 솟구치고 스트레스가 줄어들고 생기가 넘치며 한층 건강해지지 않았는가? 옥시토신이 뇌에서 분비되면 바로 그렇게 된다. 물론 문제는 사랑이 식는다는 것이다. 영적 마음과 정신, 신체를 디프로그램하고 리프로그램하며 현재의 사랑에 집중할 줄 안다면, 사랑에 빠진 뒤에 결코 사랑이 식지 않는 것 같은 느낌이 들 것이다. 세상의 다른 어떤 것도 우리가 이런 기분을 느끼도록 만들지는 못할 것이다!

디프로그램과 리프로그램 작업이 끝나고 나면 당신은 영적 마음의 기술을 적어도 두 가지 방식으로 통제할 수 있다. 첫째, 당신은 의식적인 노력을 통해 사랑에 파장을 맞추고 빛과 사랑만을 경험하고 받고 보내겠다고 선택할 수 있다. 마음 스크린 방법의 활용법을 배웠듯이 마음 스크린 위에서 빛과 사랑만을 시각화하고 빛과 사랑만을 주고받는 것을 시각화하라. 빛·사랑과 공포·거짓은 당신의 안에, 당신의 주변에, 그리고 그 에너지 경로들 안에 존재한다. 마치 컴퓨터나 태블릿, 스마트폰이 무선 데이터를 송수신하는 것과 마찬가지다. 이 영적 치유의 작업을 양치질처럼 몸을 관리하고 청결히 하는 일상의 한 부분으로 만들어라. 결국, 지금까지 살아온 방식을 그대로 지속한다면 지금까지 겪어온 스트레스와 불안, 분노, 슬픔 같은 감정을 계속 주고받고 경험하게 될 것이다.

'사랑에 파장을 맞추는 것'을 어떻게 시작할지 확신이 서지 않는 사람에게 한 가지 좋은 소식을 알려주자면, 당신 마음속에는 양심 혹은 내가 '사랑의 나침반love compass'이라고 부르는 것이 존재하고 있다. 고대의 경전들spiritual texts은 이를 '마음에 적힌 법'이라고 불렀다.

눈을 감고 내면에 존재하는 사랑을 기반으로 한 모든 기억에 연결된 것을 시각화하라. 여기에는 세대에 걸쳐 전해진 기억도 포함된다. 당신이 사랑하는 모든 사람들과 친구들은 물론이고 심지어 모르는 사람들과도 연결되어 있으며 1년 내내 그 모든 사람들과 지속적으로 사랑을 주고받는다고 상상하라. 내적인 것이든 다른 사람들로 인한 외적인 것이든 공포 기억에 대해 걱정할 필요는 없다. 사랑이 공포를 제거하고 극복하는 것처럼 빛은 어둠을 언제나 제거하고 극복하기 때문이다. 당신은 이 관행을 하루의 모든 시간 위에 펼쳐 놓을 수 있다. 그리고 내적으로나 외적으로 사랑의 에너지를 보내고 받는 데 익숙해지게 된다. 마치 당신이 일하는 동안 흐르는 배경음악처럼 이 관행이 배경에서 항상 진행되게 만들라.

만약 육안으로 이것을 볼 수 없기 때문에 저 멀리 어딘가에 존재하는 것처럼 여겨진다면, 우리가 눈으로는 한 번도 본 적 없는 중력을 결코 거스를 수 없다는 점을 생각하기 바란다. 이와 마찬가지로, 당신은 음파를 눈으로 본 적은 없지만 소리가 존재한다고 믿을 것이다. 휴대 전화를 작동시키는 에너지 신호가 송수신되는 모습을 볼 수는 없지만 휴대 전화나 스마트폰을 아마 가지고 있을 것이다. 이러한 기기들은 우리가 생명체로서 작동하는 방법을 흉내 낸 것이다. 즉, 끊임없이 에너지를 보내고 받는 것이다. 최근에야 겨우 우리는 당신의 '사랑 방송국'을 작동하게 만드는 많은 요인들과 다른점을 증명할 수 있었다.

이 방법이 다른 수많은 명상 및 시각화 기법들의 차이는 완전히 사실적이고 지금 일어나고 있고 평생토록 일어났으며 앞으로도 살아 있는 동안 일어나게 될 일들을 시각화한다는 점이다. 억지로 만들어 낸 상상이 아니란 말이다. 당신은 이것을 '플라시보' 혹은 '노시보' 명상이 아니라 '데팩토' 명상처럼 생각할지도 모른다. 우리는 아주 최근에 이들 중 상당수를 증명하고 측정할 수 있게 되었다. 내가 설명한 대로 시각화 혹은 상상하는 방식이야말로 독보적으로 진실되며 창조적인 힘이다. 어떤 것이든 심상이 먼저 형성된 뒤에 생겨난다. 처음으로 당신은 영적 마음의 기술로 내면적인 것을 창조하기 위해 심상 형성 기관을 사용하는 것이다.

의식적으로 사랑에 파장을 맞추는 것 외에 당신의 영적 마음 기법으로 활용할 두 번째 유익한 기법은 내가 '사랑의 그림' 혹은 '사랑의 기억'이라고 부르는 것에 초점을 맞추는 것이다. 알티머스 박사와 터너 박사의 판단에 따르면 이는 뇌에서 옥시토신이 분비되도록 만든다. 당신이 그야말로 완벽하게 사랑받는다고 느꼈던 기억을 상상하고 그 사랑의 그림을 마음 스크린에 시각화하라. 만약 사랑의 기억이 전혀 없다면 심상 형성 기관을 활용해 하나 만들어낼 수도 있다. 진실과 사랑이 담긴 기억이라면 일반적으로 좋은 성과를 거둘 것이다.

어쨌든 우리는 끊임없이 기억을 창조하고 편집하고 있다. 게다가 과거에 일어난 일에 대한 기억과 실제로 일어난 일은 전혀 다를지도 모른다.

어찌 보면, 외적 환경에 따라 어떤 기억이 사실인지 아닌지는 그리 중요하지 않다. 그 기억은 영적 마음과 무의식에서는 언제나 사실이고 지금도 일어나고 있다. 그 기억이 사실인지 거짓인지 반드시 알아낼 필요는 없다. 개의치 말고 그저 치유하기만 하라. 어느 쪽이든 당신의 세포와 프로그래밍에 비슷한 손해를 입힐 수 있기 때문이다.

하지만 수많은 사람들이 두 가지 영적 마음 기술 기법을 사용하기 어려워한다. 사랑했던 기억에 아무리 집중하려 해도 스트레스를 받고 다른 모든 것을 두려워하기 때문이다. 그들은 뇌의 옥시토신 분비에서 혜택을 얻고 싶지만, 신체적으로나 비신체적으로 코르티솔과 스트레스의 영향에 파묻혀 어쩔 줄 모르게 된다. 바로 그런 이유로 당신은 옥시토신이 최대의 효과를 낼 수 있도록 디프로그램과 리프로그램 작업을 실시해야 하는 것이다.

CHAPTER 9

세 가지를
모두 활용하는 결합 기법

나는 세 가지 방법을 개별적으로 시도하면서 각각의 방법이 자신에게 작동하는 방식에 익숙해지라고 권하기는 하지만 세 가지가 결합되면 가장 효율적으로 작동한다고 믿는다.

이미 많은 지면을 할애해 세 가지 방법을 설명했지만 그 과정 자체는 대단히 간결하고 단순하다. 5분 안에 세 가지 방법을 같이 사용할 수 있다. 사실, 다년간의 실행 경험이 있기 때문에 나는 이 방법들을 언제나 1분 안에 사용한다.

이 결합 방법은 두 가지 방식으로 사용할 수 있다. 첫째, 리프로그래밍 진술에 에너지 의학 방법과 마음 스크린 방법을 결합할 수 있다. 나는 이 방법으로 시작하라고 권하고 싶다. 혹시 지금 당장 신경 쓰이는 문제가 있다면 그 특정한 문제에 대한 리프로그래밍 진술로 대체할 수 있다. 그 문제가 쓸개인지 불안감인지 특정한 인간관계인지는 상관없다. 그저 다음의 단계들을 착실히 따라라. 혹은 'beyondwillpowertogether.com' 사이트를 방문해서 그 과정에 대해 설명하는 10분짜리 음성파일을 들어봐도 좋다.

1. 첫 번째 리프로그래밍 진술을 자신에게 말하는 것으로 시작하라. "나는 내가 누구이고 무엇이며 내가 누가 아니고 무엇이 아닌지에 관한 완전하고 유일한 진실을 믿기를 간절히 바라며 기도하고 간구한다" 혹은 특정한 문제를 개선하기 위해 애쓰고 싶다면 그 문제를 마음속으로 명확하게 확인하라.

2. 당신이 그 진술 혹은 특별한 문제를 치유하거나 개선시키는 것에 대해 어떻게 느끼는지 생각하라. 당신의 생각이나 감정 혹은 신체에서 공포나 스트레스, 저항감이 조금이라도 느껴지는가? 만약 그렇다면 당신에게 그 진술이나 문제와 관련해 공포가 내재된 출처 기억이 있다는 신호이며 이 결합 방법이 그 공포의 근원을 치유하는 데 도움이 될 것이다. 만약 저항감이 없는데 리프로그래밍 진술로 작업하고 있다면, 진술을 하면서 저항이 생길 때까지 다음 리프로그래밍 진술로 넘어가라.

3. 리프로그래밍 진술이나 문제의 치유에 대해 구체적인 저항감을 감지했다면 스스로 이렇게 자문하라. '예전에 언제 이런 기분을 느꼈지?' 그 근원에 최대한 가까이 다가가기 위해서는 가장 먼저 이런 감정을 느꼈던 기억에 대해 떠올리려고 노력하라.

4. 당신의 마음 스크린에 있는 심상들이 지금 겪고 있는 문제를 치유하게 되기를 마음으로 기도하라. ※주의할 점-아래의 과정을 거치는 동안 마음 스크린에 무엇이 나타나더라도 계속 마음을 열어두어라. 마음의 스크린에 미처 생각지 못한 놀라운 심상이 떠올라 기대한 것보다 훨씬 더 깊은 차원의 치유를 경험한 사람들은 수없이 많다. 그러므로 당신의 마음 스크린에 나타나는 심상들을 지나치게 통제하려 하지 마라. 그저 그 심상들이 자연스레 떠오르도록 하라.

5. 이제 리프로그래밍 진술이나 치유하고자 하는 문제와 관련해 당신이 겪고 있는 저항감이나 문제점을 마음 스크린 위에서 상상해보자. 만약 마음 스크린에 저항감을 떠올리는 것이 어렵다면 먹이나 보살핌이 필요한 동식물같이 비유적인 이미지를 창조하는 것도 좋다. 혹은 당신이 지금 느끼는 감정을 그냥 상상해도 된다. 공포나 걱정을 예로 들면, 공포

혹은 걱정이라는 단어를 마음 스크린에서 상상해보라. 다시 한 번 말하면, 어떻게든 상상하려고 너무 애쓰지 마라. 그저 마음을 느긋하게 먹고 자연스레 떠올리게끔 하라. 지금 어떤 감정을 느끼고 있지만 아무 것도 상상하지 못하겠다면, 그것 역시 괜찮다.

6. 양손을 가슴 위에 얹어라(에너지 의학 방법의 첫 번째 자세를 취한다).

7. 생명의 근원인 (신의) 빛과 사랑이 당신의 마음 스크린을 가득 채운다고 상상하라. 당신은 부드럽고 강력한 빛이 흘러들어오면서 따뜻함과 위안을 마음 스크린으로 가져오는 것을 볼지도 모른다. 빛과 사랑이 당신의 마음 스크린 전체를 흠뻑 적시도록 하라. 당신이 느꼈던 저항감까지도 포함된다. 그 결과 저항의 심상이 변화하는 것을 볼지도 모르지만 억지로 변화시키려 하지는 마라. 뱃속으로 몇 차례 숨을 깊이 들이쉬고 싶을 수도 있다. 긴장을 풀고 그 경험을 계속 반복하라.

8. 이제 양손을 이마에 얹어라(에너지 의학 방법의 두 번째 자세를 취한다).

9. 신이나 예수, 가족처럼 당신을 알고 아무 조건 없이 사랑하는 사람 혹은 당신이 존경하고 함께 있으면 완전히 안심하게 되는 누군가를 상상하라. 그러한 대상이 존재할 때 한결 더 많은 빛과 사랑을 가져다주므로 전체적인 분위기가 완벽한 조화를 이루는 모습이 된다. 당신의 문제 혹은 문제에 대한 감정 역시 바뀔지도 모르지만 그 심상들이 스스로 바뀌고 변화하도록 하라. 마음 스크린에 나타나는 것은 무엇이든 괜찮다. 그저 떠오르게 하라.

10. 마지막으로, 양손을 정수리에 얹어라(에너지 의학 방법의 세 번째 자세를 취한다).

11. 당신이 예전에 느끼던 것과 정 반대의 감정이 마음 스크린을 채우기 시작한다고 상상하라. 예전에 비탄과 절망을 느꼈다면 기쁨과 희망이 마음 스크린을 채운다고 상상하라. 긍정적인 심상들을 보거나 사랑과 기쁨, 평화 같은 긍정적인 감정을 느끼게 되어 공포나 조급함, 좌절, 분노 같은 감정이 더 이상 존재하지 않을 것이다. 그 긍정적인 감정이나 심상이 마음 스크린을 채워 당신을 둘러싼 빛과 사랑, 당신이 사랑하는 사람의 존재, 그리고 당신의 저항감과 완벽하게 뒤섞이게 하라.

12. 최종적으로 양손을 다시 심장 위에 올려두어라.

13. 빛과 사랑 속에서 6~9살 정도의 작은 아이를 상상하라. 아이 쪽으로 걸어가며 당신은 그 작은 아이가 자신이라는 것을 알아차린다. 어린 아이인 당신은 자신을 둘러싼 이 모든 사랑과 빛, 그리고 신 혹은 자신이 사랑하는 사람이 바로 거기 있다는 것을 알게 된다. 예전에는 혼자라고 느꼈을지 모르지만 이제는 자신의 주변 어디에나 사랑이 있다는 것을 안다. 이제 당신은 다른 사람이 그 장면에 등장해 어린 아이에게 다가가는 것을 알아차린다. 그 또한 당신으로 이번에는 어른이다. 어른이 된 당신은 어린 아이인 자신 앞에 꿇어앉아 아이를 끌어안으며 이렇게 말한다. "사랑해. 이제 다 괜찮아. 내가 함께 있잖아. 넌 혼자가 아니야. 네 잘못이 아니야. 네 잘못은 전혀 없었어." 그 순간, 어린 아이인 당신은 자신이 극진히 사랑받는다는 것을 깨닫는다.

14. 계속해서 모든 것을 받아들여라. (신의) 사랑과 빛, 사랑하는 사람의 존재, 그리고 성인이 된 당신이 어린 시절의 자신을 아무 조건 없이 안아주고 사랑하는 모습은 당신 주변에서 완벽한 조화를 이루며 한데 섞여 있다. 당신은 사랑받는다는 것을 알고 안전하다는 것도 안다. 이 감정은 당신의

내면과 존재의 정수, 그 깊은 곳에서 느껴진다. 이 사랑을 느끼고 받아들이면서 당신의 마음 스크린에 떠오르는 것은 무엇이든 그저 그곳에 존재하게 하라.

15. 마지막으로, 부드럽게 그리고 천천히 배가 부풀어오르도록 숨을 크게 들이마신다. 잠잠히 미소를 지어본다. 가만히 눈을 뜨고 당신이 사랑받고 있다는 걸 느낀다.

우리의 신체적, 정서적, 영적 차원은 모두 연결되어 있다

에너지 의학 방법과 리프로그래밍 진술 방법, 마음 스크린은 각각 생리기능과 의식, 영적 마음(무의식과 잠재의식도 포함)에 가장 크게 영향을 미치지만, 세 가지 방법 모두 공통적인 부분이 있으며 서로서로 영향을 미친다. 그뿐만 아니라, 이 방법들을 통해 당신의 경험을 고치는 기술은 시간이 흐르면서 배우게 된다. 마치 화살을 쏘는 것과 마찬가지다. 이제 나는 60초면 경험을 고칠 수 있지만 처음에는 전혀 그렇게 하지 못했다. 연습을 많이 할수록 점점 더 나아질 것이다. 그리고 앞에서 말했듯이 특정한 학습 방식을 가진 사람들은 그중 어떤 방법을 특히 더 쉽게 사용할지도 모른다. 그렇다고 의기소침해질 필요는 없으며 시간이 얼마나 오래 걸릴지 걱정할 것도 없다. 그만큼 가치 있는 성과를 거둘 테니 말이다.

　이번 장을 끝까지 잘 달려왔으니 한 가지 분명하게 해둘 것이 있다. 3장에서 언급했듯이 내가 가장 중요하다고 믿는 것은 매일, 매시간 신·근원·사랑과 연결되어 있는 것이다. 내가 활용하는 주된 방법은 기도다. 당신도 그렇게 할 수 있다면, 그 나머지는 모두 괜찮을 것이다. 두 번째로 중요한 것은 러브 코드 이론과 원칙, 과정에 맞춰 살아가는 것이다. 이는 성공에 이르는 길이지만 나의 경험상 99퍼센트의 사람들은 다른 길을 밟고 있다. 때로 당신은 바른 길에 도달하는 방법을 알려주는 지도만 있으면 된다. 이 책에서 가장 중요하지 않은 것이 세 가지 방법이라 할 수 있다. 내면의 디프로그래밍과 리프로그래밍을 완료하고 나면 여러 방법 중 한 가지로 변화에 이른다는 것을 명심하라. 가령, 사랑과 진실의 원칙에 의거해 명상과 기도에서 얻는 변화의 깨달음, 죽을 고비를 넘기며 신체적, 비신체적으로 얻는 변화의 깨달음, 신·근원·사랑과 연결되기(기도를 통해 일어나기도 한다), 혹은 세 가지 방법처럼 문제에 맞는 특유한 방법 등이 있다. 그러나 무의식과 잠재의식을 리프로그램 하는 별다른 방법이 없다면 세 가지 방법은 여전히 요긴하다. 하지만 나는 여기서 설명한 에너지 의학 방법과 비슷한 결과를 만들어낼 수 있는 다른 에너지 의학 기법들을 몇 가지 알고 있다. 그러므로 그중에서 자신에게 좀 더 편안하게 느껴지는 방법을 얼마든지 골라서 사용해도 괜찮다.

　세 가지 방법의 사용법을 이해했으므로 이제 이 책에서는 몇 가지 기본적인 진단법과 40일간의 과정을 설명함으로써 당신이 가진 성공 문제들의 근원을 보다 쉽게 진단하고, 이 방법들을 통해 당신의 영적 마음을 디프로그램하고 리프로그램하며 당신이 원하는 성공을 달성할 수 있도록 도와줄 것이다.

기본적인 진단법:
성공 문제의 원인을 확인하고 치유하라

여러 내담자들을 만나본 경험에 비추어 보면, 대부분의 사람들은 각자의 성공 목표에 매진하고 러브 코드를 제대로 실행하기에 앞서 '기본적인 디프로그래밍과 리프로그래밍' 작업부터 완수해야 했다. 이번 장에서는 디프로그래밍과 리프로그래밍 작업을 위한 세 가지 진단 방법을 소개한다. 그중 하나는 모든 사람이 처음 시작할 때 사용할 수 있는 방법이고, 나머지 두 가지 진단 방법들은 덤으로 넣어 두었다. 왜냐하면 10명 중 1명에게는 이 두 가지 진단 방법이 대단히 도움이 되었기 때문이다.

어쨌든, 이런 종류의 기본적인 리프로그래밍은 가장 중요하고 해결하기 어려운 문제들을 찾아낸다. 이 문제들 가운데 일부는 몇 년, 몇 십 년, 아니 심지어 몇 세대 동안 숨어 있었던 것도 있다. 혹시 이 진단법들을 살펴보다가 난관에 봉착한 기분이 드는가? 아니면, 숨은 문제들과 먼저 씨름하기보다는 도움이 절실한 한두 가지 성공의 문제들부터 다루고 싶은가? 그렇다면 당장 세 가지 방법을 활용해도 좋다. 아니면 다음 장으로 넘어가 한층 자세한 단계별 성공의 청사진을 살펴보아도 된다. 세 가지 방법과 성공의 청사진을 활용하면 동일한 문제라도 보다 구체적인 맥락 속에서-다시 말해, 당신이 지금 바라는 성공을 어떻게 이 문제들이 방해하는지 파악한 가운데-다룰 수 있다. 준비가 되면 당신은 언제든 이 장으로 되돌아와서 완전한 디프로그래밍과 리프로그래밍 작업을 할 수 있다.

만약 이 기본적인 진단법들을 활용하는 일에 흥미가 있고 시도해보고 싶다면, 성공 문제를 다루는 것이 더 빠르고 더 쉬워진다는 것을 알게 될 것이다. 그리고 기본적인 진단법을 통해 발견하는 내용에 분명 놀라게 될 것이다. 그 놀라움은 당신의 성공에 매우 중요한 열쇠가 될 수도 있다.

진단법 1: 성공 문제 탐지법

내가 여러분에게 가장 먼저 실천하라고 강력히 권하고 싶은 것은 'beyondwillpowertogether.com' 사이트에 접속해서 성공 문제 탐지 검사를 받는 일이다. 이런 종류의 검사는 우리가 알기로는 이것이 유일하고 이 책을 구입한 독자들에게는 틀림없이 무료다. 전 세계의 의사들, CEO들, 성직자들, 사회복지사들, 교사들은 이것을 환자와 고객, 학생들이 가진 문제의 근원, 달리 말해 그들의 인간 하드 드라이브 바이러스를 발견하는 주된 방법으로 이용한다. 이 검사는 당신이 가진 모든 문제와 성공에 대한 장애물의 근본 원인을 진단한다. 그 원인이 신체적인지 정서적인지 영적인지, 심지어 정황적인 것인지는 관계없다.

성공 문제 탐지법은 10분이 소요되는 영적 진단이지만 종교적인 요소는 전혀 없다. 다만 영적인 마음의 문제들을 진단하기 때문에 영적 진단이라고 불릴 뿐이다.

약 20년 전에 마음의 문제들, 우리의 무의식 및 잠재의식적인 믿음들, 그리고 그것들이 우리의 건강과 다른 모든 것에 미치는 영향에 관한 고대 문서들을 발견했을 때, 나는 이 근원적인 문제들을 정확하게 진단할 수 있는 검사를 찾아내기 위해 세계 도처를 조사했다. 하지만 단 한 가지도 찾아내지 못했다. 그러고 나서 이 문제들을 진단할 수 있는 검사를 만들려고 필사적으로 노력했지만 이 시도도 성공하지 못했다. 다행히 심리학 박사 과정을 밟으면서 정신 측정psychometrics 혹은 검사 개발 및 시행construction and administration of tests에도 관심을 두고 있었으므로 몇 가지 빠진 부분들을 여기서 찾아낼 수 있었다. 나는 컴퓨터 프로그래머 팀과 임상 심리학자인 로나 메인와이저Lorna Meinweiser, 그리고 내가 아는 가장 영리한 사람 중 한 명인 톰

코스텔로Tom Costello와 함께 이 검사법을 만드는 데 다시 매진하기 시작했다. 드디어 몇 년 뒤에 마음 문제 탐지법Heart Issues Finder이 탄생했고 그 뒤로 성공 문제 탐지법이 만들어졌다.

그 뒤로 수많은 사람들이 수십 년간 상담과 치료를 받았고 수 없이 많은 검사를 했고 수많은 자기계발 도서를 읽었으며 그리고 끝없는 격려와 자극을 (신체적으로도 정신적으로도) 시도했지만 아무 성과를 얻지 못했는데, 문제 탐지법을 통해 자신들이 겪는 문제의 진정한 근원을 10분 만에 밝혀냈다고 한다. 그들은 문제의 근원을 어떻게 찾아냈을까? 첫째, 상당수의 사람들은 문제의 근원을 직관적으로 파악하고 있었다. 마치 사랑에 빠진 것을 알아차릴 때와 마찬가지다. 둘째, 이 평가 과정에서 드러난 문제의 진정한 근원을 치유하는 데 처음으로 집중하기 시작하면서 자신들의 장기적인 증상이 마법처럼 사라졌기 때문이다.

한 가지 분명히 밝혀두고 싶은 이야기가 있다. 나는 《힐링 코드》를 출간하면서 사람들이 온라인에서 마음 문제 탐지법을 (주로 건강 문제를 발견하는 용도로) 무료로 이용할 수 있게 해두었는데, 어째서 그 검사를 책에 싣지 않았느냐는 질문을 받았다. 이유는 단순하다. 그 검사는 대단히 복잡한 수학적 알고리즘이고 컴퓨터를 이용해서만 실행할 수 있기 때문에 온라인으로 제공할 수밖에 없다. 성공 문제 탐지법도 마찬가지다. 만약 이 놀라운 방법을 (질문, 점수 체계, 그리고 해석까지) 완전히 복제해서 책 속에 넣어야만 독자들에게 성공적으로 전달하는 것이라면, 나는 결코 이 일을 해내지 못했을 것이다. 당신이 이 검사를 끝까지 마치고 나면, 인생의 성공과 관련된 잠재적인 영적 문제들에 관해 8~15쪽짜리 개별적 해석이 곧장 만들어질 것이다. 달리 말하면, 당신이 지닌 성공 문제들의 진짜 근원에 관한 상세한 정보들 그리고 그 해결책이 특별히 당신에게 맞추어져 제공된다는 말이다. 그리고 반가운 소식을 알려주자면, 내가 이 검사에서 가장 좋아하는 점들 중 하나는 이 책을 구매한 사람들에게는 검사가 무료라는 점이다. 사실, 지금부터 당신과 가족들에게는 무료다. (단, 한국어 서비스가 따로 지원되지 않으니, 영어로 진행해야 함은 감안해야 할 것이다-편집자주) 한 달에 한 번씩 검사를 받고 디프로그램과 리프로그램 작업을 하면서 당신의 잠재적인 점수 변화를 지켜보길 권한다.

성공 문제 탐지법 이용하기

진단법의 질문들에 대한 대답을 기반으로, 성공 문제 탐지법은 당신의 인생에서 눈에 보이는 문제들 뒤에 숨어서 당신의 성공을 방해할 법한 16가지의 근원적 문제들에 대해 (-10에서 +10 사이의) 환산 점수를 산출한다. 다음과 같이 당신에게 일어날 가능성이 있는 각각의 문제에 대한 확고한 설명이 포함된 맞춤 해석이 주어질 것이다.

용서하지 못하는 마음 vs. 용서	선량함 부족 vs. 선량함
해로운 행동 vs. 도움이 되는 행동	통제 vs. 신뢰
잘못된 믿음 vs. 변화하는 믿음	건강하지 않은 자만심· 오만함·이미지 관리 vs. 겸손함
이기심 vs. 사랑	건강하지 않은 통제 vs. 건강한 자제력
슬픔·절망 vs. 기쁨	내적 상태
불안·공포 vs. 평화	외적 집중
성급함 vs. 참을성	목표 설정
거절·가혹함 vs. 친절	성공 지향

지금 당장 인터넷에 접속해 'beyondwillpowertogether.com' 사이트에 가서 직접 그 검사를 받아보기 바란다. 평소에 보통 어떤 기분이 드는지를 고려해 질문에 대답해야 한다. 기분이 나쁠 때 검사를 받는다면, 그 순간의 나쁜 기분들을 근거로 질문들에 대답하기 쉬울 것이다. 아니면 유난히 기분이 좋은 날이어서 그 순간의 유난히 좋은 기분을 근거로 질문들에 대답할지도 모른다. 그럴 경우, 검사 결과를 왜곡할 우려가 있으므로 가장 정확한 해석을 위해 당신이 일반적으로 받는 느낌에 근거해 대답해야 한다. 또한 당신은 어떤 구체적인 삶의 문제와 관련된 잠재적 원인들을 확인하기 위해 검사를 받을 수도 있다. 가령 직업이라든가 특정한 인간관계 말이다. 가급적 그 한

가지 문제에 비추어 모든 질문에 대답하라. 당신이 원하는 수많은 구체적인 문제들을 다루기 위해 검사를 여러 차례 받아도 된다.

일단 평가 결과를 받고 나면 가장 낮은 점수들 먼저 살펴보아라. 가령 당신이 받은 가장 낮은 점수 세 가지가 참을성(-5)과 평화(-3), 사랑(-3)이라고 해보자. 이 최저 점수들은 당신의 인생에서 가장 괴로운 일들(성공과 치유가 가장 필요한 일들)의 가장 강력한 원인을 확인해줄 가능성이 크다. 또한 이 점수들은 당신이 진정으로 원하는 것이 무엇인지 모르는 이유와 당신이 지금 설정하는 최종 목표의 근원이 되곤 한다. 이 최저 점수를 기록한 문제들로 인한 고통은 당신이 고통을 완화하기 위해 외적 환경에 집중하게 만든다. 이미 2장에서 배웠듯이 우리는 고통의 근원이 외적 환경에서 생겨난다고 오해하면서도, 몇 세대에 걸쳐 전해진 기억 속에 내재된 영적 문제들로 인한 것이라고는 생각하지 않는다. 당신이 받은 결과를 살펴보면 각 영역들의 점수가 실제로 무엇을 의미하는지에 관한 해석을 볼 것이다. 예컨대, 이 검사가 참을성 항목의 -5점에 대해 어떻게 말하는지 읽어보도록 하자.

참을성 분야에서 당신의 환산 점수는 -10부터 +10까지의 측정 범위에서 -5점이다.

원하는 만큼 일이 빨리 일어나지 않으면 짜증이나 화가 날 때가 많을 것이다. 원하는 것이 있으면 그것을 기다리기 힘

들어한다. 당신의 목표는 진실과 사랑보다는 이기심에 뿌리
를 두는 경우가 많을 것이다. 당신은 진정한 사랑의 목표를
세우고 인생에서 평화와 기쁨을 발견하는 법을 배울 수 있
을 것이다.

다음으로, 가장 높은 점수들을 확인해보자. 이 점수들은 당신의 장
점과 재능, 즉 당신이 가장 잘 하는 것들이다. 이 지식을 인간관계,
직장 생활, 그리고 당신이 하는 모든 일에 활용해 더 좋은 결과를 얻
길 바란다. 스포츠 팀도 이런 식으로 장점을 살린다. 예를 들어, 나
는 테니스 장학생으로 대학에 들어갔다. 실력이 대단히 뛰어나지는
않았지만 끈질긴 근성이 있었고 지기를 싫어했다. 그래서 코트를 여
기저기 누비며 날아오는 모든 공을 다 받아내는 바람에 상대 선수에
게 늘 좌절감을 안겨주곤 했다. 나는 백핸드가 가장 큰 약점이었으므
로 이런 식으로 보완했다. 백핸드로 받아야 할 공을 몇 스텝 더 내디
며 포핸드로 쳐냈던 것이다. 나는 코트에서 상대 선수가 나에게 백핸
드 공을 보내기 어려운 위치에 서 있곤 했다. 이런 보완과 보호책은
엄청난 에너지와 노력이 필요했지만 꽤 효과적으로 약점을 없애주었
다. 따라서 나는 두 가지 방법, 다시 말해 약점을 제거하고 장점을 강
조하는 것을 믿는다. 두 가지 모두 실행하라! 성공 문제 탐지법이 여
기에 도움이 될 것이다.
　당신이 받은 가장 높은 점수가 그리 높아 보이지 않더라도 실망하

지 마라. 가령 당신이 자제력 항목에서 가장 높은 점수인 +2를 얻었다고 해보자. 검사는 그 결과를 이렇게 설명할 것이다.

> 자제력 항목에서 당신의 환산 점수는 -10부터 +10까지의 측정 범위에서 +2점이다.
> 당신은 특권의식이 있을지도 모른다. 즉, 다른 사람들이 당신을 위해 일을 해야 한다거나 세상이 당신에게 성공을 빚지고 있다는 생각 말이다. 혹은 당신이 성공할 능력이 없는 것처럼 느껴지거나 때로는 포기하고 싶은 기분이 들지도 모른다. 낡고 유해한 믿음들과 해로운 세포 기억들을 놓아주면 당신은 진실과 사랑으로 힘을 얻는 삶을 살 수 있다.

당신이 듣기에는 장점처럼 들리지 않을 수도 있다. 하지만 당신이 강력한 공포 기반의 프로그래밍을 가지고 있다면, 그 부정적인 프로그래밍은 장점들을 가로막는 댐처럼 작용하며 당신의 의사에 반해 그 장점들을 저지할 것이다. 그래서 당신이 마음대로 사용할 수 있는 유일한 도구인 의지력을 발휘해 점점 더 강해지는 힘(영적 마음에 있는 프로그래밍)에 대항해 싸우려 할지도 모른다. 하지만 당신의 영적 마음에서 그 공포를 디프로그램하고 5~9장에서 배운 세 가지 방법을 활용해 사랑으로 리프로그램하고 나면, 이 장점들은 홍수처럼 쏟아질 것이다. 우선은 의식을 이용해 당신이 처한 상황에 사랑을 적용시켜라. 한 마디로, 모든 영역에서 당신이 할 수 있는 최선을 다하고 있다고 믿어라. 심지어 가장 낮은 점수를 받은 영역이라도 말이다. 몇점을 받든 스스로 자책하지 말고 자신에게 관대해지기 바란다. 이제부터 그 점수들을 바꾸어나갈 테니까.

성공의 문제 탐지에서 세 가지 방법 활용하기

성공 문제의 근원을 정확히 확인하는 작업은 잠긴 것을 모두 열어줄 잃어버린 열쇠와 마찬가지다. 내가 상담한 어느 내담자는 로스앤젤레스에 거주하면서 3가지 일을 하고 있었다. 그녀는 이 세상에 존재하는 모든 성공 프로그램을 시도해보았지만 자신의 문제가 무엇인지 여전히 알지 못하는 것 같았다. 사람들에게 들은 이야기는 모두제각각이었고 수중의 돈은 점점 바닥이 나고 있었다. 그러던 차에 성공의 문제 탐지 테스트를 실시했고 '외적인 부분에 집중' 항목에서 가장 낮은 점수를 받았다. 그러자 이 문제가 자신의 성공을 방해하는원인이었음을 곧바로 알아차렸다. 외적인 부분에 집중하면 본질적으로 스트레스 반응을 촉발시킬 뿐 아니라 성공을 직접적으로 방해한다는 사실은 이미 알고 있었지만, 외적인 집중이 자신의 일상적인 생활 방식을 어떻게 규정하는지에 대해서는 이제야 깨닫게 되었다. 일단 그 연관성을 알아차리고 나자 그녀는 기도했고 명상했으며 이 성향에 대한 자신의 근원적 프로그래밍을 치유하기 위해 세 가지 방법을 활용했다. 1년이 흐른 뒤, 그녀는 나에게 전화를 걸어 자신의 수입이 16배 증가했다고 알려왔다. 16퍼센트도 아니고 1만 6,000달러도 아니라 16배나 말이다. 그녀는 이렇게 될 수 있었던 원인이 성공의 문제 탐지 테스트를 하고 자신의 성공을 방해하는 문제들의 진짜 원인에 곧장 매진할 수 있었던 덕분이라고 말했다. 나는 사람들이 자기 문제의 진짜 원인을 처음으로 확인하고 나서 특별히 다른 노력을 하지 않고도 그 문제가 즉시 치유되는 사례들을 무수히 보았다.

지금쯤은 당신도 알아차렸겠지만 근원적인 문제를 확인하는 것만으로 문제가 치유되는 경우는 별로 없다. 다행히도 지금은 문제를 치유하는 올바른 방법들을 알고 있다. 성공의 문제 탐지법으로 확인한 근원적 문제들을 치유하기 위해서는 최저 점수를 기록한 항목에서 출발해 세 가지 방법(에너지 의학, 마음 스크린 방법, 리프로그래밍 진술)을 활용하라. 앞서 제시한 사례로 다시 돌아가 보자. 만약 참을성에서 가장 낮은 점수를 기록했다면 특별히 마음이 조급해지는 경우에 대해 생각하라. 나이가 더 어릴 때의 기억일수록 더 도움이 된다. 최초의 출처 기억에 한층 가까워지기 때문이다. 설사 오늘 아침에 몹시 조급해졌던 기억밖에 떠오르지 않는다 해도 그 역시 괜찮다. 당신은 이 테스트와 함께 세 가지 방법을 두 가지 방식으로 활용할 수 있다. 에너지 의학 방법과 마음 스크린 방법 가운데 한 가지 혹은 두 가지 방법 모두 최저 점수를 기록한 구체적 문제에 적용시키는 것이다.

다만 6~8장에서 제시한 단계별 지시를 잘 따라야 한다. 혹은 9장에서 설명한 결합 방법을 활용해도 좋다. 리프로그래밍 진술들을 이용해도 최저 점수의 원인이 될 법한 근원적 문제들을 하나씩 살펴볼 수 있기 때문이다. 어떤 방법이든 가장 마음이 끌리는 것을 활용하면 된다. 방법이 달라도 결과는 같을 테니까.

필요하다면 한 달 동안 최저 점수 분야에 이 방법들을 계속 적용하고, 한 달이 지나면 성공의 문제 탐지 검사를 다시 실시해서 발전 정도를 측정하라.

※주의할 점-그 문제가 하루 만에 치유되었다고 느낀다면 더할 나위 없이 좋다. 하지만 다음 날 검사를 다시 받아볼 것을 권한다. 이 방법들을 이용해 문제를 치유하기 시작하면 최저 점수가 올라가서 결국은 더 이상 최저 점수가 아니게 된다. 그런 상황이 벌어지면, 새로 최저 점수가 된 항목을 선택하고 정해진 순서에 따라 세 가지 방법을 적용하라.

여기서 분명한 목표는 모든 분야에서 높은 플러스 점수를 기록하는 것이다. 하지만 내가 알아낸 바에 따르면, 사람들은 검사 점수가 가장 낮은 항목에 이 방법들을 적용하고 시간이 지나면서 대체로 하나의 돌파구를 통해 한 차원 높은 수준의 성공을 이루도록 만들어주는 몇 개의 자연스러운 기준점을 통과하게 된다. 첫 번째 기준점은 마이너스 점수를 전혀 기록하지 않는 시기다. 즉, 당신이 기록한 각각의 점수가 (-10에서 +10의 범위에서 측정할 때) 모두 양수라는 말이다. 두 번째 기준점은 모든 점수가 +3점 이상일 때다. 세 번째 기준점은 모든 점수가 +5점 이상일 때다. 그리고 네 번째 기준점은 모든 점수가 +7점 이상일 때다. 당신에게 맞는 발전의 속도를 찾고 잘 관리해 나가기 위해서는, 처음부터 모든 분야에서 +7점 이상을 받는 것을 목표로 하지 말고 다음 기준점에 도달하는 것을 목표로 삼기 바란다. 하나의 돌파구는 각각의 기준점에 도달하게 만들어주는데, 큰 목표를 낮추어 단계적으로 나아가는 것은 대부분의 분야에서 -3점을 기록하다가 모든 분야에서 +7점이 되려고 하는 것보다 훨씬 쉽다. 대부분의 사람들은 이 방법이 실행 가능성이 높음을 알게 된다.

모든 부문에서 +7점을 기록하는 네 번째 기준점에 도달하게 되면 (이 책에서 제시한 과정을 잘 따른다면 반드시 그렇게 될 것이다) 당신은 외적 환경에 관계없이 날마다 매 순간을 사랑과 기쁨, 평화, 진실 속에서 살게 될 것이다. 당신은 고지대에 살면서 대부분의 사람들이 전혀 마셔본 적 없는 희귀한 공기를 마실 것이다. 마치 자신이 성취할 수 있는 가장 큰 성공을 거둔 것처럼 느껴질 것이다. 하지만 그것이 전부가 아니다. 당신의 새로운 내부 상태는 시간이 흐르면서 외부 상태를 기적적으로 변화시킬 것이다. 물론, 진짜 기적은 아니다. 당신은 자연의 영적 법칙 및 물리 법칙과 조화롭게, 즉 애초에 정해진 삶의 방식대로 살아가고 있을 뿐이다.

성공의 문제 탐지 검사뿐만이 아니라 다음 두 가지 보너스 진단 방법도 잠재의식적 문제들을 세 가지 방법으로 치유하는 추가적인 보완법이다.

진단법 2: '거꾸로 지니' 검사법

불안은 현대 사회의 유행병이다. 미국의 성인 4,000만 명이 불안 장애라는 의학적 진단을 받았고(이 수치는 미국 성인의 18퍼센트에 해당한다), 여기에는 진단을 받지는 않았으나 날마다 만성 불안감에 시달리는 훨씬 더 많은 사람들의 수가 포함되지 않았다.[1] 공포가 우리 삶을 지배하는 주된 경험이어서는 안 되지만 우리 중 상당수는 공포에 중독되어 끊임없이 스트레스를 받으며 살고 있다. 알다시피, 우리가 지속적으로 공포를 느끼는 원인은 외부 환경과 최종 결과에 집중하기 때문이다. 내적인 문제들(사랑과 기쁨, 평화)에 집중하고 최종 결과를 포기하면 공포와 스트레스가 자취를 감출 것이다.

보스턴 대학교Boston University의 토마스 페리스Thomas Peris 박사는 100세 이상의 노인들을 대상으로 역사상 손꼽힐 만한 대규모 연구를 실시했다. 그는 이 노인들에게 나타나는 공통적 성향이 걱정을 하지 않는다는 것임을 알아냈다.[2] 논리적으로, 이 관찰 결과는 스트레스가 온갖 질병의 원인 중 95퍼센트를 차지한다는 우리의 진술과 일치한다. 공포가 스트레스의 원인이기 때문에 걱정을 하지 않거나 혹은 공포가 없는 사람들이 수명을 단축시키는 질병에 걸리지 않을 가능성이 매우 크다는 설명은 타당하다. 성경학자들의 말에 따르면 성경에는 "두려워하지 말라"는 구절이 365회 등장한다. 우리 몸과 정신의 근원 혹은 창조주는 공포, 걱정, 그리고 스트레스가 우리에게 어떤 영향을 미칠지 알고 이 구절을 그렇게 자주 반복한 것이 아닐까.

거꾸로 지니 검사법은 지금 당신의 삶에 영향을 미치는 공포를 확인한다. 1장에서 대답한 성공의 최종 목표에 관한 세 가지 질문을 기억하는가? 그 질문들은 당신이 정말로 가장 원하는 게 무엇인지 확인해주었다. 혹여 기억나지 않을 경우를 대비해, 그 질문들을 다시 한 번 알려주겠다.

1. 이 순간 당신이 세상에서 가장 원하는 일, 요정 지니에게 빈 소원은 무엇인가?
2. 첫 번째 질문에서 가장 원하는 것이라고 대답한 일이 이루어진다면 당신에게 어떤 도움이 되고 당신의 삶이 어떻게 달라지겠는가?
3. 첫 번째와 두 번째 질문에 대한 해답을 모두 얻었다면 어떤 기분이 들겠는가?

이 두 번째 진단 방법에도 세 가지 질문이 포함되지만 내용은 정반대다. 이 질문들은 당신이 가장 두려워하는 것, 그러므로 내부 바이러스를 없애기 위해 반드시 디프로그램하고 리프로그램해야 할 것이 무엇인지 드러나게 할 것이다. 여기서 제시하는 설명을 잘 따라오다 보면 당신도 각각의 질문에 대답할 수 있다.

　　1. 지금 당신이 가장 두려워하는 것은 무엇인가? 천천히 시
　　간을 갖고 이 질문을 진지하게 생각하라. 해답을 얻게 되면
　　자세하게 설명해보자.

　질문 1에 대한 대답은 지금 당신이 의지력, 부정적인 기대, 그리고 스트레스를 가진 채 가장 중점을 두는 부정적인 상황이 무엇인지 알려준다. 당신은 그런 일이 일어나면 모든 게 엉망이 될 거라고 믿는다. 하지만 이 상황은 당신이 현재 자신의 삶에서 스스로 만들어내는 것이기도 하다. 어째서 그럴까? 첫째, 만약 그 심상이 영적 마음속에 이미 자리하지 않았다면 당신은 결코 그렇게 대답하지 않았을 것이기 때문이다. 자신의 영적 마음속에서 그 심상을 분명히 보았을 것이다. 그렇지 않다면 말로 설명하지 못했을 테니까. 둘째, 우리의 마음은 현실과 상상을 구별하지 않는다. 마음속에서는 상상이 곧 현실이므로, 영적 마음에 있는 것은 무엇이든 실제로 지금 우리 마음에서 일어나는 것이고 결과적으로 우리 몸에서 일어나는 것이다. 이때, 영적 마음의 경험이 100퍼센트 입체 음향의 현재 시제라는 점을 명심하라. 그러므로 당신이 가장 두려워하는 것의 심상을 볼 때마다 당신의

마음은, 생명을 구하기 위해 마음속에서 순간 벌어지는 위급 상황에 반응하기 위해 신체의 생리 기능을 변화시킨다. 가장 두려워하는 것을 생각할 때마다 당신은 투쟁-도피 태세에 돌입한다. 그리고 외적으로는 아무 일도 일어나지 않았다.

> 2. 당신이 가장 두려워하는 것이 (질문 1에서 대답한 것이) 실제로 일어난다면 당신의 삶을 어떻게 변화시키고 당신에게 어떤 영향을 미칠까?

질문 2에 대한 대답은 조금 더 중요하다. 당신의 삶에서 현재 누리고 있고 앞으로 잃어버릴까 두려워하는, 혹은 현재 처하지는 않았지만 자신에게 부과될까 두려워하는 기본적인 외적 환경을 드러내기 때문이다. 질문1에서 그랬듯이, 여기서 제시하는 답변도 현재 당신의 삶에서 스스로 만들어내는 구체적인 상황을 의미한다. 그런 상황이 실제로 일어날 것 같기 때문이 아니라, 단지 그 상황을 두려워하는 것이기 때문이다. 달리 말하면, 우리가 두려움을 느끼면 질문 2에 대한 대답이 (이 점에 대해서는 1번에 대한 대답도) 미래에 실제로 일어날 가능성이 커진다. 이는 그 상황이 저절로 일어나게 될 객관적인 가능성과 전혀 관계없다.

대개는 질문 2를 듣고 상상해낸 모든 대답들이 어떤 상황에서도 일어나지 않을 것이다. 통계적으로 볼 때, 우리가 걱정하는 것의 90퍼센트 이상은 결코 일어나지 않는다. 설사 실제로 일어난다 하더라도 상상하는 것만큼 어렵거나 끔찍하지는 않다. "놀라운 행복의 과학The Surprising Science of Happiness"라는 제목의 테드TED 강연에서 댄 길버트Dan Gilbert 박사는 복권에 갓 당첨된 사람들과 최근에 하반신이 마비된 환자들을 대상으로 실시한 연구에서[3] 얻은 데이터를 소개한다. 연구 초반에는 하지 마비 환자들과 비교할 때 복권 당첨자들이 느끼는 주관적 행복이 놀라울 정도로 컸다. 하지만 6개월이 지나자 차이가 없어졌다. 이런 현상을 심리적 적응psychological adaptation이라고 부른다.

※주의할 점- 심리적 적응은 대처 기제이지 치유의 증상이 아니다. 사실, 심리적 적응이 일어났다는 말은 일반적으로 치유가 전혀 되지 않았다는 것을 의미한다.

이 사례의 핵심은 우리가 삶을 황폐화시킬 것이라고 믿는 것들이 실제로는 그렇지 않다는 것이다. 그러나 우리가 별 일 아니라고 생각하는 일들이 사실상 우리의 삶을 서서히 파괴한다. 대부분의 사람들이 질문 2에 대한 대답이 너무 치명적일 것이라고 생각하는 이유는, 질문 1에서 드러난 상황이 자기 인생의 가장 큰 문제라고 믿기 때문이다. 하지만 이는 사실이 아니다. 이 거짓말 혹은 오해야말로 공포의 근원으로 작용한다. 사실, 우리 삶의 가장 큰 문제는 1장에서 제시한 질문 1(지금 당장 당신이 세상에서 가장 원하는 일은 무엇인가?)을 외적 상황에 적용해서 대답하는 것이다. 이 책에서 지금까지 설명해왔듯이, 외적 환경을 가장 우선으로 추구하는 것이 스트레스 반응과 우리의 모든 문제를 유발하는 원인이기 때문이다.

그러면, 우리의 가장 큰 문제가 1장의 질문 1을 외적 상황에 맞춰 대답하는 것이라면, 두 번째로 큰 문제는 거꾸로 지니 진단법에서 제시한 질문 3에 대답하는 것이며 이 문제를 확인하는 것이야말로 이 진단법의 목표다.

3. 질문 1과 2에서 대답한 것이 당신의 삶에서 실제로 일어 난다면 어떤 기분이 들까?

1장의 질문 3에 대답하면서 당신이 정말로 원하는 것이 무엇인지 드러났듯이, 여기서 질문 3에 대답하면 당신 삶에서 진짜 문제가, 가장 큰 문제가 무엇인지 밝혀진다. 다른 어느 것보다 많은 스트레스를 유발하는 것은 현재 당신 안에 존재하는 내적 상태다. 내적 상태는 저장된 기억, 고통·쾌락·두려움 프로그래밍, 주된 믿음과 생각, 그리고 감정에서 비롯된다. 이 질문은 대부분의 사람들이 몹시 대답하기 힘들어할 만하다. 나의 경험에 비추어 보면, 사람들은 질문 3을 접하고 완전히 무너진다. 그들의 대답이 스스로 상상할 수 있는 실로 최악의 경험이기 때문이다. 하지만 사실 그들은 바로 지금 그 경험을 하고 있다. 최악의 경험이 그들의 영적 마음에 자리하고 있어서 그들이 영적 스크린 위로 그 경험을 그리고 있다면, 영적 마음은 언제나 현재 진행형으로 살아가는 것이다. 그리고 당신의 마음에 따르면 최악의 경험은 '만약'이라는 가정의 문제가 아니라 지금 이 순간 현실에서 일어나는 것이다.

다행히, 당신이 질문 3에 대한 대답의 출처 기억을 치유한다면 역시 삶의 모든 부분에서 엄청난 차이를 알게 된다. 어느 부분에선가, 즉 질문 3과 관련된 어떤 영역에선가 당신은 자신, 다른 사람들, 신, 자신이 처한 상황, 혹은 이 모든 것에 관해 거짓을 믿고 있다. 거짓을 치유하면 내적인 감정 그리고 내적인 상황이 그 즉시 크게 달라지기 시작할 것이다.

'거꾸로 지니' 실전 질문들: 닐의 사례

내담자들과 이 질문들을 다루어 보니 요즘 들어 사람들이 가장 두려워하는 최상위 범주는 재정적인 문제로 드러났다. 닐 역시 다를 바 없었다. 닐은 석 달 동안 실직 상태였다가 그 뒤로 여기저기에서 임시직이나 겨우 구하는 처지였다. 그는 스트레스로 인해 무기력해지기 시작했고, 그로 인해 취업 면접에서 좋은 모습을 보이지 못했으며 결과적으로 부정적인 악순환이 거듭되었다. 그의 아내는 젖먹이와 겨우 걸음마를 시작한 아이를 돌보는 전업주부였고 통장의 잔고는 급격히 줄어들기 시작했다. 질문 1(지금 당신이 가장 두려워하는 것은 무엇인가?)을 다루기 시작했을 때 닐의 대답은 대단히 구체적이었다.

"이달 말이면 음식을 살 돈이 떨어질 것 같아요." 그러자 나는 닐에게 질문 2를 던졌다. "이번 달에 모기지 상환금을 내지 못하고 음식을 살 돈도 없다면 이 상황은 당신의 삶을 어떻게 변화시키고 당신에게 어떤 영향을 미칠 것 같나요?" 그가 이렇게 대답했다. "은행이 우리 집의 담보권을 행사하고 가족들이 굶주린 채 거리로 내몰리겠죠. 결국 우리는 처남 집으로 들어가야 할 겁니다."

나는 조금 전에 설명한 내용을 닐에게 알려주었다. 그러자 은행이 담보권을 행사하는 행위는 이번 달 모기지 상환금을 내지 못한 행위의 직접적인 결과로 발생할 가능성이 거의 없고 단지 그가 그 문제를 두려워하기 때문에 일어날 가능성이 더 크다는 사실을 닐도 이해하기 시작했다. 설사 여러 달 동안 제대로 된 직업을 얻지 못했더라도 닐은 가족에게 잠시 돈을 빌려서 모기지 상환금을 낼 수도 있었다. 그리고 가족에게 돈을 빌려달라고 부탁하고 싶지 않았더라도, 모기지 상환금과 가족들의 식비를 해결할 단기적인 해결책 몇 가지쯤은 생각해낼 수 있었을 것이다. 그는 어떻게 두려움을 기반으로 거짓이 생겨나는지 이해하기 시작했지만 이 이해는 그의 영적 마음에 아직 도달하지 못했다.

그래서 나는 닐에게 다음 질문을 던졌다. "당신이 두려워하는 것이 실제로 일어난다면 어떤 기분이 들까요?" 그가 대답했다. "정말 수치스러울 겁니다. 아내와 아이들, 아내의 가족, 제 가족에게 완전한 실패자처럼 느껴지겠죠." 나는 그가 질문 2에 대답한 것에 적용된 원리가 질문 3에서도 똑같이 적용된다고 설명했다. 즉, 이 수치심이 미래에 생기는 게 아니라는 사실이다. 오히려 이 수치심은 그의 영적 마음에 인간 하드 드라이브 바이러스로 이미 존재했고, 그가 원하는 삶을 살고 싶은 희망이 여전하다면 컴퓨터 바이러스를 제거하듯이 즉시 제거되어야만 했다.

좋은 소식은 이 진단법이 닐의 구체적 인간 하드 드라이브 바이러스, 즉 수치심을 발견했다는 것이다. 그는 영적 마음속에서 수치심을 계속 느끼고 있었고 그 수치심이 조만간 그의 외부 환경에서 활약하기 시작할 참이었다. 그래서 취업 면접을 망치고 제대로 된 직장을 구하지 못하게 만들거나 중대한 건강 문제 혹은 수많은 부정적 증상들을 일으켰을 것이다. 그래서 우리는 그 공포를 디프로그램하고 사랑으로 리프로그램하기 위해 세 가지 방법을 그의 수치심에 적용해 보았다. 성과가 그 즉시 나타나지는 않았다. 하지만 우리는 상담 시간 동안 셋 중 한 가지 방법을 지속적으로 사용했고 닐은 작업을 시작한 직후부터 자신의 수치심을 대개 1 이하의 강도로 평가할 수 있었으며 일주일 뒤 다음 상담이 시작될 무렵에도 여전히 그 수치를 유지했다.

이와 동시에 내적 스트레스가 걷히면서 그는 면접을 보는 동안 마음이 한결 느긋해졌다. 얼마 지나지 않아 그는 정규직으로 취직이 되었다. 딱히 그의 전문 분야는 아니었지만 그래도 꼬박꼬박 급여를 받을 테니 가족의 기본적인 생활비를 지불하고도 남을 것이었다. 그의 내적 상태와 외적 환경은 영적 마음에 자리한 두려움이 사랑으로 리프로그램되고 있다는 증거를 보여주고 있었다. 그리고 전화로 상담하면서 그에게 가장 두려운 것이 무어냐고 다시 물어보자 그는 아무것도 생각해내지 못했다. 세 가지 방법은 그가 더 이상 아무 것도 두려워하지 않도록 두려움을 완전히 제거해버렸다.

'거꾸로 지니' 진단에서 세 가지 방법 활용하기

닐이 그랬던 것처럼 당신도 두려움과 스트레스를 없애고 내적 상태를 기반으로 가장 무서워하는 외적 현실을 더 이상 만들어내지 않으려면 질문 1에 대해 아무 대답도 하지 못하게 만드는 요소가 무엇인지 깊이 들여다보는 내적 치유를 받아야 한다. 만약 당신의 생명이 지금 대단히 위태로운 지경이라면 건강하고 잘 작동하는 내부 프로그래밍은 이렇게 반응할 것이다. "지금 아무 것도 두렵지 않아요." 장담컨대, 가능한 일이다. 이미 이 과정을 끝까지 수행하고 지금 그 결과를 경험하고 있는 사람들이 세계 도처에 있다. 바로 그것을 위해 세 가지 방법이 존재하는 것이다.

이제는 당신이 직접 이 과정을 실행하면 좋겠다. 당신과 손을 잡고 질문 3에 대한 당신의 대답이 인생의 장기적인 설명이 되지 않도록 만들고 싶다. 당신이 앞에서 말한 대답으로 돌아가자. 앞 장들에서 설명된 지시 사항들을 따르며 세 가지 방법을 활용해 질문 3에 대답하라. 질문 1을 듣고 "아무 것도 두렵지 않다"라고 대답할 수 있을 때까지 계속하라. 세 가지 방법을 한 번에 하나씩 활용하거나, 질문 3에 구체적으로 대답할 때 에너지 의학 방법과 마음 스크린 방법을 함께 사용하거나, 아니면 결합 기술을 사용해 리프로그래밍 진술들이 질문 3의 대답 뒤에 숨은 핵심 신념을 진단하고 치유하게 해도 된다. 시간은 하루, 한 주, 한 달, 때로는 (드문 경우지만) 일 년이 걸리기도 한다. 치유 기간은 아무리 오래 걸려도 괜찮다. 그 기간이 당신에게 최선이기 때문이다. 당신은 공포에서 해방된 채 남은 평생을 사랑으로 살아갈 것이다.

진단법 3: 일생을 건 맹세

오랜 세월 동안 내가 만난 수많은 사람들은 이런저런 분야에서 꼼짝 못하고 갇혀있다는 느낌을 받아왔다. 그들은 온갖 것을 시도해보았지만 여전히 한 발짝도 앞으로 나아가지 못하는 듯했다. 심지어 여러 분야에 걸쳐 중독 행동이나 나쁜 습관들을 보이기도 한다. 이유는 서로 크게 다를 바 없는데, 바로 그들이 일생을 건 맹세를 했기 때문이다.

일생을 건 맹세란 우리가 대체로 어린 시절에 오랫동안 극도의 압박감과 고통을 느끼는 상황에서 그와 같은 고통을 다시는 경험하지 않겠다고 하는 약속이다. 의식적으로 혹은 무의식적으로, 우리는 이런 맹세를 한다. "이것을 얻을 수만 있다면 그것을 포기하겠다." 예를 들어, 당신은 어린 시절에 부모님이 많이 다투는 바람에 극도의 공포심을 자주 느꼈을지도 모른다. 어느 날, 당신의 잠재의식이 이 고통을 구제해줄 한 가지 약속 혹은 계약을 했을 것이다. 아마도 당신의 마음은 이렇게 말했을 것이다. "엄마와 아빠가 소리 지르는 것만 피할 수 있다면 무엇이든 하겠다." 그래서 어린 당신은 큰소리라는 고통에서 해방시켜줄 무언가를 하기 시작한다. 지하실에 숨기도 하고 상상의 친구나 상상의 장소를 공상하기도 하며, 어떤 대가를 치르든 어떤 결과를 가져오든 상관하지 않았다. 부모님으로부터 거리를 둠으로써 큰소리에서 벗어났고, 결국은 다른 모든 사람으로부터 멀어졌다.

그 일생을 건 맹세는 평생 동안 지속될 프로그래밍이 된다. 어른이 되면 어린 시절의 맹세가 다음과 같이 변화하기도 한다. "내가 원하는 가정생활을 포기해야 할지 몰라. 하지만 모든 사람이 소리를 질러대는 곳에는 절대 가지 않을 거야." 이런 생각은 당신의 모든 인간관계에 영향을 미치고 당신은 그 이유를 깨닫지 못한다. 당신에게 계속 자기 방어 모드로 살아가라고 지시하고, 이는 지속적으로 느끼는 엄청난 스트레스의 분량과 같다. 일생을 건 맹세는 "살아남기 위해서는 이게 필요해"라는 강력한 믿음이다. 35세가 되어 살아남기 위해 그 상황이 필요 없어졌다 해도 말이다. 사람들이 겉으로는 모든 것을 가진 것처럼 보이지만 안으로는 그것을 전혀 즐기지 못하는 이유도 바로 일생을 건 맹세 때문이다.

　순환되는 자기 파괴적 행동 패턴은 일생을 건 맹세를 한 결과다. 어른이 되어 어째서 계속 이것을 하고 있지? 멈출 수 없을 것 같아! 라는 의문이 든다면 당신은 아마 어린 시절에 일생을 건 맹세를 했을 것이다. 그 힘이 얼마나 큰가는 트라우마의 어떤 객관적인 정의나 어른이 된 당신의 의식적 이해에 의해서도 결정되지 않는다. 오히려 그 맹세를 하던 당시에 당신의 스트레스 반응이 온 몸으로 얼마나 많은 아드레날린과 코르티솔을 뿜어냈는가에 달려 있다. 일생을 건 맹세는 엄청난 양의 아드레날린이 분비되는 델타·세타 뇌파 상태일 때 대체로 만들어진다. 만약 그 순간 어린아이로서 마주한 상황을 엄청난 스트레스라고 느꼈다면, 일생을 건 맹세는 오늘날까지 당신의 인생을 좌지우지할 것이다. 아무리 어른이 된 마음이 원래의 경험을 별일 아니라고 생각하고 일생을 건 맹세가 존재하는지조차 전혀 인지하지 못하더라도 말이다. 우리의 영적 마음에 관한 한 내적 경험, 인식, 그리고 해석이야말로 모든 것이라 할 수 있다.

일생을 건 맹세 실전 진단: 스테이시의 사례

오래 전 내가 상담에 전적으로 매달리던 시절, 스테이시라는 내담자를 만나게 되었다. 그녀는 초콜릿, 알코올, 섹스, 쇼핑, 드라마 등 여러 가지에 중독된 상태였다. 나에게 오기 전까지 몇 년 동안 심리치료를 받았고 자신이 다양한 강박 행동을 해왔다는 걸 알고 있기에 멈추고 싶은 마음이 간절했지만, 장기적으로 도움이 되는 방법을 전혀 찾아내지 못했다. 그녀는 나에게 이렇게 말했다. "제 인생 어떤 것도 진짜처럼 느껴지지가 않아요." 사실, 그녀 자체는 무감정한 표정을 하고 있었다. 그녀의 특징을 한 마디로 설명한다면 어느 의미로 보나 "생기 없음"이라고 정의할 것이다. 마치 눈에서 모든 광채가 빠져나가버린 듯했다. 그녀를 만나본 수많은 심리치료사들은 기꺼이 다른 치료사에게 치료의 기회를 넘겨주었다. 내가 그중 몇 명을 만나 이야기해보니 그들도 벽에 부딪힌 상태였다.

일생을 건 맹세를 하고 나면 대체로 중독에 빠지는데 나는 스테이시가 일생을 건 맹세를 했을 것이라는 강한 의구심이 들었다. 그래서 그녀에게 여러 가지 질문을 던지고 몇 가지 다른 진단법을 사용했지만 그녀는 별다른 중요한 내용을 기억하지 못했다. 그러던 어느 날, 그녀가 진료실을 찾아와서 다짜고짜 이렇게 말했다. "알아냈어요."

"뭘 알아냈다는 말씀인가요?" 내가 멍하니 물어보았다.

"제가 일생을 걸고 어떤 맹세를 했는지 알아냈다고요." 알고 보니 그녀는 전날 밤 스르르 잠이 들려는 차에 어린 시절 침대에 누워서 부모님들이 서로 큰 소리로 싸우다가 결국 아버지가 어머니를 때리는 소리를 들었던 기억이 또렷하게 떠올랐던 것이다. 그녀의 아버지는 난폭한 알코올 중독자였고 가정 폭력을 빈번히 행사했다. 비록 아버지가 학대를 일삼는 알코올 중독자라는 걸 잘 알고 있었으면서도, 그때까지는 가정에서 겪은 일에 대해 어떤 개인적인 기억도 떠오르지 않았다. 그러다 문득 당시에 자신이 어떤 생각을 하고 있었는지도 기억해냈다. '무슨 일이 있어도 여기서 벗어날 거야. 그리고 다시는 이런 일을 겪지 않을 거야.' 이렇게 그녀는 자신이 일생을 걸고 어떤 맹세를 했는지 알아냈다.

바로 그런 이유로 스테이시는 수많은 강박 행동을 했던 것이다. 그 순간 그녀는 어떤 갈등이나 분노, 혹은 그런 문제와 관련해서 어떤 강렬한 감정도 경험하지 않도록 보장해줄 선택을 내렸다. 그녀는 결혼을 했고 남편은 솔직히 말해 전봇대 수준으로 무기력하고 무감각한 사람이었지만 적어도 소리를 질러대지는 않았다. 결국 그녀는 현실세계와 자신의 바람을 연결시키는 것이 그저 너무 위험하기 때문에 그 대신 각종 중독에 빠져 살아왔던 것이다.

일단 그녀의 일생을 건 맹세가 무엇인지 확인해냈으므로, 우리는 세 가지 방법을 적용하고 영적 마음에서 그 구체적인 두려움을 디프로그램한 뒤에 사랑으로 리프로그램할 수 있었다. 가장 최근에 들은 소식에 따르면 스테이시는 여전히 한두 가지 중독을 해결하려고 노력하고 있다. 우리가 구체적으로 확인해본 것만도 12가지 이상의 중독 증상이 있었지만, 그래도 많이 줄어든 셈이다. 무엇보다 중요한 것은 그녀의 전반적인 정서가 달라졌다는 점이었다. 눈에서 다시 생기가 돌기 시작했고 온 몸에 생기가 감돌았다. 또한 남편과 아이들, 직장, 친구들, 한 마디로 인생의 진정한 것에 몰두하기 시작했다.

일생을 건 맹세 진단에서 세 가지 방법 활용하기

최근의 증상들로 미루어 볼 때 (특히, 중독 행동으로 고심하는 중이라면) 예전에 일생을 건 맹세를 한 것 같다는 의심이 든다면 당신도 역시 무의식의 프로그램을 치유할 수 있다. 당신의 영적 마음에서 인간 하드 드라이브 바이러스처럼 작용하는 일생을 건 어떤 맹세라도 진단할 수 있는 방법을 알려주겠다.

1. 첫째, 나만의 표현 방식으로 "당신의 나무 밑에 앉아라." 혹은 무엇이든 자신에게 자연스럽게 느껴지는 방식으로 기도하거나 명상하라. 마음이 열리고 긴장이 풀리면, 당신의 생활에서 어떤 행동이 일생을 건 맹세의 일환으로 자기 파괴적이고 순환적인 패턴에 꼭 들어맞는지 자문해보자. 어린 시절 오랫동안 괴로워하거나 스트레스를 받은 적이 있

는가? 아니면, 비록 기간은 짧았어도 극도로 압박감을 느낀 시기가 있었는가? 그런 경우라면, 의식적으로나 잠재의식적으로 다음과 같이 혼잣말했던 순간을 기억해낼 수 있을까? "＿＿＿만 하거나 갖거나 피할 수 있다면, ＿＿＿없이도 하거나 살 수 있을 거야."

2. 그런 기억을 찾을 수 없다면 현재 당신을 괴롭히고 진심으로 원하는 삶, 즉 매 순간을 사랑으로 살아가는 것을 어렵게 만드는 반복적인 행동에만 집중해도 된다.

3. 세 가지 방법을 이 기억이나 반복적인 행동에 적용해보자. 다시 한 번 말하지만, 세 가지 방법을 하나씩 개별적으로 일생을 건 맹세에 사용하거나, 에너지 의학 방법과 마음 스크린 방법을 결합해서 적용하거나, 아니면 결합 방법을 사용해 리프로그래밍 진술이 일생을 건 맹세 뒤에 숨겨진 핵심 믿음을 진단하고 치유하게 할 수 있다. 증상, 습관, 혹은 중독이 사라지면 디프로그래밍과 리프로그래밍이 완료되었음을 알게 될 것이다. 다시 말하지만, 기간이 얼마나 오래 걸리든 걱정하지 마라. 몇 달이 될 수도 있고 순식간일 수도 있다. 하지만 결과는 그만한 가치가 있을 것이다.

1장 끝에서 비록 당신이 무엇을 할지 완전히 이해했다 하더라도 러브 코드는 아직 실행할 줄 모를 것이라고 한 이야기가 기억나는가? 자 이제, 내가 지금까지 제안한 것을 모두 실행했다면 이제는 러브 코드를 실행에 옮길 힘이 생겼을 것이다. 러브 코드 과정의 핵심에는 변화의 깨달음을 얻기 위한 7가지 원칙(1장), 세 가지 방법, 그리고 잠재의식에 자리한 바이러스들을 진단하고 이를 치유하는 과정을 추적하기 위한 성공의 문제 탐지 검사가 포함된다. 하지만 보다 자세하고 점진적인 프로그램을 선호하는 사람이라면, 11장에서 러브 코드 40일의 성공 청사진을 살펴보길 추천한다. 이는 당신이 인생의 특정 부분, 특히 과거에 도저히 성공하기 어렵다고 생각한 분야에서 마침내 성공을 거둘 수 있을 것이다.

러브 코드

변화의 깨달음을 위한 7가지 원칙

1. 절대 당신의 잘못이 아니다.

2. 언제나 내면이 외면을 만들어내는 법이지, 그 반대의 경우는 결코 없다.

3. 당신이 정말로 가장 원하는 것은 결코 외적 환경이 아니다. 언제나 사랑과 기쁨, 평화의 내적 상태다.

4. WIIFM(내가 얻게되는 이득) 사랑(대부분의 사람들이 진정한 사랑 이라 부르며 그렇게 믿고 있다)은 겉으로는 사랑처럼 보일 때가 많지 만, 당신을 행복하게 만들어줄 것이라 생각하는 외적 환경을 만들기 위해 다른 사람들과 주위 사정을 통제하려고 시도하는 것은 정말로 건전하지 못하다. 게다가 그렇게 만든 외적 환경은 장기적으로 결코 당신을 행복하게 만들어주지 못한다!

5. 두려움과 불완전한 프로그래밍에 힘입은 의지력이 당신을 행복하 게 만들고 성공시킬 확률은 극히 적다. 거의 대부분은 당신에게 스트 레스와 좌절감을 남길 뿐이다.

6. 사랑과 기쁨, 평화의 내적 상태는 거의 언제나 효과가 있는, 삶과 성공을 위한 기적적이고 신성한 동력원이다.

7. 다음 30분 동안 최선을 다해 사랑으로 살아간다면, 그리고 외부의 물리적 결과와 상황을 포기한다면 당신이 아무리 허황된 꿈을 꾼다 해도 그 이상의 성공과 행복을 얻게 될 것이다. 무조건 가능하다!

결합 방법

결합 방법은 두 가지 방법으로 사용할 수 있다. 리프로그래밍 진술 방법이나 지금 당장 마음을 괴롭히는 문제로 접근하는 방법이다. 다음 절차를 따르거나 'beyondwillpowertogether.com' 사이트에 접속해 이 과정을 잘 안내해 줄 10분짜리 오디오 파일을 들어보라.

1. 우선, 첫 번째 리프로그래밍 진술을 소리 내어 말하라. "나는 누구이고 무엇인지, 나는 누가 아니며 무엇이 아닌지에 관해 완전하고 유일한 진실만을 믿기를 간절히 바라며 기도하고 간구한다." 혹은 특정 문제를 개선하고 싶다면 마음속에서 그 문제를 명확하게 확인하라.

2. 당신이 그 진술에 대해 혹은 특정한 문제를 치유하거나 개선하는 것에 대해 어떻게 느끼는지 깊이 생각해보라. 생각이나 감정, 신체에서 조금이라도 두려움이나 스트레스, 저항감이 느껴지는가? 만약 그렇다면, 그 진술이나 문제와 관련해 당신의 생각이나 감정, 신체에 두려움이 깃든 출처 기억이 있다는 신호이며, 결합 방법이 그 공포의 근원을 치유하는 데 도움이 될 것이다. 만약 그렇지 않고 리프로그래밍 진술을 계속 할 수 있다면, 다음 리프로그래밍 진술로 계

속 넘어가서 일말의 저항감이 느껴지는 진술을 찾아라.

3. 어떤 리프로그래밍 진술이나 그 문제를 치유하는 것에 구체적인 저항감이 느껴지면 이렇게 자문해보자. 이런 감정을 예전에 언제 느꼈지? 문제의 근원에 최대한 가까이 다가가기 위해 이런 감정에 관한 가장 처음의 기억에 대해 돌이켜보자.

4. 마음 스크린에 떠오른 심상들을 보고 당신이 지금 겪고 있는 문제가 치유되게 해달라고 진심으로 기도하라. ※주의할 점-아래의 과정을 거치는 동안 마음 스크린에 떠오르는 것이 무엇이든 마음을 열어두어라. 대다수의 사람들은 마음 스크린에서 놀라운 심상들을 경험했고 결과적으로 기대했던 것보다 훨씬 더 깊이 치유되었다. 그러므로 마음 스크린에 떠오르는 심상을 지나치게 통제하려 하지 말라. 그저 심상이 자연스레 떠오르게 하라.

5.지금 다루고 있는 리프로그래밍 진술이나 문제에 관해 당신이 겪는 저항감이나 고민을 마음 스크린 위에서 상상해보자. 만약 마음 스크린 위에서 저항감을 상상하기 어렵다면 동물 혹은 영양분이나 보살핌이 필요한 식물처럼 은유적인

심상을 창조하는 것도 좋다. 아니면, 그저 지금 느끼는 감정을 상상하는 것도 괜찮다. 예를 들어, 지금 두려움이나 걱정이 있다면 두려움이나 걱정이라는 단어가 마음 스크린 위에 떠오른다고 상상해보자. 다시 한 번 말하지만, 심상을 떠올리려고 지나치게 애쓸 필요는 없다. 마음을 느긋하게 먹고 심상이 자연스레 떠오르게 하자. 지금 어떤 감정이 있지만 상상하는 게 전혀 불가능하다면, 그 역시 나쁠 것 없다.

6. 양손을 가슴 위에 얹어라(에너지 의학 방법의 첫 번째 자세).

7. 삶의 근원인 (신의) 빛과 사랑이 당신의 마음 스크린을 가득 채운다고 상상해보자. 부드러운 듯 강렬한 빛이 흘러들어와 따뜻함과 편안함을 마음 스크린으로 가져온다. 그 빛과 사랑이 당신의 마음 스크린을 흠뻑 적시게 하라. 약간의 저항감도 포함된다. 결과적으로 저항감의 심상이 달라지는 게 보이기도 하겠지만 억지로 변화를 일으키려 애쓰지는 마라. 배가 볼록해지도록 몇 차례 숨을 깊이 들이쉬어라. 그 경험을 편안하게 받아들일 때까지 계속하라.

8. 이제 양손을 이마로 옮겨서 동작을 취하라(에너지 의학 방법의 두 번째 자세).

9. 당신을 잘 알고 아무 조건 없이 사랑하는 누군가를 상상해보자. 이를 테면, 신, 예수, 가족, 혹은 당신이 존경하고 100퍼센트 안심할 수 있는 사람이면 된다. 그런 존재가 있다면 이런 빛과 사랑이 더욱 충만해질 테니 전체적인 분위기가 완벽한 조화를 이루는 것처럼 보인다. 당신의 문제 혹은 그 문제에 관한 감정도 달라지겠지만 그 심상들이 저절로 변화하게 해야 한다. 마음 스크린에 떠오르는 것이 무엇이든 좋다. 그냥 자연스레 떠오르게 하라.

10. 마지막으로, 양손을 정수리에 올려두어라(에너지 의학 방법의 세 번째 자세).

11. 당신이 마음 스크린을 채우기 전에 느끼던 감정과 정 반대의 감정을 상상하라. 예전에 커다란 슬픔과 절망감을 느꼈다면 이번에는 기쁨과 희망이 마음 스크린을 가득 채운다고 상상하라. 두려움, 조바심, 좌절감, 혹은 분노가 더 이상 남아있지 않기 때문에 어쩌면 긍정적인 심상을 보거나 사랑과 기쁨, 평화의 긍정적인 감정을 느낄 것이다. 그 긍정적인 감정이나 심상이 마음 스크린을 가득 채우고 당신을 둘러싼 빛과 사랑, 당신이 사랑하는 사람의 존재, 그리고 저항감마저도 완벽하게 섞이도록 하라.

12. 마지막으로, 양손을 다시 가슴 위에 얹어라.

13. 이 빛과 사랑의 가운데에 한 6~9세쯤 된 작은 아이가 있다고 상상하라. 당신은 아이를 향해 걸어가면서 그 작은 아이가 당신 자신이라는 걸 알아차린다. 어린 아이인 당신은 자신을 둘러싼 이 모든 사랑과 빛을, 그리고 바로 그 자리에 있는 신과 사랑하는 사람을 인식해나간다. 어쩌면 예전에는 외로움을 느꼈겠지만 이제는 주변에 온통 사랑이 가득하다는 걸 알게 된다. 이제 다른 사람이 그 장면에 등장해 어린 아이에게 다가간다. 여전히 당신이지만 이번에는 어른이 되었다. 성인이 된 당신은 어린 아이인 당신 앞에 끓어앉아서 아이를 끌어안으며 이렇게 말한다. "사랑해. 이제 괜찮아, 내가 곁에 있잖아. 넌 혼자가 아니야. 네 잘못이 아니야. 한 번도 네 잘못인 적은 없었어." 그 순간, 어린 당신은 깊이 사랑받고 있다는 걸 깨닫는다.

14. 계속해서 모든 것을 받아들여라. (신의) 사랑과 빛, 신이나 사랑하는 사람의 존재, 그리고 성인인 당신이 어린 아이인 당신을 아무 조건 없이 안아주고 사랑하는 모습은 당신을 중심으로 모두 뒤섞여 완벽한 조화를 이룬다. 당신은 사랑받고 있다는 걸 알고 안전하다는 것도 안다. 한 마디로 당

신의 내면과 온몸에서, 존재의 핵심 깊은 곳에서 그런 기분을 느낀다. 이 사랑을 느끼고 기꺼이 받아들일 때 마음 스크린 위에 떠오른 심상은 무엇이든 그저 그곳에 존재하면 된다.

15. 결론적으로, 아주 천천히 뱃속부터 숨을 크게 들이쉬어라. 미소를 지어라. 서서히 눈을 뜨고 당신이 사랑받고 있다는 걸 깨달아라.

성공 문제 탐지 테스트

'beyondwillpowertogether.com' 사이트에 접속하면 성공의 문제 탐지 테스트를 무료로 받아, 당신이 세 가지 방법(혹은 위에서 제시한 결합 방법)을 이용해 디프로그램하고 리프로그램해야 할 잠재의식적 문제를 진단하고 진행 상태를 추적할 수 있다.

CHAPTER 11

러브 코드,
40일의 성공 청사진

지금쯤이면 진정한 성공이란 단순히 당신이 바라던 외적 환경을 달성하는 게 아니라는 사실을 알게 되었을 것이다. 그 결과가 얼마나 인상적인지는 문제가 되지 않는다. 스트레스와 두려움의 직접적인 해소 수단인, 현재를 사랑으로 살아가는 것이야말로 우리의 의식과 신체가 서로 대등해지는, 다시 말해 평화롭고 건강하며 행복해지는 유일한 방법이다. 과거나 미래의 기대에 중점을 두거나 의지력을 발휘해 원하는 것을 만들어내려고 노력하다 보면, 신체적으로나 정신적으로 그야말로 스트레스와 실패를 야기할 것이다.

성공 청사진의 단계에 들어가기 전에, 성공의 청사진을 이 책에 포함시킬지를 놓고 약간 갈등했다는 사실을 밝히고 싶다. 성공 청사진은 일부 사람들의 과정을 한층 복잡하게 만들기도 하기 때문이다. 하지만 개인 진료를 할 때 환자가 과정 지향적이고 단계별로 프로그램에서 도움을 얻을 것이라 생각되면 이 40일 성공 청사진을 강력 추천하고 싶다. 시간을 좀 더 할애해 내가 생각하는 성공의 정의를 내리고 싶다. 나는 우리가 저마다의 운명 혹은 내가 즐겨 쓰는 표현인 '소명'을 지니고 있다고 믿는다. 하지만 우리가 특정한 한 가지 처지에 놓일 운명이라고는 결코 믿지 않는다. 이 말이 사실이고 모든 것이 미리 기록되고 결정되어 있다면 무엇 하러 노력하겠는가? 비록 특정한 소명이나 운명을 타고났을지는 몰라도, 우리가 두려움으로 사는지 사랑으로 사는지에 따라 운명을 창조할 수 있다. 사람은 누구나 사랑을 해야 한다. 사랑의 법칙은 양심을 통해 마음에 새겨져 어떤 상황에서도 완벽한 길잡이가 되어 주기 때문이다. 하지만 그 소명을 따를 것인지, 아닌지는 1년 365일 하루에 100번씩이라도 여전히 우리가 선택할 몫이다.

어느 때든 두려움으로 살아갈 때마다 나는 소명에서 멀어지거나 소명을 미루게 된다. 그에 비해 사랑으로 살아갈 때면 그야말로 나는 완벽한 소명에 뛰어들 수 있게 된다. 내가 이런 삶을 오래도록 꾸준히 이어간다면 완벽한 삶을 살아갈 것이기 때문이다. 사랑으로 사는 삶이란, 우리가 성공의 뚜렷한 증상인 완벽한 외부 환경을 조성할 수 있는 최고이자 어쩌면 유일한 방법이다. 그렇다. 나는 두려움을 느끼며 행동할 때 저지른 실수에서 배움을 얻는다. 그러므로 두려움과 이기심에 휩싸인 삶이 장기적으로 통하지 않을 것이며 나를 소명, 행복, 그리고 건강으로부터 멀어지게 만든다는 것을 입증하기 위해 이런 실수들이 오히려 로켓의 추진제처럼 필요한 것이다.

그러나 디프로그램과 리프로그램을 완수하고 사랑으로 현재에 충실히 살아가게 된다면 이런 실수는 더 이상 필요치 않다. 로켓이 궤도에 오르고 나면 추진제는 더 이상 필요하지 않으므로 자유 낙하를 시작한다. 임무를 완수했기 때문이다. 지금 추진제를 유지시키는 것은 임무를 거스르는 셈이다.

그뿐만 아니라, 당신에게 '완벽한 소명'은 당신이 아닌 다른 사람에게는 완벽한 것이 아니다. 바로 그런 이유 때문에, 비교는 많은 사람들이 좋은 시절을 망치게 만든다. 대부분의 경우, 비교는 유해무익하다. 대다수의 사람들에게 비교는 기대의 근본적인 원인이다. 이는 우리의 영적 에너지를 빨아들이는 세상에서 가장 큰 블랙홀 중 하나다. 물론 비교는 감사함이나 만족감이 우러나게 만들 수도 있겠지만 대체로 그런 비교는 이루어지지 않는다. 우리는 자신이 원하지 않는 비교 방식에 연연한다. 그렇지만 만족을 느끼는 비결은 무엇도 원하지 않는 것이다.

우리가 완벽한 소명에 도달하는 방법은 미래의 최종 결과에 집중한 채 이를 달성하기 위해 계획을 세우고 의지력을 발휘하는 것이 아니다. 이렇게 하면 거의 효과도 없을 뿐더러 당신에게 맞는 완벽한 결과가 무엇인지 잘못 알게 될 가능성이 크다. 완벽한 소명을 이루는 방법은 바로 지금을 사랑으로 살아가는 것이다. 이는 현재에 항상 완벽한 최종 결과일 뿐 아니라 미래에 당신에게 맞는 완벽한 소명을 만들어주기도 한다. 그리고 그것을 가능하게 해줄 유일한 방법일 가능성이 크다. 당신이 생각하는 완벽한 소명에 집중하는 것은 어둠 속에서 다트를 던지는 것과 같아서 만성 스트레스를 유발한다. 반대로, 지금 당신에게 가장 좋은 행동을 하고 사랑을 하고 미래를 신·근원·사랑에게 넘겨주면 매번 완벽한 미래를 만들어낼 수 있는 것이다. 비록 당신이 꿈조차 꾸지 못했던 그런 미래를 말이다. 그리고 그런 미래는 자동적으로 아무 노력 없이 다가온다.

당신이 지금껏 어디에 있었든 무엇을 했든, 지금 당신이 있는 곳에서 완벽한 소명으로 가는 길은 언제나 존재한다. 당신은 인생을 위해 기회를 날려버릴 수는 없다. 지금 당장 사랑으로 살아가기 시작하라. 디프로그램과 리프로그램 과정을 수행하고 최종 결과를 포기하라. 그러면 그 길이 처음에는 내적으로, 그 다음에는 외적으로 변하기 시작할 것이다.

만약 러브 코드 40일 성공 청사진이 당신을 위한 최고의 길이라고 믿는다면 러브 코드는 당신이 마음에 그려온 성공을 달성하는 데 최고의 길잡이가 되어줄 것이다. 사실, 나는 당신이 이 원칙에 따라 살아간다면 성공하지 않는 것이 불가능하다고 생각하며, 그 증거는 바로 내가 만난 전 세계 수천 명의 사람들이다.

당신이 나무 아래에 앉아 (기도하고 명상하면서) 마음속의 욕구를 발견하고, 그 욕구 위에 성공의 목표를 덧씌워 영적 마음을 디프로그램하고 리프로그램한 뒤에 매 순간을 사랑으로 살아나간다면, 머지않아 나는 당신으로부터 고맙다는 메시지가 담긴 전화나 편지를 받게 될지도 모른다.

또한, 이 책 안에 당신이 대답을 직접 적어 넣을 공간을 제공해 순간적으로 찾아오는 모든 힘과 영감을 활용할 수 있도록 도울 것이다. 지정된 공책이나 저널에 답을 적는 것도 얼마든지 괜찮고, 대답을 적을 공간이 조금 더 필요하다면 컴퓨터 안에 새 문서를 만들어 마음껏 타이핑해도 좋다.

마지막으로 한 가지만 덧붙이자면, 성공 청사진의 세부사항에 압도되기 시작하거든 잠시 쉬었다가, 이 불안감과 압도감에 세 가지 방법 중 좋아하는 것 혹은 결합 방법을 적용시킨 뒤 기존의 작업을 다시 계속하라. 또한 자기만의 창의적인 방식으로 원칙과 방법을 사용해도 좋다. 그리고 압도감이 지속된다면 이 단계별 접근이 당신에게 맞지 않는다는 뜻일 수 있다.

잊지 말아야 할 것은, 앞에서 제시한 '빠른 참조Quick Reminder'의 더 단순한 러브 코드 과정을 사용하거나 이보다 자세한 성공의 청사진을 이용해도 괜찮다는 점이다. 모든 방법이 다 효과적이겠지만, 어떤 과정이 당신에게 가장 잘 맞는지 살펴보고 그에 따라 결정하면 된다. 결국은 효과적이고 가장 기분 좋은 방법이 곧 당신에게 가장 좋은 것이다. 내가 설명한 방식 그대로 실행하느라 스트레스를 받아서는 안 된다. 실험을 해보고 자신에게 효과적인 방법대로 실천하면 된다.

그럼, 이제 시작해볼까?

1. 성공의 최종 목표를 결정하라.

당신은 앞서 1장에서 제시한 세 가지 질문 연습을 통해 성공의 최종 목표를 결정했다. 아직 그 연습을 끝내지 못했다면 지금 그 질문들에 대답하라. 그러면 당신이 가장 원하는 내면상태를 알 수 있다. 세 가지 질문을 다시 한 번 제시하겠다.

＊지금 당장 당신이 세상에서 가장 원하는 일은 무엇인가?
＊첫 번째 질문에서 가장 원하는 것이라고 대답한 일이 이루어진다면 당신에게 어떤 도움이 되고 당신의 삶이 어떻게 달라지겠는가?
＊첫 번째와 두 번째 질문에서 대답한 것들을 이루었다면 어떤 기분이 들겠는가?

2. 당신이 목표로 삼아 노력해서 이루고 싶은 한 가지 성공 욕구를 결정하라.

지금 당장 인생에서 성취하기 위해 노력하고 싶은 것이 무엇인가? 우선, 여러 가지 분야에서 이루고 싶은 최종 결과, 말하자면 특정한 인간관계나 직업적인 성과, 구체적인 업적, 재산 증식, 건강 개선 등에 대해 즉흥적으로 생각을 짜내보자. 첫째, 머릿속에 떠오르는 생각을 하나도 지우지 마라. 그런 다음 가장 강력하게 느껴지는 것들을 선택하라. 어느 것이 당신을 가장 크게 웃게 만드는가? 어느 것이 내면 깊은 곳까지 기분 좋게 만들어주는가? 어느 것이 당신을 가장 평화롭게 만드는가? 어느 것이 당신의 가슴에 불을 지르거나 상상력을 자극하거나 필요에 부합하는가? 어느 것이 지금 당신의 삶을 가장 크게 변화시킬 것 같은가?

이제 가장 강렬한 욕구 세 가지를 4장에서 설명한 성공 욕구의 기본적인 여과 장치에 통과시켜라. 이 욕구들은 진실을 기반으로 하고 사랑을 기반으로 하며 당신이 정한 성공의 최종 목표와 조화를 이루는가? 상황의 객관적인 사실들을 고려해볼 때 불가능한 것이 떠오른다면, 그것을 가능하게 만들 방법을 찾거나 새로운 성공의 욕구를 찾아야 한다. 도저히 달성하기 어려운 목표에 몇 달 혹은 몇 년이라는 인생을 낭비하지 않기 바란다. 이와 동시에, 나는 무엇이든 가능하다고 믿는다. 우리의 역사를 되돌아보면 가장 위대한 영웅들은 일반적인 믿음과 심지어 소위 객관적 사실이라는 잣대에 근거해 불가능하게 보이는 일들을 완수해낸 사람들이었다. 내가 4장에서 소개한 72세의 신사에게 미국 프로 미식축구 리그에서 활동하고 싶은 욕구가 진심인지 물어보았다고, 그리고 그가 자신의 욕구에 관해 기도했고 조사했고 준비했으며 그 욕구가 완벽히 진심이라고 대답했다고 가정해보자. 그러면 나는 당연히 이렇게 말했을 것이다. "당장 해보세요!"

둘째, 이렇게 자문해보라. 나의 성공 욕구는 사랑을 기반으로 하고 있는가? 당신이 다른 어떤 것도 아닌 바로 이 욕구를 성취하고 싶어 하는 이유를 누구나 이해할 수 있게 설명하라. 누구도 손해 보지 않고 모두에게 이익이 되는 욕구이며, 순전히 이기적인 이유에서 비롯된 욕구가 아니라고 나를 설득시켜라.

※주의할 점─당신에게 돈이 절실히 필요한 순간에 전적으로 돈을 위해 무언가를 한다면, 손해 보는 사람이 생기지 않는 이상 분명히 좋은 일을 하는 것이다. 당신은 자신을 사랑해야 비로소 다른 사람들을 사랑할 수 있다. 그리고 우리는 누구나 피난처와 옷, 음식, 각종 고지서를 지불하고 우리의 기본적인 욕구를 충족시킬 수 있어야 한다. 이런 경우와, 4장에 등장한 무턱대고 더 많은 장난감을 원했던 건축 토건업자와는 큰 차이가 있다.

셋째, 이렇게 자문해보자. 이 욕구가 내가 설정한 성공의 최종 목표와 조화를 이루는가(1단계)? 만약 이 욕구가 성공의 최종 목표에 도움이 된다면 이 마지막 여과장치도 무사통과하는 것이다.

아래 빈칸에 당신에게 가장 큰 세 가지 성공 욕구를 적어보자.

1. _____

2. _____

3. _____

훌륭하다! 하지만 이 가운데에서 가장 먼저 시작할 것을 하나 골라야 한다. (마음만 먹으면, 결국은 세 가지를 모두 다루게 될 것이다.) 여러 요인들을 고려할 때 지금 작업하기 가장 좋은 것은 무엇인가? 어느 것이 가장 적합한지 당신이 잘 안다고 생각한다면, 나는 언제나 직감을 믿고 그렇게 하라고 권할 것이다. 어쩌면 당신은 얼마간 조사를 하고 이 결정을 내리는 데 필요한 정보를 가진 사람들과 이야기를 나누어야 할지도 모른다. 망설이지 말고 그렇게 해보자. 만약 한 가지를 고르는 데 어려움을 겪는다면 한동안은 둘, 아니 심지어 세 가지를 전부 추진해도 좋다. 그 과정을 거치다 보면 대체로 가장 중요한 욕구에 도달하게 된다. 여기에 해당된다면, 당신의 가장 중요한 성공 욕구를 아래 적어보도록 하자.

당신의 성공 욕구: _____

3. 그 성공 욕구가 실제로 결실을 맺을 것이라고 상상하라.

당장 이렇게 해보자. 눈을 감고 이 성공 욕구를 달성하는 최종 결과를 경험하라. 그렇다. 성공을 만지고 맛보고 냄새 맡으며 거기에 빠지라는 것이다. (물론 나는 다른 성공 전문가들이 이런 행동을 한다고 비난했다. 하지만 우리가 여기서 이렇게 하는 것은 전혀 다른 이유 때문이다.) 그 감정이 대단히 사실적으로 느껴지고 성공의 욕구를 아주 세세히 보고 느낄 수 있을 때까지 성공의 욕구가 결실을 맺는 장면을 생생하게 상상하라. 성공의 욕구를 상상할 때에는 긍정적인 부분만이 아니라 모든 측면을 자세히 그려보려고 노력하라. 그래야 당신의 심상 형성 기관이 정확한 그림을 제공할 수 있다.

만약 당신의 성공 욕구가 재택 사업을 시작하는 것이라면 아마 다음과 같은 장면을 그리게 될 것이다. 당신은 은행 잔고가 언제나 두둑하기 때문에 어떤 고지서든 스트레스를 받지 않고 지불할 능력이 생긴다. 아이들이 노상 원하던 수영장 회원권을 끊어줄 수 있다. 마트에서 장을 보면서 굳이 계산기를 꺼내 두드려볼 필요가 없다. 친구들과 가족에게 자신을 '사업가'라고 소개하면서 전보다 자신감이 더 생길 것이다. 그리고 매일 아침 자리에서 일어나면서 가족을 부양할 능력이 있다는 사실에 마음이 평안해지고, 날마다 새로운 도전에 대해 즐거움을 느낄 것이다. 또 가정생활이 집중을 방해하는 와중에도 집에서 업무를 처리해야 하고, 작은 회사를 시작하고 운영하는 방법을 빠른 속도로 배우거나 친구들과의 주중 점심 약속을 포기해야 할지도 모른다.

이제 당신의 눈앞에 그려지는 장면을 글로 적어보자. 내가 당신의 설명을 읽고 당신이 보고 느끼는 바를 제대로 이해할 수 있도록, 성공 욕구의 결과를 가능한 자세히 설명하기 바란다.

4. 당신이 성공 욕구를 상상할 때 떠오르는 부정적인 생각이나 감정, 믿음을 적고 0~10점 범위에서 각 항목에 점수를 매겨보자.

이제 특정한 성공 욕구를 상상했을 때 당신에게 떠오른, 혹은 지금 이 메시지를 읽으면서 생각나는 부정적인 감정이나 믿음을 회상해보기 바란다. 이 사례에서 당신은 성공 욕구를 달성한 덕분에 얻는 온갖 긍정적인 것들에 대해 생각하는 순간에도 여전히 이런 생각들을 하게 될 것이다. '경제가 너무 안 좋아. 지금 하는 일을 계속하는 한 사업을 시작할 시간이 없어. 재택 사업을 시작하려면 무엇을 가장 먼저 해야 하는지 모르겠어(절대 알아내지 못할 거야. 정말로 잘하는 게 하나도 없어)어떤 사업을 시작해야 할지조차 모르겠어.'

부정적인 생각을 차례대로 하나씩 적고, 현재 마음을 불편하게 만드는 정도에 따라 1-10의 범위에서 각 항목에 점수를 매겨보자. 이 방법은 가장 부정적으로 느껴지는 감정이나 생각, 믿음을 알아보는 데에도 도움이 되지만 반드시 실행할 필요는 없다.

당신은 이 욕구에만 적용되는, 성공을 가로막는 인간 하드 드라이브 바이러스를 막 확인한 셈이다.

5. 세 가지 방법을 활용해 당신에게 떠오르는 부정적인 것들을 디프로그램하라.

기본 진단 방법을 다룬 장에서 그랬듯이, 세 가지 방법을 한번에 하나 이상 사용할 수 있고 특정한 부정적 믿음에 에너지 의학 방법과 마음 스크린 방법을 함께 적용해볼 수 있으며, 리프로그램 진술들을 통해 현재 경험하는 부정적인 생각이나 감정, 믿음 뒤에 숨겨진 핵심 믿음을 진단하고 치유할 수 있도록 결합 기술을 활용해도 좋다.

　※주의할 점-리프로그래밍 진술을 이용할 경우, 단 한 가지 당신이 바꾸어야 할 일은 현재의 성공 욕구를 방해하는 온갖 부정적인 믿음과 생각, 감정의 치유를 요구하기 전에 올리는 기도다. 이 방법은 진단법으로도 효과가 있기 때문에 당신이 문제를 자동적으로 확인하고 치유하는 데 도움이 된다.

　어떤 방법을 사용하든 당신의 무의식은 자동적으로 당신과 함께 일하며 모든 두려움을 제거하고 사랑으로 사는 것에 동의할 것이다. 당신의 마음에는 사랑의 나침반 혹은 사랑의 법칙이 존재해서 두려움보다는 사랑을 늘 원한다. 두려움을 기반으로 한 프로그래밍이 얼마나 큰 저항감을 보이는가에 따라 성공의 장애물을 치유하는 데 걸리는 시간이 걸리겠지만, 결국에는 치유될 것이다. 사랑은 언제나 두려움을 이기기 때문이다. 그리고 에너지 의학을 항상 포함시키라고 권해주고 싶다. 내 경험에 비추어 보면, 에너지 의학의 효과가 대단히 빠르기 때문이다. 이 방법들을 부정적인 감정이나 생각, 믿음에 하나씩 적용하거나, 결합 기술을 활용해서 리프로그래밍 진술들을 모두 다루어라. 모든 진술에 0점을 매길 때까지 작업을 계속하라.

　앞선 사례에 등장한 "사업을 시작할 시간이 없어"라는 부정적인 믿음을 활용해보자. 당신은 에너지 의학 방법과 마음 스크린 방법을 혼합해서 시작하기로 결정한다. 다음 절차를 살펴보자.

∗ 마음속에 스크린이 있다고 상상하라. 태블릿 스크린, 컴퓨터 스크린, 텔레비전 스크린, 영화 스크린 등 무엇이든 가장 쉽게 떠오르는 것이면 된다. 하지만 어떤 스크린을 상상하든, 이 스크린이 인터넷에 무선으로 연결되었다고 생각하라. 마치 마음 스크린이 지구상의 모든 사람들과 무선으로 연결된 것과 마찬가지다. 이 스크린이 의식과 무의식, 두 부분으로 구성되었다고 생각하라. 이제 스크린의 아래쪽으로 3분의 1쯤 내려간 지점에 선이 하나 그어진다고 상상하라 (무의식이 의식보다 훨씬 더 크기 때문이다). 이 선은 당신의 심상 형성 기관의 내부 스크린이 의식과 무의식의 두 부분으로 나눠진다는 것을 의미한다. 이것이 당신의 마음 스크린이다.

∗ 당신이 다루고 싶은 부정적인 생각이나 감정, 믿음에 집중하라. "사업을 시작할 시간이 없어" 당신이 이 항목을 이미 7점으로 평가했다.

∗ 마음 스크린 상에서 시간이 많이 부족했던 경험을 언어로, 영상으로, 지난 경험에 대한 기억으로 혹은 당신이 원하는 어떤 방식으로든 상상하라. 어쩌면 임무를 완수하려고 애쓰다가 어쩔 줄 몰라 하는 모습을 볼 수도 있고, 아니면 어린 시절 당신이 굼뜨다는 이유로 어머니가 화를 내던 사

건을 기억해낼 수도 있다. 혹은 자명종이 등장해서 벨이 울리는 소리를 듣기도 한다.

＊ 마음 스크린에서 이 심상을 보게 되면 더 이상 마음 스크린에 머물지 말라고, 모든 출처 기억을 전부 치유해달라고 요청하라. 이렇게 말할 수도 있다. "신의 빛과 사랑이 나의 마음 스크린에 깃들게 하라. 다른 어느 것도 안 된다." 이 문장을 현재의 감정 상태에 딱 맞게 구체적으로 재단해도 좋다. "빛과 사랑과 인내가 나의 마음 스크린에 깃들게 하라. 돌연한 공포를 포함해 다른 어느 것도 안 된다." 문제에 집중하는 것을 잠시 멈추고 이렇게 말할 필요도 있다. "빛과 사랑과 인내가 마음 스크린의 무의식에 깃들게 하라. 시간이 빠듯한 것 같다는 문제를 포함해 다른 어느 것도 안 된다." 시간이 빠듯하다는 생각을 멈추지는 못하겠지만 결국은 돌연한 공포로 시간이 빠듯해지는 것에 대해 더 이상 생각하지 않게 된다.

＊ 그런 다음, 마음 스크린 위에 빛과 사랑이 넘친다고 상상하라. 세상 그 무엇보다 생생하고 무언가를 환기시킨다. 어쩌면 신성한 근원, 아름다운 일몰, 숨 막히게 멋진 경치, 반려동물, 혹은 순수한 빛과 사랑을 표현하는 다른 어떤 심상

처럼 보일지도 모른다.

* 이제 에너지 의학 방법을 도입하자. 마음 스크린 위에 빛과 사랑이 넘친다고 계속 상상하면서 양손을 가슴과 이마, 정수리에 차례로 올리되 한 번에 1~3분 정도씩 머문다.

* 이 빛과 사랑을 계속 상상하면서 한자리에서 두세 번씩 세 가지 자세를 반복하라. 혹은 마음과 신체의 불편함이 가시고 부정적인 생각이나 감정, 믿음에 1점 이하의 점수를 줄 때까지, 다시 말해 더 이상 신경이 쓰이지 않을 때까지 이 방법을 계속하라. 필요하다면 리프로그래밍 진술들과 결합 기술을 함께 혹은 따로 추가해서 7장이나 9장에 나오는 지시사항을 따라도 된다.

* 부정적인 믿음들이 더 이상 신경 쓰이지 않을 때까지 하나씩 이 방법들을 적용해보자. 하루가 걸릴 수도 있고 일주일이나 3개월이 걸릴지도 모른다. 3개월이 걸리는 경우는 극히 드물지만 기간이 얼마나 걸리든 걱정하지 마라. 남은 평생동안 성공을 즐길 수 있을 테니까!

6. 부정적인 것들이 모두 사라지고 나면 (10점을 척도로 할 때 1 이하

의 점수가 나오면) 동일한 방법을 활용해서 엄청난 성공의 기억을 만들거나 당신이 성취하고 싶은 긍정적인 성공 욕구를 리프로그램하라.

만약 부정적인 생각과 느낌, 믿음이 우리가 디프로그램해야 할 인간 하드 드라이브 바이러스라면, 내가 엄청난 성공의 기억이라고 부르는 것 혹은 당신의 성공 목표에 맞는 영적 마음을 위한 적절한 소프트웨어에 맞먹는 것으로 인간 하드 드라이브를 리프로그램할 필요가 있다. 영적 마음을 리프로그램하기 위해서는 디프로그램할 때 사용한 것과 동일한 방법을 활용하지만, 이번에는 긍정적인 최종 결과의 성공 그림에 중점을 둔다.

　* 2단계에서 마음속에 그린 것으로 되돌아가서 이 최종 결과가 실제로 일어날 뿐 아니라 자세한 세부사항까지 그대로 실현되고 있다고 상상해보자. 이 최종 결과가 일어날 가능성에 대해 어떻게 생각하는지 1~10점 범위에서 점수를 매겨보자. 0점은 "이런 일이 나한테 절대 일어나지 않는다"라는 뜻이고 10점은 "이게 바로 내 미래지, 이런 일이 나한테 일어난다는 걸 확실히 알고 있어"라는 뜻이다. 같은 사례로 이야기를 계속해보면, 상상 속에서 당신은 은행 계좌에 돈이 넉넉하다는 것을 알기 때문에 결제 예정일이 오기도 전에 각종 청구서를 침착하게 지불할 것이다. 자녀들에게는 동네 수영장의 회원권을 끊었다고 말해주고 깜짝 놀라며 좋

아하는 아이들의 표정을 볼 것이다. 당신이 새로 시작한 사업에 대해 지인들에게 이야기할 것이다. 또한 앞으로는 매일 아침 즐겁고 평화로운 기분으로 일어날 것이다. 그 밖에도 여러 가지 모습들이 보일 것이다. 이런 시나리오를 상상하면서 이런 일들이 가능하다고 느끼지만 조금 못 미칠 것 같다면 4점을 매긴다.

＊ 이 긍정적인 그림에 7점 이상의 점수를 줄 수 있을 때까지, 다시 말해 "이걸 해낼 수 있다고 믿어. 이제 해보자고!"라는 긍정적인 기분이 들 때까지 에너지 의학 방법과 리프로그래밍 진술들, 마음 스크린 방법들을 개별적으로 혹은 결합해서 사용하자. (리프로그래밍 진술들을 사용한다면 긍정적인 성공의 그림을 달성하기 위해 어떤 방해물을 치유해야 할지 자문해서 처음부터 기도문을 자신에게 잘 맞게 수정하고, 작성된 진술들을 차근히 해결해야 한다는 사실을 명심하라.)

7. 이 점수들을 동일한 수준으로 유지하겠다는 목표로 40일 주기를 시작하라. 부정적인 사항들은 1점 이하, 긍정적인 사항들은 7점 이상을 유지하라.

자신의 욕구에 대한 부정적인 생각과 감정, 믿음들이 1점 미만이고 (즉, 더 이상 신경이 쓰이지 않고) 욕구 달성에 대한 긍정적인 느낌이

7점 이상이 되거든, 40일 주기를 당장 시작하라. 40일 주기를 시작하기까지는 단 하루밖에 걸리지 않을 수도, 삼 개월이 걸릴 수도 있음을 잊지 마라. 40일 주기를 시작하거든 애벌레 한 마리가 고치 단계로 나아가고 있다고 생각하자. 40일 주기 동안 당신의 목표는 (물론 이 목표는 4가지 기준을 모두 충족한다!) 4~6단계를 반복하면서 부정적인 것들을 1점 미만, 욕망을 이룰 능력이 있다는 긍정적인 느낌을 7점 초과로 유지하는 것뿐이다. 다음은 40일 주기가 어떻게 진행되는가에 관한 설명이다.

＊ 매일 아침, 확인 작업으로 하루를 시작하자. (오후나 저녁이 더 잘 맞는다면 그렇게 해도 좋다.) 첫째, 앞선 4단계에서 구체적으로 확인한 부정적 항목들에 각각 몇 점을 부여하면 좋을지 자문해보자. 작은 사업을 시작하는 사례에서 우리는 다음 부정적인 믿음들을 언급했다. 경제가 너무 안 좋아. 지금 하는 일을 계속하는 한 사업을 시작할 시간이 없어. 재택 사업을 시작하려면 무얼 가장 먼저 해야 하는지 모르겠어. 정말로 잘하는 게 하나도 없어. 각자의 신체적 그리고 비신체적 주관적 감정들을 기반으로 각 믿음에 0~10점 범위로 점수를 매긴다. 어떤 믿음이 1점 이상이라면 모든 부정적인 믿음들에 1점 이하의 점수를 주거나 그 믿음들이 전혀 신경에 거슬리지 않을 때까지, 방법들을 반복적으로 활용해 각

각의 항목을 해결하기 위해 노력하자(5단계).

* 이제, 3단계에서 그랬듯이 욕구를 달성한다고 상상해보자. 앞선 사례에서 당신이 작은 재택 사업을 시작하고 성공을 거두어 매달 1,000달러 이상의 부가 수입을 올린다고 상상해본 뒤에 이 결과를 보고 어떤 기분이 들지 생각해보라. 만약 그 목표를 달성할 것 같은 긍정적인 기분에 7점 이하의 점수를 주었다면, 7점 이상을 줄 수 있을 때까지 그 방법들을 긍정적인 그림에 적용할 것이다(6단계).

* 40일 동안 이 과정을 날마다 반복하라. 부정적인 것들이 증가하면 예전처럼 낮추기 위해 5단계를 수행하라. 긍정적인 기분이 감소하면 이를 증가시키기 위해 6단계를 수행하라. 아무 변화도 없다면 아무 조치도 취할 필요가 없다. 그저 날마다 잘 살펴보기만 하면 된다. ※주의할 점-부정적인 감정·생각·믿음이나 긍정적인 성공 비전을 처리하기 위해 그 방법들을 사용해야 할 때 40일 주기를 시작하는 게 아니다. 그저 그 문제들을 고치고 40일 주기를 진행하라.

40일 주기가 끝나고 나면 대부분의 사람들은 매일 아침 부정적인 생각이 1점 미만이고 성공 욕구를 달성할 것 같은 긍정적인 느낌이 7

점 이상인 상태로 일어날 수 있다. 이 수준에 도달하면 당신도 특정한 성공 문제에 관해 디프로그램과 리프로그램이 완전히 이루어졌다는 것을 알게 된다. 무의식과 잠재의식이 성공을 방해하는 대신 배의 키처럼 당신을 성공으로 인도할 것이다. 이 문제와 관련된 바이러스는 사라지고 당신은 강력한 성공의 소프트웨어를 새로 장착한 상태와 같다.

만약 여전히 준비가 미흡한 것 같다면 40일 주기를 한 번 더 수행하라. 아마 40일이 지난 뒤에도 여전히 처음 아침마다 확인 작업을 시작했을 때처럼 부정적인 것에 1점 이상, 욕구를 달성할 것 같은 긍정적인 느낌에 7점 이하를 매길지도 모른다. 설사 그렇더라도 상관없다. 40일 주기를 다시 한 번 시작해서 하루도 빼먹지 말고 동일한 절차를 밟던지, 아니면 기간이 얼마나 걸리든 관계없이 부정적인 것이 1 미만으로 떨어지고 긍정적인 것이 7점 이상을 유지할 때까지 계속하라. 두 번째의 40일 주기가 끝나고 난 뒤에도 여전히 준비가 부족하다는 느낌이 들거든 40일을 다시 하라. (개인적으로, 나는 40일 주기를 세 번 이상 수행한 사람은 본 적이 없다. 그렇지만 다시 말하자면, 기간이 얼마나 걸리는가는 전혀 중요하지 않다. 실제로 걸리는 기간이 당신에게 맞는 시간이다.)

일상에서 부정적인 것들에 더 이상 신경이 쓰이지 않으면 디프로그래밍과 리프로그래밍이 완성되었다는 걸 알게 되고 "이것을 할 수 있다"는 대단히 긍정적인 느낌이 들 것이다. 그리고 당신은 실제로 실행하고 있는 자신을 발견할 것이다!

8. 러브 코드를 활용해 구체적인 성공 목표를 설정하라.

당신의 욕구가 성취되지 못하게 방해하는 어떤 문제도 완전히 디프로그램하고 리프로그램했으므로, 성공의 목표, 혹은 당신이 원하는 방향으로 걸어가면서 매 30분마다 할 행동을 결정해서 실행할 때가 되었다. 성공 목표는 네 가지 부분으로 이루어져 있다는 걸 기억하라. 진실해야 하고 사랑에서 우러나야 하고 당신이 완벽하게 통제할 수 있어야 하며 대체로 현재에 충실해야 한다.

우선 당신이 세운 목표의 진실성부터 검토해보자. 당신은 자신이 갈망하는 것이 무엇인지 알아내는 동안 넓은 의미의 진실성에 대해 이미 생각해보았다. 자신의 욕구를 달성하는 것과 관련된 객관적이고 실제적인 사실들은 무엇인가? 당신이 필요한 모든 것, 이미 가지고 있는 모든 것, 그리고 반드시 완수해야 할 모든 것에 대해 생각해보자. 만약 재택 사업을 시작해 한 달에 1천 달러의 추가 소득을 가정에 보태고 싶다면 '이 사업을 시작하는 데 필요한 돈은 얼마일까? 집에는 사업을 하기 적당한 공간이 있을까?' 웹사이트는 누가 제작할까? 무엇을 팔 생각인가? 고객 서비스 센터는 외주 인력에 맡길 생각인가? 어떤 장비가 필요할까? 사업을 언제 시작할까? 어디에서 고객을 유치할 수 있을까? 등 당신의 욕망을 현실로 바꾸는 데 필요하다고 생각하는 것들을 모두 적어보자.

_____

_____

_____

_____

_____

_____

　당신은 마케팅이나 목공예, 웹 디자인 같은 특정 분야의 성공에 관한 실용적인 교육이 여전히 필요할지도 모른다. 나는 수많은 작가와 사상가, 교사들로부터 유용하고 타당한 데이터를 구해서 당신의 새로운 지식을 일상에 통합시킬 것이다. 사실, 특정한 지식과 기술을 통합하는 것은 디프로그램과 리프로그램 작업을 거치고 나면 대단히 쉬워진다. 그런 것들을 어렵게 만드는 것은 근본적인 프로그래밍이다. 즉, 당신의 공포 프로그래밍이 쉽게 배우는 것을 방해한다. 대학원에 진학하기 전에 디프로그램과 리프로그램을 할 수만 있다면 어떤 대가도 치렀을 것이다. 그때는 통계가 쉬웠을 텐데!

　잠시 시간을 내어 위의 목록을 점검해보고 그 과제들이 실제로 당신의 성공 욕구를 위한 것인지 깊이 생각해보자. 확인하기 위해 정보가 더 필요한가? 예를 들어, 위의 빈 칸에 "마이크에게 웹사이트 작업을 맡긴다"라고 적었지만 잘 생각해 보니 마이크가 웹사이트 작업에 최고의 적임자라고 확신하지 못하겠다면, "내 사업 분야에서 가장 훌륭한 웹사이트들을 조사할 것" 혹은 "모니카의 웹사이트를 누가 작업했는지 알아볼 것"이라고 고쳐 적어보자. 아니, 당신이 반드시 해야 할 일의 진실성을 알아내는 과정에서 취해야 할 다음 논리적 단계라면 무엇이든 좋다.

이제 사랑의 측면을 살펴보자. 과제들 하나하나마다 사랑으로 그 일을 완수해서 그 성공적인 완성이 결과적으로 모든 사람에게 도움이 되고 어떤 패배자도 생기지 않을 수 있는지 깊이 고민하라. 그렇지 않으면, 그 과제를 목록에서 지우거나 사랑으로 수행하는 방법을 찾아내야 한다. 사랑으로 완성할 수 있는 과제를 빠짐없이 적고, 그 일에 관련된 모든 사람에게 도움이 되는 상황을 조성하기 위한 수행 방법을 구체적으로 말해보자.

_____

_____

_____

_____

_____

위의 목록을 점검하면서 각 과제가 실제로 사랑을 기반으로 하는지 깊이 고민해보자. 당신이 작성한 목록이 현실적인가? 예컨대, 새로 시작할 사업에 프리랜서들을 고용하고 싶어서 가장 값싼 노동력을 찾아냈지만 그들이 전문가에게 맞는 적정한 임금을 요구하는지 확신이 서지 않는다면, 외주에 맡겨야 할 업무에 관해 "XYZ 회사에서 프리랜서들을 고용할 것"이라는 과제를 "적정한 프리랜서 임금을 조사할 것"으로 바꾸겠다고 결심하면 된다.

셋째, 위에 나열한 과제 하나하나를 당신이 100퍼센트 건전하게 통제할 수 있는가? 다시 말해서, 어떤 과제든 간에 다음 30분마다 진실과 사랑으로 수행하여 각각을 성공적으로 완수할 수 있는가? 혹은 각 과제의 완수는 당신이 통제하지 못하는 환경에 달려 있거나, 아니면 의지력을 발휘해 최종 결과 기대를 추구하는 것이 수반되는가?

이 단계는 가장 중요한 부분이므로 잘 배울 수 있도록 차근차근 알려주겠다. 앞선 예시로 돌아가면, 재택 사업을 진행하기 위해 위에 열거한 과제 가운데 하나가 전화회사에 연락해서 회선을 추가하고 개인 명의를 소규모 자영업자 명의로 변경하는 것이라 해보자. 이는 성공 목적의 모든 기준에 부합하는 듯하다. 즉, 이것은 진실되고(당신은 사업을 위해 전화 회선을 추가해야 된다는 것을 알고 있으며 이것은 정확한 절차다) 사랑을 기반으로 하며 (이 과제를 성공적으로 완수한다고 해도 본질적으로 여기에 관련된 어느 누구도 아무 것도 잃어버리지 않는다) 당신에게 완벽히 통제되고 있다(당신은 회사의 전화번호를 찾아서 전화를 걸어볼 수 있다).

하지만 당신이 전화를 걸자마자 자동 음성 메시지로 넘어가, 당신이 한 번도 들어본 적 없는 초극비의 고객 식별 부호를 누르라는 요청과 다른 부서로 전화를 돌리는 일이 무수히 반복된다고 가정해보자. 20분쯤 지나고 나면 사랑과 기쁨, 평화와는 완전히 멀어지고 만다. 대부분의 사람들과 비슷하다면, 당신도 짜증이 나서 전화기를 창밖으로 집어던지고 비명을 지르고 싶어질 것이다. 왜 그러냐고? 자신의 목표가 전화 회사에 연락해 회선을 하나 늘리고 명의를 사업자로 변경하는 것이라고 생각한다 해도, 분노는 당신의 숨겨진 진짜 목표가 전혀 다르다는 사실을 알리는 확실한 증상이다. 진짜 목표는 빠르고 쉽게 사업자 계정을 개설하고 추가 회선을 설치하는 최종 결과를 얻는 것이다. 달리 말하면, 당신은 과정보다는 최종 결과에 집중하게 되었고 그러므로 건전하지 못한 통제로 바뀌어가고 있다. 이제는 성공 목표가 아니라 스트레스 목표를 추구하고 있다!

명심할 것은 당신의 내적 상태가 진짜 목표를 드러낸다는 점이다. 화가 났는지, 아니면 분노와 유사한 감정, 이를 테면 짜증과 좌절, 분개, 비통, 부담감 등이 생겼는지를 통해, 언제든 자신과 다른 모든 사람의 스트레스 목표를 즉시 확인할 수 있다. 비명을 지르거나 전화기를 창밖으로 집어던지고 싶은 충동이 든다면 분명한 게 하나 있다. 즉, 당신은 지금 화를 내는 대상과 관련된 스트레스 목표를 가지고 있다는 것이다.

그러면 이 구체적인 스트레스 목표를 성공 목표로 어떻게 전환시킬 수 있을까? 회사에 전화를 걸기 전에, 최대한 빠르고 간단하게 전화 회선을 증설하고 사업자 계좌를 개설하는 것이 당신의 목표가 아니라고 정해두어야 한다. 사실, 당신은 그 문제를 전혀 통제할 수가 없다. 당신의 구체적인 성공 목표는 사랑을 담아 전화를 걸고 다음 30분 동안 현재에 집중하는 것이다. 농담이 아니다.

그러면 그 상황은 어떻게 달리 보일 수 있는 걸까? 심지어 수화기를 들기 전에 스스로에게 이렇게 말해보라. "통화가 되기까지 얼마나 오래 걸릴지는 몰라도 필요한 만큼 시간이 걸리겠지. 대기 시간이 한없이 길어지거나 음성 메시지의 미로 속에 파묻히거나 전화 연결이 뚝 끊길지도 몰라. 내가 통제할 수는 없는 문제야. 내가 통제할 수 있는 것은 사랑을 담아 전화를 하는 것이지. 전화 회사 상담원과 실제로 연결이 되면 나의 목표는 전화 회선을 증설하는 게 아니야. 나의 목표는 사랑을 담아 전화를 하는 거야. 나의 목표는 상담원이 예전보다 더, 혹은 나와 통화한 적이 한 번도 없다 해도 기분 좋게 나와 통화하게 만드는 거야."

예컨대, 전화 회사 상담원이 여성이라고 가정해보자. 그녀는 그저 맡은 일을 하고 있을 뿐이다. 그렇지 않은가? 그녀는 음성 메시지를 설정하지도, 전화 회사의 규칙을 만들지도 않았으며 현관에 들어서면 그녀의 품속으로 달려와 "엄마!"라고 부르는 아이들과 그녀를 사랑하는 남편이 있을 것이다. 내가 그녀를 거리에서 만난다면, 우리는 죽이 잘 맞아 친구가 될지도 모른다. 그녀에게 화를 내는 동안 나는 그녀와 나 모두를 상처 입히게 되는 것이다. 그 분노가 나의 생리

기능의 사실상 모든 측면에 나쁜 영향을 전한다. 아마 기억이 나겠지만, 분노는 나의 지적 수준을 저하시키고 에너지를 끌어올렸다가 추락시키고 나의 소화기능을 망가뜨리고 면역체계를 억압하며, 그날 남은 시간 동안 무엇을 하든 부정적인 태도를 취하게 만든다. 아마 그녀 역시 나와 똑같은 경험을 할 것이다.

이것을 성공이라고 부를 수 있을까? 그렇게 부르지 못할 것이다. 그런데도 내가 아는 거의 모든 사람들은 스스로 결과를 통제하지 못하는 상황이 생기면 이렇게 반응한다. 외적인 기대는 매번 행복을 죽여 버린다. 나는 당신이 더 이상 외적 기대를 갖지 않기 바란다. 당신이 매일 매 순간 행복, 건강, 사랑, 기쁨, 평화, 재정적 풍요, 그리고 풍성하고 친밀한 인간관계 속에서 살아가기 바란다. 달리 말하면, 나는 당신이 내적으로도 외적으로도 엄청난 성공을 경험하길 바란다! 당신이 스트레스 목표가 아니라 성공 목표를 설정한다면 지금 당장이라도 이렇게 될 수 있다.

※주의할 점-스트레스 목표에서 성공 목표로 이동하는 것은 오직 디프로그램과 리프로그램 작업이 끝난 뒤에야 100퍼센트 건전하게 통제할 수 있다. 만약 상황을 통제할 수 없다고 생각하거든, 다시 말하면 스트레스 목표를 성공 목표로 바꾸려고 시도한 뒤에도 통제 불가능한 분노나 불안 혹은 기타 부정적인 감정들이 계속 느껴진다면, 건전하게 통제할 수 있고 다음 30분 동안 사랑을 (완벽하지는 않더라도 대부분은) 느낄 수 있을 때까지 디프로그램과 리프로그램 작업을 좀

더 실행할 필요가 있다.

이제 구체적인 성공 목표들이 100퍼센트 건전하게 통제되는지 확인할 차례가 되었다. 당신이 다음 30분 동안 무엇을 하든, 그 일이 서류 정리든 문서 업무든 협상이든 회의든 글쓰기든 쇼핑이든 연구 조사든 관계없이 이 원칙은 유효하다. 당신의 구체적인 욕구에 관해 나열한 진실은 당신이 그 순간에 무엇을 할지 결정하게 된다. 사랑이 그 이유다. 그리고 러브 코드는 당신이 그 일을 어떻게 할 것인지 결정한다. 한 마디로 말해 향후 30분 동안 사랑으로, 사랑과 기쁨, 평화의 내적 상태에서 구체적인 최종 결과를 기대나 목표가 아니라 욕구로 간주하는 것이다. 당신은 디프로그램과 리프로그램 작업을 끝마쳤으므로 이 모든 것을 해낼 수 있다.

남은 평생 30분마다 당신이 사랑을 기반으로 무언가를 하는 것은 대단히 어렵게 느껴질지도 모른다. 하지만 단언컨대, 당신의 근원적인 프로그래밍을 계속 치유하고 변화시킴에 따라 차츰 쉬워질 것이다. 올바른 리프로그래밍 작업을 하면 키보드 앞에 앉아서 기본적인 명령어를 입력하는 것만큼이나 쉽다. 어려운 부분은 사랑으로 행동하지 않고 현재에 중점을 두지 않는 것이다!

이 단계를 마무리 지으려면, 첫 번째 빈칸에 자세히 나열했던 구체적인 성공 목표들을 실제로 어떻게 실천하고 성취하는지 다음 빈칸에 적어라. 당신은 무엇을 할 것인가? 최선을 다해 사랑을 담아 어떻게 실행할 것인가? 당신이 간절히 바라는 결과로 나아가면서 어떤 정신적 준비가 필요한가?

_____

_____

_____

_____

_____

9. 당신에게 가장 능률적인 방식으로 그 과제들을 수행할 수 있는 조직 체계를 찾거나 개발하라.

내가 서론에서 제기한 주장으로 되돌아갈 때가 되었다. 다음 30분 동안 사랑으로 살아가는 것이 실질적인 목표가 된다고 해서, 당신이 일을 완수하는 것의 온갖 세부사항들을 무시한다는 뜻은 아니다. 당신이 원하는 방향으로 걸어가기 위해 반드시 완수해야 할 모든 세부사항을 여전히 해결할 것이다. 사실, 당신은 이 성공의 청사진을 따르면 외적 세부사항들에 중점을 두는 경우보다 모든 필수 세부사항들을 더 훌륭하게 완수할 것임을 안다. 당신의 스트레스 반응이 더 이상 당신을 망가뜨리지 않기 때문이다.

그러므로 자신의 성격과 작업 습관을 검토하고 최선의 작업 방식을 결정한 뒤, 책임감 있고 효율적으로 작업하기 위해 다루어야 할 모든 세부사항들을 계속 파악하는 데 도움이 될 조직 체계를 (스티븐

코비$^{Stephen Covey}$의 《성공하는 사람들의 7가지 습관$^{The 7 Habits of Highly Effective}$ ^{People}》, 데이비드 알렌$^{David Allen}$의 《끝도 없는 일 깔끔하게 해치우기^{Getting} $^{Things Done}$》 혹은 확실히 믿을 수 있다면 어떤 생산성 방법론도 좋다) 찾거나 개발할 필요가 있다. 어떤 사람들은 종이로든 컴퓨터로든 달력과 일정관리 작업을 포함시킬 테고, 또 어떤 사람들은 어딘가에 적어두는 것보다는 그 순간에 반드시 해야 한다고 생각하는 일들을 실행하는 것일 뿐이다. 예를 들어, 나의 아내 호프는 유난히 세부적인 것을 중요시하는 성격이라 무슨 일이든 항상 시간 전에 적어두곤 한다. 아내는 모든 행사와 업무를 미리미리 꼼꼼히 계획을 세우고 자세한 점검표를 늘 가지고 다니며 그 항목들을 확인하고 또 확인한다. 나는 자연스러운 흐름에 따르는 성격이라 순간순간에 필요하다고 생각하는 일을 하면서 일을 잘 마무리 짓는 경우가 대다수다. (내가 이런 식으로 얼마나 많은 일들을 해내는지 보고 아내는 깜짝 놀란다. 반면, 나는 세부사항을 하나도 빠짐없이 챙기는 아내의 능력에 경탄을 금치 못한다.)

조금만 조사를 하고 주변에 물어본다면, 당신도 생산성 향상을 '보장하는' 간단하게 사용할 수 있는 체계가 얼마나 다양하고 많은지 알게 되겠지만, 내가 찾은 최선의 방법은 당신이 단순하고 직관적으로 이해할 수 있는 독자적인 체계를 떠올리는 것이다. 올바른 체계는 부담스러운 잡일이 늘어났다는 기분이 들지 않고 당신의 생산성을 향상시킬 것이다. 중요한 것은, 올바른 방법을 찾느라 약간의 시행착오를 겪는다 해도 당신에게 효과적인 조직 체계를 찾는 것이다.

10. 두 가지 목표를 가지고 다음 30분 동안 과제들을 완수하여 당신이 간절히 원하는 방향으로 걸어가라. 두 가지 목표란, 사랑으로 과제들을 완수하는 것과 과제들이 단계 1의 성공의 최종 목표와 조화를 이루게 만드는 것이다.

성공의 문제와 관련해 디프로그램과 리프로그램 작업을 하고 그 과정을 잘 따랐다면 당신에게는 오직 두 가지 할 일이 있다. 첫 번째, 사랑과 조화를 이룬 상태에서 과제들을 완수하라. 변화와 새로운 방향, 새로운 사람들에게 늘 마음을 열어두어라. 두 번째, 당신의 과제들이 성공의 최종 목표와 반드시 조화를 이루게 하라. ※주의할 점- 나는 이 작업을 한 번도 완벽하게 한 적이 없다. 어느 누구라도 마찬가지다. 일을 다섯 번 망치지 않은 날이 있다면 아주 특별한 날이다. 이 성공의 청사진은 당신이 사랑으로 걸어가도록 돕기 위해 고안되었지만 자책하는 것은 사랑을 기반으로 한 것이 아니다. 자책은 체계를 훼손하고 스트레스를 유발하며 전 과정을 손상시킨다. 그러니 그렇게 하지 마라!

당신에게 딱 맞는 결과가 나올 때까지 계속 정진하라. 실제 최종 결과는 당신이 마음으로 그려본 욕구와 똑같아 보일지도 모르고 당신이 상상한 욕구와 전혀 닮지 않았을 수도 있고, 아니면 그 중간쯤일지도 모른다. 예컨대, 개인 사업을 시작하고 싶다는 욕구를 향해 걸어가면서 당신은 그래픽 디자인 서비스 사업을 하겠다고 결정할지도 모른다. 소박하게 출발해 비영리 단체에서 무급으로 자원 봉사를 하다가, 결국은 많은 사람들에게 새로운 사업에 대해 이야기하고 나서 첫 번째 수익성 프로젝트를 따낸다. 그러고 나서 의뢰가 하나둘씩 이어진다. 18개월 뒤, 첫 번째 고객들 가운데 당신의 업무 능력에 크게 만족한 한 사람이 다가와 자신의 회사에서 시간제 마케팅 디자이너를 구하고 있으니 지원해 보라고 권한다. 면접을 보고 나서 그들은 당신에게 일자리를 제안하고 솔직히 그 일은 압박감이 큰 자영업보다 훨씬 더 구미가 당긴다. 당신은 제안을 수락하기로 마음먹는다.

그렇다면 당신이 욕구를 성취하지 못했다는 뜻일까? 절대 그렇지 않다! 사랑으로 현재에 충실하게 사는 데 집중했기 때문에 당신은 고객과 긍정적인 관계를 맺어, 업무 능력이 뛰어날 뿐 아니라 바람직한 팀원이 될 수 있다는 인상도 심어줄 수 있었다. 만약 사업 시작을 주된 목표로 삼아 오로지 여기에 집중했다면 이 고객에게 주의를 많이 기울이지 못했거나, 자영업을 하는 것이 목표기 때문에 이 취업 제안을 마뜩찮게 생각했을지도 모른다. 그 대신, 당신은 성공의 최종 목표를 명심하고(평온하게) 애초에 사업을 시작하고 싶은 욕구를 갖게 된 이유도 잃지 않았다(월수입을 올리는 것). 시간제 일자리는 자영업과 동등하거나 그보다 조금 더 큰 성공을 안겨 주었다. 당신이 스트레스 반응에 신경을 쓰지 않은 채 변화하는 방향에 마음을 열어두었기 때문이다.

11. 이 욕구를 차근히 진행시키고 준비가 되었다고 생각한다면

2~10단계를 반복하며 다른 성공의 문제를 다루어도 좋다.

여기서 조금 신중해져야 한다. 한 번에 여러 가지 문제들을 다루는 것은 그 자체로 스트레스가 될 수 있다. 언제나 마음이 평온하게 느껴지는 것을 실행해야 한다. 하지만 준비가 잘 되었다고 느껴진다면, 성공의 욕구를 차근히 진행하는 습관이 길러진 뒤에는 이 과정을 반복하며 또 다른 성공의 문제를 다루어도 된다. 만약 소규모 사업 운영에서 최고의 성공을 왕성하게 일구어내고 있다면 1단계로 돌아가서 부부관계 같은 다른 문제에 착수해도 된다. 내가 만나본 몇몇 내담자들은 10가지 성공 욕구를 완수했으며 지금은 추가로 다섯 개의 욕구에 매달리며 정기적으로 나에게 소식을 전하고 있다.

또한 성공의 청사진은 장기적인 문제들뿐 아니라, 단기적인 문제 혹은 유지의 문제에도 사용할 수 있다. 만약 의기소침해지거나 스트레스 혹은 분노를 느낀다거나 부정적인 생각이나 믿음이 생기는 것 같거든('내가 이 일을 대체 왜 떠맡은 거지? 내가 뭘 하는 건지 도무지 모르겠네. 이 일을 절대 해내지 못할 거야' 등의)순간의 감정이나 믿음에도 이와 동일한 과정과 방법을 사용하면 된다.

앞에서 말한 내용을 한 번 더 반복하고 싶다. 성공의 청사진을 완벽하게 구현해야 한다는 걱정은 하지 마라. 청사진에 맞춰 살아가기 시작하면 일을 망치기도 하고 실수를 하기도 하며 때로 실패하기도 할 것이다. 하지만 별 문제는 아니다. 그 상황에서 바람직한 것은 자신을 용서하고 하던 일로 다시 돌아가서 열심히 매진하는 것이다. 오래도록 이 청사진에 맞춰 살아갈수록 당신의 수행능력은 점점 더 성장할 것이다. 그리고 수행능력이 성장할수록 당신은 더 행복해질 것이다. 사랑을 기반으로 현재를 충실히 살아가는 걸 대단히 잘하게 되거든 설령 사람들이 이런 말을 하기 시작해도 그리 놀라지 마라. "너 요즘 무슨 일이야?" "너한테 무슨 일이 일어난 거야?" 그들은 지금 이렇게 생각하는 것이다. "우와, 너한테 무슨 변화가 일어났든 나도 좀 닮고 싶어!" 사람들은 누구나 이런 걸 진심으로 원하기 때문이다. 날마다 매 시, 매 순간을 사랑으로 살아가는 것 말이다. 성공, 행복, 건강, 그리고 누구나 원하는 그 밖의 모든 것은 아무 노력을 들이지 않아도 사랑에서 흘러나온다.

나는 성공이 당신을 기다리고 있다고 진심으로 믿는다. 다른 누구의 성공과도 다른 당신만의 완벽한 성공 말이다. 이 성공은 돈이나 명성, 업적을 안겨줄 수도 있고 그렇지 않을 수도 있다. 하지만 당신에게 딱 맞는 것이므로 당신은 성공에 도달하면 그 순간 뼛속 깊이 알 것이다. 이 성공은 더 성실한 노력, 세계 평화, 주식 시장의 호황, 다른 사람들, 혹은 심지어 당신 신체의 생리 기능조차 그 기반으로 한 것이 아니다. 조금의 뼈나 피, 조직이 변화할 필요도 없으며 당신의 지금 상황이야말로 시작하기에 완벽한 상태다. 사실, 당신이 처한 상황이 아무리 힘들더라도 지금이야말로 당신이 평생토록 기다려온 시작점인지도 모른다. 궁극적인 성공을 거두기 위해서는 내면에서든 외면에서든 어떤 물리적 변화도 필요하지 않다. 이제 당신은 필요한 원칙과 과정, 방법을 모두 갖추고 있다.

이와 동시에, 나는 러브 코드의 역설에 대해 상기시켜주고 싶다. 외적 결과의 기대를 포기하는 것은 당신이 최고의 외적 결과를 얻을 수 있는 최선이자 어쩌면 유일한 방법이다. 러브 코드야말로 당신이 모든 것을 가질 수 있는 방법이다. 행복과 만족, 평화가 충만한 내적 그리고 외적 성공 말이다.

아주 오랫동안 이 말을 기억하라.

사랑은 결코 실패하지 않는다!

두려움은 결코 성공하지 못한다!

당신의 선택은 무엇인가?

러브 코드

러브 코드 40일의 성공 청사진, 그 10단계

1. 성공의 최종 목표를 결정하라. 사랑이나 기쁨, 평화처럼 당신이 가장 원하는 내적 상태 말이다.

2. 당신이 열심히 노력해서 성취하고 싶은 인생의 성공 욕구를 분명히 밝히자. 진실하고 사랑이 충만하며 1단계에서 말한 성공의 최종 목표와 일치하는 것이라야 한다.

3. 성공 욕구가 실제로 결실을 맺는 모습을 마음속에 그려보자.

4. 자신의 성공 욕구를 상상할 때 떠오르는 부정적인 감정이나 믿음들을 적고 0~10점의 범위에서 각각 점수를 매겨보자.

5. 세 가지 방법을 (에너지 의학 방법, 리프로그래밍 진술 방법, 마음 스크린 방법) 활용해 4단계의 부정적인 것들을 디프로그램하라. 부정적인 믿음들이 더 이상 마음을 괴롭히지 않을 때까지 (혹은 부정적인 믿음에 10점 만점을 기준으로 1점 이하의 점수를 매길 때까지) 이 방법들을 사용하라.

6. 부정적인 믿음들이 모두 사라지고 나면, 3단계에서 상상한 긍정적인 성공 욕구를 위해 동일한 방법을 활용해서 크게 성공했던 기억을 리프로그램하라. "나는 이걸 할 수 있다고 믿어!" 이와 같은 긍정적인 인식을 가질 때까지 (혹은 자신의 긍정적인 인식에 10점 만점을 기준으로 7점 이상의 점수를 매길 때까지) 이 방법들을 사용하라.

7. 이 점수들을 그대로, 다시 말해 성공 욕구에 관한 부정적인 믿음들을 1점 미만으로("그 믿음들은 더 이상 내 마음을 괴롭히지 않아"), 성공 욕구를 성취할 수 있다는 긍정적인 인식들을 7점 이상으로 ("나는 이걸 할 수 있다고 믿어!") 유지하는 것을 목표로 40일 간의 훈련을 시작해보자. 40일 뒤에 대부분의 사람들은 성공의 문제와 관련해 완전히 디프로그램되고 리프로그램되어, 이 방법들을 사용하지 않고도 부정적인 믿음들은 1점 이하, 긍정적인 인식들은 7점 이상을 유지한다. 만약 부정적인 믿음들이 여전히 마음을 괴롭히거나 성공 욕구를 향해 매진하려는 준비가 아직 되지 않았다면 40일 간의 훈련을 다시 시작하도록 하라.

8. 러브 코드를 사용해 구체적인 목표들을 설정하라. 그 목표들은 진실과 사랑을 기반으로 하고 100퍼센트 통제 가능해야 하며 지금 당장 완수할 수 있어야 한다.

9. 자신에게 가장 효율적인 방식으로 구체적인 성공 목표들을 달성할 수 있도록 조직 체계를 발견하거나 개발하라.

10. 사랑을 기반으로 현재에 집중하며 (혹은 다음 30분 동안에) 구체적인 성공 목표들을 완수함으로써 당신의 욕구를 향해 걸어가라.

러브 코드, 성공의 열쇠

이 책의 시작 부분에 제시한 약속으로 되돌아가고 싶다. 나는 러브 코드가 인생의 모든 영역에서 성공의 열쇠라고 믿는다. 러브 코드가 당신에게 효과적인지 아닌지의 문제가 아니다. 문제는 당신이 러브 코드를 실행할 것인지 아닌지, 그것 하나만 결정하면 된다. 실행하기만 한다면, 언제나 효과적이다. 이제 당신은 희망과 꿈을 넘어 행복하고 성공적인 삶을 살기 위한 모든 방법과 완전한 지시사항들을 갖추고 있다.

앞에서 말한 것처럼, 나는 지금으로부터 20년 후에는 러브 코드를 실행하는 것이 카운슬링과 상담 치료, 운동 경기와 업적에서 최고의 성과, 기업 교육 등등의 표준이 될 것이라고 믿는다. 나는 이 모든 맥락에서 러브 코드를 활용해왔고 놀라운 성과를 거두었다. 러브 코드는 현재의 패러다임이 놓치고 있지만 절실히 필요로 하는 것을 제공한다. 즉, 인간 하드 드라이브 바이러스를 디프로그램하고 성공을 위해 리프로그램한 뒤에 지금 이 순간의 가장 긍정적인 수행에 집중하는 것이다.

사실, 나는 사람들이 각자의 인생에서 성공을 찾도록 계속 도움을 주어왔다. 아주 오랫동안 한 번에 한 명씩을 상대로 작업을 진행했다. 대면 상담을 받는 내담자들도 있고 온라인 회의나 원격 지도를 받는 경우도 있다. 전 세계에서 활동하는 상담 지도자들을 훈련시켜나 같은 사람들을 증식시키려 노력해왔고 우리는 전 세계에서 가장 큰 규모의 상담소를 설립해 50개 주와 158개국에서 고객들을 만나고 있다(그리고 이 수는 점점 늘어나고 있다). 하지만 이런 식으로 내가 얼마나 많은 사람들을 도울 수 있을까? 수가 얼마로 늘어나든 충분치 않다.

전 세계에서 사랑을 기반으로 살아가는 사람들은 수백만, 아니 수천만 명이 필요하다. 사랑은 모든 국제적 갈등과 분쟁, 온갖 인종 관계의 어려움, 모든 경제적 문제나 환경 파괴의 해답이다. 사랑은 우리가 겪는 고질적 문제의 아주 오래된 해결책이다. 나는 누구나 가장 쉽고 직접적인 방식으로 이 해결책에 접근해서, 그것을 공유하는 것이 선택받은 소수의 사람들의 노력에 의존하지 않도록 이 책을 집필했다.

그래서 나는 사명을 띠고 있다. 나의 사명은 비종교적인 실천적 영성practical spirituality의 원칙에 맞춰 살아가고 다른 사람들도 똑같이 할 수 있도록 돕는 것이다. 이는 과거와 미래에 중점을 두고 두려움을 안고 살아가는 삶에서 현재에 중점을 두고 사랑으로 살아가는 삶으로 변화하게 돕는 것이다. 종양, 인간관계, 테러, 경제적 재난 등 어떤 문제나 위기도, 두 가지 주요 여과 장치를 거치지 않고 결정을 내리는 사람에게서 그 원인을 발견할 수 있다. 이 여과 장치는 내가 행동하고 생각하고 느끼며 믿는 모든 것을 대상으로 하며 두 가지 기준을 둔다.

1. 이것은 성공의 최종 목표와 조화를 이루고 내가 '진심으로' 가장 원하는 내적 상태인가?
2. 이것은 다음 30분 동안 사랑으로 살아가는 것과 조화를 이루는가?

두 개의 부분으로 이루어진 여과 장치는 비종교적인 실천적 영성의 원칙의 본질이다. 이것은 나의 모든 결정과 행동을 정한다. 나의 여과 장치는 금전적인 이익이나 성과를 기준으로 하지 않는다. 어떤 특정한 성과도 아니다. 40일간의 과정은 나의 욕구 혹은 내가 바라는 것이며 내가 걸어갈 방향을 정해준다. 하지만 나의 일상적인 목표와 행동의 경우, 진실과 사랑에서 우러난 행동이 아니고 두려움이나 거짓을 기반으로 한 것이라면, 나는 그 행동을 하지 않을 것이다.

나는 이 사명을 "진정으로 사랑하라"라고 부르지 "진정한 사랑"

이라 부르지 않는다. 진정한 사랑이란 땅에서 동전을 줍듯 우연히 무언가를 발견한다는 의미일 때가 많다. 나는 명사가 아니라 능동형 동사를 말하는 것이다. 진정으로 사랑한다는 것은, 단순한 말이나 의도를 초월해 물리적인 외부 세계든 영적인 마음의 기술이든 당신의 인생에 존재하는 모든 사람에게 언제나 가장 도움이 되도록 행동하려는 진심어린 감정, 믿음, 경험, 그리고 헌신이다. 3장에서 제시한 플라시보, 노시보, 그리고 데팩토에 대한 정의를 기반으로 당신은 이것을 "데팩토 사랑"으로 생각할 수도 있다. 진정으로 사랑하는 것은 세 가지 방법을 이용하거나 변화의 깨달음을 얻음으로써 디프로그램과 리프로그램 작업을 완수한 뒤에 신 · 근원 · 사랑에 연결되고 나면 매일, 매 순간 선택할 수 있는 것이다. 진정으로 사랑한다면 당신의 내면이 변화하고 외면이 변화하며 가정과 친구들, 직장, 재정상황 등이 차례로 달라질 것이다. 디프로그램과 리프로그램 작업을 마치고 난 뒤에 의식적으로든 의도적으로든 지금 이 순간 (능동적인 동사로서) 사랑한다면, (명사로서) 사랑이 모든 방향에서 당신에게 다가올 것이다. 그러나 그 반대의 경우는 대체로 일어나지 않는다. 만약 사랑을 발견하거나 사랑이 하늘에서 뚝 떨어지게 만들려고 노력하는 중이라면, 그런 일은 결코 일어나지 않는다.

　이 진정으로 사랑하라는 운동은 개인적 심판을 피하고 개인의 사정이나 주변 사람들의 반응에 관계없이 진정으로 사랑하라는 것이다. 나는 차례차례 손을 잡고 이 사명에 뛰어들 새로운 영적 형제자

매들을 찾고 있다. 혈육이 아니라 영혼으로 맺은 형제자매 말이다(이 편이 훨씬 더 힘이 세고 의미 있다).

그러므로 두 가지 요구 사항이 있다. 첫째, 이 방법을 당신의 삶에 적용시켜라. 기억할 것은, 이 방법이 효과를 거두지 못할 가능성이 거의 없다는 사실이다. 외적 환경 혹은 피나 뼈, 조직이 달라져야할 필요도 없다. 이 과정은 오로지 당신의 (비신체적인) 내면에만 의존한다. 그렇다고 당신이 일을 망치지 않는다는 뜻은 아니다. 그 역시 이 과정의 일부분이다. 사랑으로 살아가는 법을 배운다는 말은, 자신이 끝까지 잘 해내지 못하더라도 용서하고 다시 일어서서 시도해본다는 뜻이다.

이쯤에서 1장의 끝부분을 다시 검토해보면 좋겠다. 거기서 나는 변화의 깨달음을 간구하는 것부터 시작하라고 조언했다. 지금은 다시 한 번 기본적인 개념들에 관해 기도하고 명상한 뒤에 이 변화를 경험할 기회를 스스로 부여하라고 권하고 싶다. 나의 경험에 비추어 보면, 오랫동안 자신에게 잘 맞는 기간 동안 꾸준히 기도하고 명상한다면 실현되는 경우가 많다. 마음껏 기도와 명상을 하는 한편으로 세 가지 방법도 활용하라. 이 두 가지가 반드시 개별적으로 수행될 필요는 없다. 다시 한 번 말하지만, 의지력의 문제가 아니라 사랑이 당신의 모든 부분에 영향을 미치게 하는 것이다.

둘째, 이 과정을 완료하고 이 모든 긍정적인 효과들을 진심으로 실행하고 나서 러브 코드가 당신이 그동안 고심해온 모든 문제의 성공 열쇠라는 확신이 들거든 나의 두 번째 요구는 당신의 경험을 공유해 달라는 것이다. 사실은 제발 공유해달라고 무릎 꿇고 비는 중이다. 더 나아가, 비종교적인 실천적 영성에 따라 생활하는 것에 대한 이야 기를 널리 퍼뜨려달라고 간청한다. 정확히 이런 이유에서 내가 이 책을 집필하게 되었다. 오해하지는 말기 바란다. 책을 좀 더 팔아볼 요량으로 하는 말이 아니니까. 당신이 구입한 책을 다른 사람에게 빌려 주어도 좋고 친구와 피자를 먹으며 이 책에서 제시한 원칙과 방법들을 설명해도 괜찮다. 당신이 사랑을 기반으로 살고 있으며 가족과 친구, 이웃 들을 괴롭히는 문제의 해독제를 가지고 있다면 그걸 혼자만의 비밀로 간직하지는 않을 것이다. 그것이 바로 사랑이다!

이 모든 과정을 끝마친 뒤에 진정으로 사랑하라는 사명의 일부가 되고 싶다는 깨달음이 들거든 바로 다음의 맺음말을 읽어보기 바란다. 러브 코드를 실천하기 위해 맺음말이 꼭 필요한 것은 아니다. 당신은 책의 앞부분에서 필요한 모든 것을 이미 얻었기 때문이다. 하지만 디프로그래밍과 리프로그래밍 작업을 완수하고 오랫동안 사랑으로 살아가는 것이 정말로 무슨 뜻인지 조금 엿보고 싶은 마음이 있다면, 책을 계속 읽어보기 바란다.

만약 당신이 러브 코드에 대한 경험을 들려주고 싶다면 나는 기꺼이 들어보고 싶다. 인터넷을 켜고 'beyondwillpowertogether.com'에 접속해보길 바란다.

기적은 시작에 불과하다

당신이 한 친구를 방문했다고 상상해보자. 친구 집에 도착해서 현관으로 가면서 진입로에 놓인 고물차 한 대를 발견한다. 이 자동차는 본체가 모두 녹슬고 후드가 열려 있고 엔진이 없으며 좌석 시트는 수리할 수준을 넘어선 상태다. 당신은 차를 유심히 보고 눈을 굴리며 이렇게 말한다. "이 차가 다시 굴러갈 일은 절대 없겠네." 다음에 다시 방문했을 때 그 차는 더 이상 그 자리에 없었다. 1년 뒤, 당신은 그 집을 다시 찾아가고 친구는 진입로에 새 자동차를 주차해둔다. 차체는 반질반질한 빨간색으로 도장을 하고 번쩍이는 크롬으로 트림이 되었으며 부드러운 가죽 시트가 유난히 돋보인다. 친구가 자랑스레 후드를 젖히면 300마력의 새 엔진이 시선을 사로잡는다. "우와, 언제

샀어?" 당신이 친구에게 이렇게 묻는다. "어, 예전 그 고물차를 내가 계속 손본 거야." 친구가 대답한다. 당신은 크게 충격을 받는다. 이렇게 근사하게 변하다니!

바로 이 기분이야말로 누군가가 두려움 속의 삶을 사랑 속의 삶으로 변화시킬 때마다 내가 받는 느낌이다. 그 기분은 말로 도저히 형용할 수가 없다. 이런 결과는 말 그대로 밤낮없이 나온다. 러브 코드는 바로 이런 종류의 전면적인 회복을 제공한다. 이것은 당신의 상처를 봉합하는 데 필요한 방법과 그 과정에서 감염되지 않게 하는 데 필요한 해독제를 제공한다. 하지만 러브 코드가 아무리 커다란 기적과 변화를 일구어낸다 해도 그것은 단지 시작에 불과하다. 새로 복원한 자동차의 사례에서 이것이 겨우 시작에 불과했던 것과 마찬가지다. 당신은 새 차를 마당 진입로에 그냥 내버려두지 않을 것이다. 그렇지 않을까? 절대 그러지 않을 것이다. 당신은 어느 곳을 가든 그 차를 몰고 싶을 것이다! 지금까지 당신이 상상했던 것을 훌쩍 뛰어넘어 온 세상을 다 가볼 수 있다.

이 맺음말에서 나는 당신의 개인적 성공을 훌쩍 뛰어넘어 인생의 정상으로 이어지는 길 쪽으로 빵가루를 조금 남겨두고 싶다. 만약 빵가루가 이어진 곳을 내다본다면 오래된 문이 보일 것이다. 그 문은 몇 세기 동안 굳게 달힌 것처럼 보이고 만약 빵가루가 당신을 그곳으로 인도하지 않았더라면 그냥 지나쳐버렸을 터다. 하지만 그 낡은 문의 존재를 알아차리고 나니 이상하리만큼 마음이 끌렸다. 이 오래된 문 위에는 알아보기가 힘들기는 해도 어떤 글자가 적혀 있다. 얼마간 애를 쓰니 실천적 영성이라는 표현을 알아볼 수 있다. 그러고 나서 못으로 문 위에 박아둔 아주 오래되어 색이 바랜 종이가 눈에 들어온다. 그 위에는 뭉개진 글씨로 첫 번째 줄에 이렇게 적혀 있었다. "실천적 영성의 원칙: 들어가고자 하는 모든 이를 위한 진실과 사랑, 은혜의 길."

이 맺음말은 문에 붙어 있던 종이에 담긴 내용을 모두 담지는 않았지만 당신이 그 문을 열고 안으로 걸어 들어갈지 결정하도록 만드는 맛보기로 충분할 것이다. 나는 다양한 원칙들을 평생토록 기도하고 조사하고 여행하고 연구하며 시험한 끝에 이 신념 체계에 도달할 수 있었다. 당신도 열린 마음으로 다음 진실들에 대해 깊이 생각해보라고 권하고 싶다. 만약 그 진실들이 당신에게 깊은 울림을 주지 않더라도 아무 문제 없다. 깊이 생각해준 것만으로도 진심으로 감사드린다. 만약 그 진실들이 타당하다고 생각된다면 대단히 영광스럽게도 당신을 동료 여행자로 맞아들일 것이다!

물론, 당신이 이 길에 들어서더라도 언제든 떠날 수 있다. 하지만 나는 그런 선택을 내린 사람을 아직 보지 못했다. 내가 주로 듣는 말은 이런 식이다. "이제 다른 방식으로 사는 건 상상도 못하겠어요!"

———

실천적 영성은 결과가 전부다. 어쩌면 당신은 성공하고 행복해지고 싶고 실패와 건강문제, 불행을 떨쳐버리고 싶기 때문에 이 책을 샀을 것이다. 당신은 결과를 원한다. 그러면 어떤 세계관, 신념 체계, 혹은 패러다임이 당신에게 원하는 것을 안겨주고 어느 것이 당신에게 원치 않는 결과를 안겨줄까?

이 질문에 대답하기 위해 우리는 꽤나 놀라운 곳을 출발점으로 삼으려 한다. 바로, 인간의 신체다. 앞에서 이미 배웠듯이 우리 신체에는 불행이나 부정적인 감정, 질병을 만들어내는 기제가 존재하지 않으며 행복과 건강을 생산하는 기제가 있을 뿐이다. 신체적으로나 비신체적으로 부정적인 증상들을 경험한다면 성공과 건강을 만들어내는 기제가 제대로 작동하지 않아서 생긴 결과다. 그러면 신체가 제대로 작동하지 못하게 만드는 원인은 무엇일까?

이제 당신은 그 질문의 해답을 알고 있다. 바로, 두려움이다. 우리가 진정으로 생명의 위협을 받는 위급상황에 처하면, 무의식과 잠재의식, 의식에 자리한 두려움이 언제나 (스트레스라고 알려진) 오작동을 불러일으켜 신체의 세포와 에너지 체계의 암흑으로 이어지고 시간이 흐르면서 결국 질병과 실패, 불행이 나타난다.

반면에, 무의식과 잠재의식, 의식에 자리한 사랑은 두려움과 스트레스가 미치는 영향을 항상 없애주므로, 신체의 치유 체계가 애초에 의도한 대로 작용하게 만들며 성공과 행복, 건강이 뒤따른다. 마음속의 사랑은 신체의 세포와 에너지 체계에서 언제나 빛처럼 나타나고 결국 고장 난 기능을 고쳐 건강과 성공, 행복을 안겨준다. 하버드 대학교의 그랜트 연구에서 확인된 것처럼 말이다. "행복은 사랑이다. 이걸로 논의 끝."[1]

신체적으로 진실한 것은 영적으로 진실하기도 하다. 당신의 세계관이 두려움 혹은 일종의 고통 · 쾌락 원칙이나 인과 원칙, 뉴턴이 주장한 운동의 제3법칙을 기반으로 한다면 질병과 실패, 불행이 생겨날 것이다. 아무리 오래 실천하든 누가 보증하든 관계없이 말이다.

———

실천적 영성에 대해 논의하려면 먼저 '영적spiritual'이라는 단어에서 시작해야 한다. 나는 영적인 것 혹은 사랑 · 근원 · 신의 존재를 입증하는 네 가지 증거가 있다고 믿는다.

1. 마음 스크린과 최신 신경학 연구. 우리도 이미 알다시피, 마음 스크린이란 모든 것을 만들어낸 창조의 원천이지만, 과학은 상상의 기제나 물리적인 스크린이 있다는 어떤 증거도 아직 발견하지 못했다. 나는 그 이유가 마음 스크린이 영

적인 영역에 존재하기 때문이라고 믿는다. 그래서 이븐 알렉산더 박사는 모든 신경 기제가 제대로 기능하지 못할 때 '천국을 보는' 경험을 했다.

최신 신경학 연구에 의하면 뇌의 장기적인 문제를 치유하고 예방하는 가장 중요한 요소는 우리가 영적인 것, 구체적으로 말해 기도와 믿음에 연결되는 것임을 명심하라.[2] (그뿐만 아니라 뇌의 건강은 실패의 기제가 작동할지 성공의 기제가 작동할지 결정한다.)[3] 3장에서 배웠듯이, 장기적으로 제대로 효과를 발휘하는 유일한 믿음은 데펙토 믿음 혹은 진실을 믿는 것이다. 그러므로 영적 실재를 믿어 신뢰할 만한 장기적인 결과가 얻어진다면 이 믿음은 정말 진실이 분명하다!

2. 압도적으로 많은 사람들이 그것을 믿지만 (통계적으로 대략 97퍼센트) 실증적 증거는 거의 없다. 우리는 3장에서 이 내용을 언급했다. 갈릴레오는 지구가 태양의 주위를 도는 것이지 그 반대가 아니라고 말했다가 비록 옳은 말을 했음에도 불구하고 사회에서 배척당했다. 의학박사인 이그나츠 필립 제멜바이스Ignaz Philipp Semmelweis는 세균이라는 보이지 않는 존재가 있다고 믿고 수술하기 전에 손을 씻자고 주장한 덕택에 의학계의 놀림감이 되었으며 결국은 의학계에서 강제로 추방당했다. 오랫동안 의학박사들은 영양제가 단지 '값비싼 소변'을 만들어낼 뿐이라고 말해왔다. 하지만 각각의 사례에서 우리는

그 반대의 의견을 보편적으로 믿고 있다. 그 이유가 뭘까? 이제는 증거를 볼 수 있기 때문이다! 역사적으로, 사실상 다수의 믿음은 명쾌하게 경험적으로 관찰하고 측정할 수 있는 것을 항상 지지해왔다. 이 경우, 압도적인 다수가 물리적인 것 혹은 우리가 보고 측정할 수 있는 존재 너머에는 아무 것도 없다고 믿는다. 하지만 그 반대가 진실이다. 당신이 다른 사안에 대해 97퍼센트의 보편적 동의를 발견할 수 있을지 잘 모르겠다. 설사 그 사안이 하늘은 푸르다는 것이라 해도! 어떻게 그런 일이 가능할까? 우리 내면의 무언가가 영적인 것이 진짜라고 말하기 때문이다. 이 논의는 증거 3으로 이어진다.

3. 은혜와 사랑의 존재. 우리는 진정으로 사랑하는 사람들을 자연히 그리고 자동으로 은혜롭게 대한다. 은혜란 그럴 만한 자격이 없는 사람에게도 무조건적인 사랑이나 수용, 용서와 친절을 베푸는 것이며, 의지력을 발휘하거나 자연스럽게 해결할 수 없는 일을 하는 힘을 의미한다. 우리는 사랑하지 않는 사람들을 업보나 법에 따라 자연스레 대하는 경향이 있다(각종 규칙에 따라, 혹은 WIIFM(내가 얻게 되는 이득)을 기준으로 그들이 받아야 마땅한 대우를 해준다). 만약 누군가를 더 이상 사랑하지 않는다면 우리는 은혜에서 업보로 변화하는 경향이 있다. 그에 비해 누군가를 사랑하기 시작하면 업보에서 은혜로 변화하는 경향이 있다. 사랑은 은혜에서 비롯되어 다시 은혜로 되돌아간다. 보다 자세히 논의하겠지만, 은혜란 당연히 초자연적이다. 은

혜는 물리적 우주에 존재하는 모든 자연법-뉴턴이 주장한 운동의 제 3법칙, 자극·반응, 원인·결과, 뿌린 대로 거두리라-을 침해하기 때문이다. 사실, 대부분의 경우 사랑은 초자연적인 존재와 마찬가지로 기본적인 인간의 논리를 거스른다. 그러므로 사랑은 은혜의 증거고 은혜는 초자연적인 혹은 영적인 존재의 증거다.

4. 개인적인 경험. 마지막 증거는 나에게 의미가 가장 크지만 당신에게는 가장 의미가 적을 수도 있다. 그건 바로 내가 그 증거를 경험했다는 사실이다. 실제로 나는 지금도 이것을 경험하고 있다. 한 사람의 개인적 경험이 가장 설득력 있는 증거라는 걸 믿지 못한다면, 누군가와 진심으로 사랑에 빠져 허우적대는 사람에게 두 사람은 사랑하는 게 아니라 뇌에 단지 화학적 이상이 일어났기 때문이라고 말해보라. 그러고 나서 두 사람에게 상대방이 사랑하지 않는다고 이야기해보라. 마지막으로 그들에게 사랑이란 존재하지도 않는다고 말하라. 하지만 이런 말은 대단히 신중하게 해야 한다. 두 사람이 주먹으로 당신의 코를 때릴지도 모르니까. 자동차를 좋아하지 않는다거나 민주당원들에게 동의하지 않는다거나 미국 북동부의 사람들이 남부 사람들보다 더 영리하다고 말한다면 그리 큰 문제는 되지 않는다. 그런 의견들은 주로 활발한 대화를 불러일으키고 양편 모두 주장하는 바가 있다. 대부분은 대화가 친근하게 마무리되고 양쪽의 의견이 다르다는 데 합의한다. 하지만 '진정한 것'을 대단히 깊이 경험한 사람

에게 그것이 진짜가 아니라고 말한다면 아마 이런 반응이 나올 것이다. "지금 나랑 싸우자는 거야!" 당신은 무언가를 이미 경험했기 때문에 직접 경험한 것이 존재하지 않는다고 확신할 수는 없다.

이제 실천적 영성의 '실천적' 측면에 대해 이야기해보자. 지난 수년 동안 나는 영성의 네 가지 고유한 범주를 관찰해왔다.

1. 종교성. 종교인들은 사랑과 자유가 아니라 규칙과 이를 고수하는 것에 관련해서 심판에 관한 영성을 만들어내는 경향이 있다. 그들은 뿌린 대로 거둔다는 신조를 가지고 있고, 의지력을 발휘해 성취하는 외적 목표와 기대에 초점을 둔다. 이것을 다른 말로 업보라 부르며 이는 우주의 자연법이기도 하다. 이 책에서 지금까지 배운 모든 내용을 기반으로 할 때, 우리는 이 접근법이 사랑이 아니라 공포를 기반으로 한다는 것을 알고 있다. 때때로 종교 집단의 지도자들은 정치가들과 공통점이 많으며 항상 그런 것은 아니지만 권력과 통제, 돈이 지배한다.

2. 비영성. 영적인 것의 존재를 완전히 부인하는 사람들은 오로지 자연법을 믿기 때문에 태생적으로 인과 원칙이나 업보에 매이게 되어 그 때문에 공포를 기반으로 한 세계관도 가지게 된다. 그들은 원치 않는 효과 또는 결과를 얻거나 원하는 효과를 얻지 못할까봐 두려

위한다.

3. 비실천적 영성. 이 범주에는 영적인 것에 대해 이야기하고 '뉴에이지New Age'라고 자칭하며 혹은 '동종'의 법칙으로 알려지기도 한 끌어당김의 법칙the law of attraction을 일반적으로 따르는 사람들이 포함된다. 그들은 진정한 영성에 가장 가까운 집단 중 하나일지도 모르지만, 그들의 영성은 돈처럼 원하는 결과를 거의 만들어내지 못하기 때문에 비실천적이다. 그들은 사랑을 기반으로 한 삶과 비심판에 대해 이야기하지만(그들의 말은 진심이다) 인과 관계 원칙의 다른 이름인 끌어당김의 법칙과, 그 물리 법칙을 기반으로 한 내적 심판을 신조로 삼는 경향이 있다. 사랑이 아닌 두려움은 물리적인 인과 법칙에서 생긴다. 사랑은 영적 은혜에서 나오고 물리적인 인과 법칙을 위반한다. 언제나 그렇다. 또한, 끌어당김의 법칙에 의하면 사람은 자신이 만들어낸 것을 얻는다. 그리고 비슷한 것이 서로 끌어당긴다. 만약 내가 좋은 생각과 감정, 믿음, 행동을 하면 좋은 것을 돌려받는다. 만약 긍정적인 에너지를 발산하면 그 보답으로 긍정적인 것들을 얻는다. 만약 부정적인 에너지를 발산하면 그 답으로 부정적인 것들을 얻는다. 하지만 미래의 긍정적인 결과를 확보하기 위해 긍정적인 에너지를 일으키는 것은 전적으로 나의 의지력에 맡겨진다. 그러므로 문제가 생기면 그 해결책은 기대에 초점을 두고 나의 의지력을 발휘하는 것이다. 하지만 이미 알다시피, 의지력으로는 진정한 사랑과 지속적이고 완벽한 성공을 일구어내지 못한다. 눈에 보이도록 나타남menifesting

이라는 단어는 비실천적 영성, 말하자면 "지금 무엇이든 눈에 보이도록 나타나게 한다!" 같은 진술에서 흔히 등장한다. 이 실천적 영성은 사실상 스트레스와 오작동을 보여주는 것이다. 이 세계관은 사랑을 가장한 두려움인 경우가 많다.

위에서 언급한 종교성, 비영성, 비실천적 영성 모두 미래에 대한 기대를 의지력으로 실현하려 하고, 물리적 법칙과 기제로 영적인 것(사랑, 기쁨, 평화)을 만들어내는 데에 초점을 둔다. 다시 한 번 말하지만 인과 원칙, 자극·반응 원칙, "뿌린 대로 거두리라" 원칙, 카르마, '동종'의 법칙 그리고 끌어당김의 법칙은 모두 뉴턴의 운동 제3법칙을 기반으로 한다. 모든 작용에는 그와 같은 힘의 반작용이 있다는 것이다. 인터넷을 잠시 찾아보면 이 원칙들의 일반적인 가르침과 전문가들의 말이 하나같이 똑같다는 사실을 알 수 있다. 즉, 당신은 매번 무엇을 얻을지 알고 있다는 말이다. 하지만 의미상으로 보아도, 이 원칙들은 당신의 마음과 신체가 스트레스를 받게 만들어 오작동을 유발한다. 당신의 오작동은 얼마나 오래 지속될까? 당신이 이 법칙들에 따라 사는 동안 계속될 것이며, 대부분의 사람들에게는 평생을 의미한다. 그냥 효과가 없다는 말이다!

4. 실천적 영성. 그에 반해서 실천적 영성은 사랑의 원리에 기반을 둔다. 사랑은 보편적인 자연의 물리 법칙들과 특히 뉴턴의 제3법칙을 직접적으로 위반한다. 그 이유가 뭘까? 비슷한 것끼리 항상 끌어당기는 것은 아니기 때문이다. 사랑을 하면 당신은 무엇을 얻게 될지 절대 알 수가 없다. 때로는 사랑을 돌려받기도 하지만 대부분의 경우는 그렇지 않다. 사랑은 언제나 모험이다. 육아, 결혼, 그리고 우정의 진정한 본성에 대해 생각해보라. 최종 결과를 전혀 보장해주지 않는다. 사랑이 물리적 세상에 속하지 않고 영적 영역에 속하기 때문이다.

'아직도 가야할 길'에는 초자연적인 존재와 진정으로 연결되어 통제를 포기한 소수의 사람들이 포함된다. 즉, 그들은 외적 기대를 (희망이 아니라) 포기하며 의지력에만 의존해서는 사랑으로 살 수 없다는 것을 알고 있다. 통제력을 포기하고 신·근원·사랑에 연결됨으로써 그들은 자동적으로 은혜를 받는다. 이는 오로지 진실로 사랑을 기반에 둔 생활 방식이자 초자연적인 삶의 결과를 만들어내는 힘이다. 그러면 그들은 사랑으로 현재에 충실하게 살아갈 수 있다. 이러한 삶은 사랑이라는 내면 상태에서 비롯되었으며 완벽한 외적 결과를 지속적으로 생산할 수 있다. 간디, 테레사 수녀, 예수, 그리고 유명하지 않은 평화로운 사람들 다수가 여기 포함된다. 나는 마음이 열린 사람들이 완전한 진실을 이해하고 기도, 변화의 깨달음, 또는 에너지 기반의 방법을 통해 디프로그램과 리프로그램 작업을 수행한다면 이 책과 관계없이 본질적으로 이 길을 선택할 것이라 믿는다.

나는 전 세계의 등록된 모든 단체에 '아직도 가야할 길'에 오른 사람들이 있으며 이들이 온갖 종류의 이름을 내건 건물에서 만나고 있다고 믿는다. 실천적 영성은 사랑의 근원에 연결된 채 사랑의 마음으로 살아가는 것을 의미할 뿐이다. 실천적 영성을 따르는 사람들은 어떻게 양육되었든, 어떤 고통을 안고 있든, 간절히 원하지만 이루지 못한 게 무엇이든, 자신이 속한 집단의 이름이 무엇이든 관계없이 '각자의 마음에 기록된 법'에 따라 살아간다.

누군가 자신이 어울리는 집단이나 자신이 사용하는 말을 기반으로 실천적 영성에 따라 살아가는지 그렇지 않은지 분간하는 것은 사실상 불가능하다. 그런데 확실한 판단 방법이 한 가지 있기는 하다. 그들이 주변 환경에 관계없이 거의 언제나 '진실로 사랑하고' 평온하게 지낸다는 것이다. 우리가 언제 실천적 영성에 부합되게 살아가지 않는지를 판단하는 방법은 적어도 두 가지다. 첫째, 불안이나 분노 같은 감정을 경험할 때다. 아무리 사랑과 빛에 관해 끊임없이 이야기하거나 미소를 짓고 쉽게 안아주며 "모두를 사랑한다"고 말하더라도, 종교적이거나 영적이지 않고 비실천적인 영적 세계관을 가진 사람들은 너무 빨리 불안, 분노, 짜증, 좌절, 비판을 겪게 되고 (특히 다른 집단에 속한 사람들에게) 건강에 문제가 생기기 더 쉽다. 4장에서 배웠듯이 분노와 유사한 감정을 느끼는 것은 당신이 스트레스 목표 혹은 의지력을 통해 성취된 외적 환경에 중점을 둔 공포 기반의 목표를 가지고 있다는 증거다. 달리 말하면, 불안이나 분노를 조금이라도 드러낸다는 것은 ('의로운' 분노는 제외) 사람들이 아무리 인정하거나 깨닫지 못하더라도, 각자의 영적 마음에 자리한 인과 법칙을 토대로 한 체계에 따라 살고 있다는 것을 뜻한다. 예컨대, 나의 경험에 비추어 보면 영적이지 않은 사람들은 영적이거나 종교적인 집단에 속한 사람들을 좋아하지 않는 편이며 때로는 그들보다 우월하다고 느끼기도 한다. 어쩌면 저렇게 잘 속지? 이렇게 생각하는 것이다. 종교적인 사람들은 다른 집단의 사람들을 두려워하거나 그들에게 분노하는 것처럼 보일 때가 많으며 심지어 그들을 적으로 간주하는 듯하다. 비실천적 영성에 따라 살아가는 사람들은 종교적인 사람들을 제외한 모든 사람들을 일반적으로 받아들이며 그들의 편협한 마음에 종종 화를 내곤 한다. 그뿐만 아니라 비실천적 영성으로 사는 사람들은 자신들이 실천적 영성으로 산다고 생각하는 경향도 있다. 실제로는 인과 원칙이나 두려움 기반의 법칙에 따라 느끼고 생각하고 믿으며 행동하면서도 말이다.

반면에, 실천적 영성의 증거는 완벽에 가까운 무조건적인 사랑과 수용, 비심판, 그리고 결과적으로 생겨난 내적 사랑과 기쁨, 평화, 건강, 행복, 인내, 이해를 경험하는 것이다. 이는 당신이 처한 조건이나, 당신이 속한 무리가 당신에게 동의하는지 동의하지 않는지와 관계없다. 나의 경험에 비추어 보면, 실천적 영성에 따라 사는 사람들은 모든 집단과 종교에 속한 사람들을 진정으로 사랑하고 존중한다.

자신들의 할 일은 심판하거나 개종시키는 것이 아니라 아무런 조건 없이 사랑하는 것이라 생각한다.

당신이 실천적 영성에 부합되게 살고 있지 않다는 두 번째 표시는 용서하지 않음이다. 나는 건강의 문제에 용서의 문제가 관련되지 않은 것을 본 적이 없다. 나의 동료인 벤 존슨은 용서의 문제가 없이 암에 걸린 경우를 보지 못했다고 말한다. 용서하지 않음이란 두려움, 작용·반작용, 원인·결과, 그리고 법의 길에서 경험한다. 그에 비해 용서는 은혜와 사랑의 길에서 경험한다. 내가 말하는 '용서'란 자기 자신을 용서하고 다른 사람들을 용서하며 모든 사람들을 용서한다는 뜻이다. 단, 그들에게 실수의 '대가를 치르라'고 요구하지 말아야 한다. 당신은 누군가의 '실수를 바로잡게' 하지 않고 아무런 조건 없이 한 인간으로 받아들일 때 그 사람을 진정으로 용서했다는 것을 알게 된다.

용서하기 힘들어 하거나 용서를 딱 잘라 거부하는 사람들은 대부분 은혜가 아니라 법에 따라 살아간다. 그리고 이 기준을 자신에게도 적용시키는 편이다. 세상 어느 누구도 모든 일을 올바로 하지 않기 때문에 그들은 지상의 지옥 속에서 살아간다. 우리 모두가 넘어져 비틀거리고 있다는 것이다. 인과 법칙에 따르면 '일을 잘못 해낸다'는 것은 우리가 원하지 않거나 두려워하는 결과를 얻게 된다는 뜻이다.

그런데 어떤 사람을 100퍼센트 받아들인다고 해서 그 행동까지 수용한다는 의미는 아니다. 행동을 수용하지 않고도 그 사람을 받아들일 수 있다. 이 말의 의미는, 당신의 행동이 당신을 정의하지 않는 것처럼 어떤 행동으로 한 사람을 정의할 수 없다는 것이다. 만약 행동으로 평가를 받는다면 우리는 모두 끝이다.

―――――

실천적 영성 혹은 현재에 충실하게 사랑으로 살아가는 것은 의지력, 아니 적어도 양치질을 할 때 필요한 의지력 이상의 것을 기반으로 삼으려 하지 않는다. 물론, 사랑하는 데 필요한 의지력을 줄이는 한 가지 중요한 방법은 공포라는 내적 상태를 디프로그램하고 사랑의 내적 상태로 리프로그램하는 것으로, 그러면 사랑이 당신의 기본 프로그램이 되어 아무 노력 없이도 사랑할 수 있게 될 것이다. 하지만 대단히 중요한 방법이 하나 더 있는데, 이는 사랑의 근원 자체와 의도적으로 연결하는 것이다.

이 책의 앞부분에서 말했듯이, 모든 문제는 결국 관계의 문제로 요약된다. 그리고 여기에는 신·근원·사랑과의 관계가 반드시 포함되어야 한다. 나는 당신을 대신해서 그 정의를 내리려는 게 아니라, 자연적 마음the natural mind으로는 비논리적이라고 여기면서도 역사상 모든 문명이 자신을 넘어선 어떤 초월적인 존재를 믿어왔다고 생각한다. 우리는 다른 무엇보다 사랑을 필요로 하고 원한다는 것을 선천적으로, 즉 사랑을 행복과 성공에 연결시킨 과학적 증거를 얻기 훨씬 전부터 알고 있다. 이와 마찬가지로, 설사 논리적으로 (자연적인 것에서 우리가 보고 측정할 수 있는 수준에서) 이치에 맞지 않는다 해도 신이나 영적 실재가 존재한다는 것 역시 선천적으로 알고 있다. 우리는 영적 실재와 사랑을 믿는다. 신·근원·사랑을 구하는 기제를 타고났기 때문이다. 이는, 사랑의 근원이요 우리가 내적으로 프로그래밍하려는 지향점이자 가장 필요로 하는 것이다. 달리 말해, 우리는 신·근원·사랑의 마음 스크린에 반드시 연결되어야 한다. 그것이 우리의 서버다.

세상에 존재하는 거의 모든 것은 진동수(에너지)와 진폭(힘)으로 분류될 수 있다. 진동수가 구체적인 것을 의미한다면 진폭은 그것이 얼마나 많은 부분이 있는지 혹은 그것이 얼마나 많은 힘을 가지고 있는지를 나타낸다. 그러므로 진실되고 사랑으로 살기 위해서는 은혜·사랑·진실의 진동수가 두려움·거짓의 프로그래밍을 제거하기에 충분한 진폭으로 필요하다. 사랑을 선택하기 위해서는 사랑의 근원에 연결되면 된다. 만약 자신이 은혜와 사랑의 근원이므로 그 근원에 '연결'될 필요가 없다고 믿는다면 이렇게 해보면 좋겠다. 힘을 발휘해서 당신의 인생에서 바라는 일들이 지금 일어나게 만들어라. 그리고 원하지 않는 일들이 지금 사라지게 만들어라. 이것에 관한 임상 연구에 따르면, 이 주장을 믿고 시도해보는 사람들이 성공할 확률은 대략 백만 분의 일이다. 나의 관점에서 말하면, 당신이 정말로 '근원'이고 정말로 '힘'이라면 그 확률이 크게 증가할 것이다. 그러니까 당신이 원하는 일이 일어날 확률이 97퍼센트 정도 된다는 말이다(나는 러브 코드가 성공할 확률이 그 정도 된다고 주장한다). 사랑은 두려움을 없애고 빛은 어둠을 지우지만, 두려움과 어두움의 양에 맞는 충분한 사랑과 빛이 반드시 있어야 한다. 펜라이트로는 경기장을 밝히지 못하지만 경기장 조명이라면 가능한 일이다.

나는 내게 내면의 두려움 · 거짓, 고통 · 쾌락 프로그래밍을 제거하거나 극복할 만한 힘이 없다는 것을 알게 되었다. 하지만 사랑 · 근원 · 신이 모든 곳과 모든 사물에 깃들어 있다는 것도 알게 되었다. 그리고 사랑 · 근원 · 신은 내가 두려움 · 거짓 프로그래밍을 제거하고 빛과 사랑으로 살아가기 위해 필요한 구체적인 진동수와 진폭을 넘치도록 갖고 있다. 사랑 · 근원 · 신이 모든 것이며 모든 것 안에 존재하기 때문에, 나는 언제 어디서든 그 영적 와이파이 서버에 접속해서 정확히 내가 필요한 것과 연결시킬 수 있다.

모든 사람은 사랑과 기쁨, 평화로 살아가도록 만들어져 있다. 결국, 우리가 그렇게 살지 않으면 우리의 기제가 오작동을 일으키기 시작한다. 공포 반응은 우리가 절박한 위험에 처할 때에만 일어나고 그 위험이 사라지고 나면 곧바로 잦아든다. 우리는 저마다 개인적으로 내재된 영적인 자동 유도 지표homing beacon(양심 혹은 사랑의 나침반)로 사전 프로그램 된다. 그러나 이 자동 유도 지표를 적극적으로 따르고 사랑의 근원을 찾아서 접속하지 않으면, 우리는 사랑 · 빛의 진동수와 진폭을 충분히 갖지 못하고 두려움·어둠과 인과적 사고, 믿음, 행동, 그리고 생리 기능이 기본 프로그램이 될 것이다.

　실천적 영성은 진정한 사랑과 진실이 깃든 현재 속에 살고 있다. 외적인 환경이나 다른 사람들의 행동과 관계없이 사랑의 근원에 내면적으로 연결되어 은혜를 끊임없이 받고 있다. 이와 대조적으로, 비실천적 영성은 인과율로 움직이는 끌어당김의 법칙을 통해 사랑을 얻고 만들어내려고 애쓴다. 비실천적인 사람은 올바른 일을 하거나 그럴 만한 자격을 얻음으로써 사랑받으려 노력한다. 종교적인 사람도 "뿌린 대로 거둔다"는 원칙(즉, 업보 혹은 법)을 통해 사랑을 '성취'하려고 노력한다. 그러니 충분한 자격을 갖추어야 한다. 이 관점들 중 어느 것도 진정한 사랑, 말하자면 에로스가 아닌 아가페의 본질과 일치하지 않는다. 진정한 아가페적 사랑은 거저 주어지는 것이며 노력해서 얻어지거나 잃어버리는 게 아니다. 당신이 얼마나 훌륭한지 나쁜지는 아무 관계가 없다.

　내 말을 오해하지 말기 바란다. 업보 혹은 뉴턴의 운동 제3법칙 같은 인과 법칙은 절대적으로 진짜다. 중력이 그렇듯, 이 역시 물리적 세계에서 하루도 빠짐없이 날마다 작용하고 있다. 지금도 존재하고 인류의 여명기 이래로 계속 존재해온 자연법이다. 하지만 내가 생각하기에 은혜는 더 높은 법이다. 사실은 작용·반작용, 자극·반응, 그리고 뿌린 대로 거두기의 법칙들과 정반대다. 나의 자격 여부와는 관계없이 신·근원·사랑으로부터 복을 받는다는 뜻이다. 은혜는 사랑이 그 대상을 위해 내릴 수 있는 유일한 선택이다. 즉 용서, 자비, 그리고 흠잡을 데 없는 경력으로 새로 시작하고 다시 시도할 기회다. 은혜를 받기 위해서는 물리적이고 물질적인 세계에 집중하고 의지력을 발휘해 최종 결과를 얻어내는 것을 반드시 포기해야 한다. 그리고 스스로 근원이 되려고 노력하기보다는 근원·사랑·신과 연결되고, 믿음·희망·신념·신뢰의 통제를 포기해야만 한다. 은혜는 자연적인 인과의 패러다임을 대신하고 영적 사랑의 지배를 받아 이와 함께 조화를 이룬다.

최근의 인터뷰에서 그룹 유투U2의 리드보컬인 보노Bono가 바로 이 문제에 대해 이야기했다. 나는 오랫동안 팬이었으므로 그의 의견을 신이 나서 읽었다. 그는 선택권이 주어진다면 업보나 끌어당김의 법칙을 기반으로 받을 자격이 있는 것을 얻고 끝내고 싶지는 않다고 말했다. 자신이 받을 자격이 없는 것, 즉 은혜를 얻고 싶다는 말이 요지였다. 이 문제에 관해 그는 다음과 같이 주장한다.

우주를 창조한 신이 벗, 사람들과의 진정한 관계를 구한다는 것은 너무나 놀라운 개념이지만 제가 기도하는 것은 은혜와 업보가 다르기 때문입니다…. 저는 우리가 업보의 영역에서 벗어나 은혜의 영역으로 들어갔다고 진심으로 믿습니다…알다시피, 모든 종교의 중심에는 업보라는 개념이 있습니다. 그러니까, 당신이 내놓은 것이 다시 당신에게 돌아간다는 말이죠. 눈에는 눈, 이에는 이, 혹은 물리학에도 그런 게 있죠. 물리 법칙에서는 모든 작용에 대해 크기는 같고 방향이 반대인 작용이 있잖아요. 업보가 우주의 중심에 있다는 건 분명합니다. 그 부분에 대해서는 전적으로 확신합니다. 그런데 은혜라는 개념이 등장해 "뿌린 대로 거둔다"는 식의 믿음을 모두 뒤엎어버립니다. 은혜는 이성과 논리를 거부합니다. 사랑은 당신이 한 행동의 결과를 가로막는다고 표현할 수도 있겠네요. 제 경우에는 실제로 아주 반가운 소식입니다. 전 멍청한 짓을 꽤 많이 했거든요…. 업보가 끝내 저를 재판하는 거라면 전 큰 곤경에 처할 겁니다. 골치깨나 썩겠죠. 그렇다고 제가 저지른 실수가 용서된다는 건 아니지만 저는 은혜를 간구하고 있습니다.[4]

성공이 그렇듯, 은혜 역시 역설이다. 원하는 것을 손에 넣기 위해서는, 얻기를 바라고 얻기 위해 노력하는 것을 그만두어야 한다. 업보는 물리적으로 모든 존재가 작용하는 방식과 조화를 이룬다. 논리와 이성, 우리의 법률 체계 등의 개념에 따르면 업보가 옳다는 말이다. 은혜(당신이 무슨 짓을 하든 차선이 아니라 절대적인 최선을 조건 없이 받는 것)는 이 모든 물리 법칙과 논리적 법을 위반할 것이다. 은혜는 이성적으로 이해가 되지 않으며 나의 설명을 듣는 대부분의 사람들에게 불가능한 것처럼 보인다. 하지만 만약 은혜가 존재한다면, 우주의 자연스러운 작용 밖에 있을 것이다. 초자연적인 것일 수밖에 없다. 달리 말하면, 기적이 분명하다.

정답이다! 바로 그거다. 사랑이 기적인 것처럼 은혜 또한 기적이다! 초자연적이며 영적인 것이 존재한다는 증거다. 이렇게 생각해보자. 논리적으로 생각하면, 사랑으로 인해 하게 되는 행동들을 우리가 어째서 선택하겠는가? 가령 결혼을 하고 아이를 낳는다고 생각해보자. 사랑으로 인해 우리는 경험하지 않아도 될 고통을 겪고 엄청난 액수의 비용을 지불하며 원하는 시간에 하고 싶은 일할 자유를 없애버린다. 우리는 자연 법칙에 근거하지 않고 비논리적인 이유로 사랑을 선택하게 된다. 그리고 여기에는 이유가 있다. 사랑이야말로 우리가 원할 뿐 아니라 우리 존재의 핵심부에 가장 필요한 것을 가져다줄 유일한 존재라는, 언어를 초월한 본능적 지식이 우리에게 내재되어 있기 때문이다.

그러므로 현세는 일종의 시험이다. 당신은 자연 법과 영적인 법 가운데 무엇을 따를 것인가? 사랑과 두려움 가운데 무엇을 선택할 것인가? 작용 · 반작용과 은혜 가운데 무엇에 따라 살아갈 것인가? 선택은 우리 몫이며 날마다 수백 번의 선택 기회가 찾아온다. 완벽한 선택을 내리는 건 불가능하겠지만 올바른 길을 갈 수는 있다.

———

사랑과 두려움의 실천적, 영적 본질을 이해하면 자유와 구속에 대한 이해가 완전히 달라진다. 내가 완벽하게 사랑과 빛으로 살고 행동하고 있다면 원하는 것은 무엇이든 할 수 있으며, 이는 올바른 것이다. 내가 두려움과 어둠으로 살아간다면 내가 어둠과 두려움을 기반으로 하는 행동은 무엇이든 잘못된 것일 가능성이 크다. 사랑으로 행하지 않은 것은 모두 형편없는 결과를 가져올 것이다. 내가 정말로 원하는 결과가 아닐 것이다. 사랑으로 행한 것은 모두 제 시간에 완벽한 결과를 가져온다. 내가 한 번도 상상해본 적 없는 결과라 해도 말이다. 사실, 이것은 나의 삶을 위해 완벽한 결과를 얻을 수 있는 유일한 방법이다.

하지만 두려움이나 인과 법칙을 기반으로 한 세계관을 선택한다면 당신은 구속bondage을 택한 셈이다. 그 체계를 통해 최고의 결과를 얻으려는 바람이 조금이라도 있다면 사실상 완벽주의자가 되겠다고 선택하는 것이기 때문이다. 설상가상, 당신은 성공적인 완벽주의자가 되어야 한다. 그리고 어떤 심리학자나 치료사라도 완벽주의보다 사람의 내면을 더 망가뜨리는 것은 별로 없다고 말할 것이다. 완벽주의가 불러일으키는 엄청난 스트레스 때문이다. 그렇다면, 이유가 뭘까? 당신은 의지력을 발휘해 외적 환경들을 만드는 데 집중할 뿐 아니라 (우리가 알다시피 이는 실패한다) 이 작업을 완벽하게 해야 한다. 그렇지 않으면 당신이 만족하기 어려운 결과가 나올 테니까! 다시 한 번 일을 망치면 암에 걸리거나 실패를 맛보게 될 수도 있다. 스트레스에 대해 말해보라! 우리는 부지불식간에 우주의 가장 오래된 법칙 가운데 하나인 '희생자'가 된 채 지금은 두려움의 노예가 되어 모르는 척 살아가는 선의를 가진 훌륭한 사람들을 많이 알고 있다. 이런 일이 일어나는 대부분의 이유는 나를 비롯해 사람들이 공포 기반의 종교에 진저리가 나기 시작해 종교를 내던지고 더 나은 길을 찾아 나섰기 때문이다. 하지만 그들이 선택한 새로운 패러다임은 그저 포장을 바꾸고 예쁘게 색칠했을 뿐, 결국 또 하나의 인과 법칙에 불과했다. 그러나 이 패러다임은 사람들이 의지력을 기반으로 한 최종 결과의 노예가 되게 만들고, 결국은 실패로 막을 내린다. 사람들이 벗어나겠다고 결심한 공포 기반의 종교와 다를 바 없는 것이다.

진정한 사랑과 은혜는 우리를 최종 결과에서 벗어나게 해준다. 러브 코드에 따라 살아간다면 우리는 최종 결과가 아니라, 지금 이 순간의 사랑에 내적으로 집중한다. 어느 것도 완벽하게 해낼 필요는 없다. 심지어 잘할 필요도 없다. 우리는 원치 않는 상황에서 벗어나게 해줄 '비장의 카드'를 무제한 갖고 있다. 사랑은 모든 실수, 모든 목표 달성 실패, 사랑이 아닌 두려움을 갖겠다는 모든 선택을(심지어 그 선택이 의도적이고 우리가 더 잘할 수 있었다는 걸 안다 해도) 용서하기 때문이다. 그리고 실제로 닥쳐올 최종 결과는 우리의 의지력이 아니라, 나의 능력을 넘어서 완벽한 결과를 만들어낼 수 있는 초자연적인 힘이 결정한다. 그러므로 나는 걱정할 필요도 화를 낼 필요도 없다. 마음을 느긋하게 먹고, 결국은 모든 일이 나에게 좋게 풀릴 것이라고 믿으면 된다. 그것이 진정한 자유다.

　나는 당신이 은혜와 사랑 그리고 실천적 영성에 따라 살기로 선택하기를 희망하고 기도한다! 나는 그렇게 선택했으며, 법과 업보로는 절대로 다시 돌아가지 않을 것이다.

————

　요즘 몇 년 동안 세계 도처에서 근본적인 변화가 일어나고 있다. 나는 지난 20년 동안 그 변화를 예민하게 지켜보았다. 실제로 변화는 여러 세기에 걸쳐 일어나고 있다. 하지만 그 변화는 점점 속도를 올리며 필연적인 종말을 향해 돌진하는 것 같다. 나는 이 근본적인 변화를 빛과 어둠의 양극화라고 부를 것이다. 세상의 어둠은 점점 짙어지고 멀리 번져 나간다. 하지만 빛 역시 마찬가지다. 두려움은 비약적으로 자라나 매달 수만 명의 새로운 개종자를 모집하고 있지만, 사랑도 그와 같은 일을 하고 있다. 거짓과 심판주의judgmentalism가 역사상 그 어느 때보다 공격적인 태도를 취했듯이 진실과 비심판적 수용도 그러했다. 당신은 이 양극의 어느 한쪽에 조금 더 치우쳐 있을 가능성이 크다. 내가 보기에 정치, 종교, 재정, 인종, 피부색 그리고 국적은 어둠의 주범이자 피난처가 되고 있다.

　사랑과 수용을 믿는다면 당신은 다른 사람이 두려움과 거부를 선택했다는 이유로 비판을 퍼붓지 않는다. 만약 그런 이유로 비판한다면, 당신은 지금 비난하고 있는 다른 사람의 죄를 그대로 짓고 있다는 뜻이다. 비판은 언제나 비교와 연결되어 있다. 그리고 비교는 거의 언제나 불안정이나 비중요성의 문제를 기반으로 한다. 불안하고 스스로 무가치하다는 마음에 우리는 자신과 다른 사람을 비교하고 우월감이나 열등감을 경험한다. 그로 인해 반드시 좋아야 하는 결과를 걱정하고, 그 결과를 달성하기 위해 사건들과 사람들을 조종하려고 시도한다. 이 모든 행동은 평화가 아니라 결핍을 기반으로 한다. 따라서 결핍은 거의 언제나 공포에 기초를 둔다.

만약 마음이 안정적이고 안전하다면, 우리는 다른 것들을 무너뜨리거나 특정한 심상을 전달하려 하거나 특정한 최종 결과를 얻기 위해 속임수를 쓸 필요가 없다. 하지만 경우에 따라서는 비교가 유용하기도 하다.

일반적으로 우리는 무가치하다거나 불안정한 느낌이 들기 때문에 마음이 느긋해지거나 평화로워지지 않는다. 우리의 마음 밑바닥에서는 괜찮지 않은, 무언가 빠진 것 같은 기분이 들기 때문이다. 그래서 내면적으로 괜찮아지기 위해 외부적으로 계속 노력해야 한다고 생각한다. 이것이 바로 무언가 결핍된 삶의 본질적 특징이다. 만약 우리의 내면이 가치 있다 생각되고 안정적이고 괜찮은 상태라면 어떤 외적 환경도, 아무리 우리가 선호할 만한 조건이 아니라 해도 평화롭게 받아들인다. 우리의 내면을 무탈하게 만들어주는 유일한 방법은, 두려움을 디프로그램하고 리프로그램한 뒤 신 · 근원 · 사랑과 연결시

커 현재에 충실한 채 사랑과 빛의 길을 지속적으로 선택하는 것이다.

많은 상담 경험에 비추어 보면, 사랑과 빛의 길을 선택하는 사람들은 겨우 1퍼센트 정도밖에 안 되고 두려움과 어둠의 길을 무의식적으로 선택하는 사람들은 99퍼센트에 이른다. 그렇다면 당신이 어느 길을 선택했는지 어떻게 알까? 다시 한 번 말하지만, 자신이 처한 상황이나 다른 사람들의 행동에 관계없이 모든 것을 사랑하고 수용하며 평화롭고 즐거워한다면 (사람들을 무조건 수용하되 그들의 행동을 무조건 수용하거나 그들과 시간을 보낼 필요는 없다는 걸 기억하라) 당신이 그 1퍼센트의 길을 선택했다는 걸 알게 된다. 과거가 아니라 바로 지금부터 당신이 선택하는 길이 곧 당신의 유산이 될 것이다!

어느 쪽 길이 승리할 것인지 어떻게 알 수 있을까? 바꿔 말하면, 어느 편이 최고의 결과를 일구어낼까? 해답은 간디가 이미 들려주었다. 진실과 사랑의 길이 언제나 승리해왔으며 이 길이 지금의 전쟁에서도 끝내 승리할 것이다. 그러므로 용서를 하지 못하거나 무조건적으로 수용하지 못하거나 비판적인 태도를 취하는 사람이라면, 아무리 "빛과 사랑"의 이름으로 행한다 해도 법칙에 따라 살아가기로 결정한 셈이고 죄지은 사람이며 지는 쪽에 속한 것이다.

———

만약 당신이 실천적 영성의 원칙들이 충만해서 사랑 · 빛 · 은혜 속에 진심으로 살아가기로 결정한다면, 그 다음으로 무엇을 하면 될까? 첫 번째는 러브 코드다. 당신은 사랑으로 살아갈 수 있으려면 변화의 깨달음을 얻거나 디프로그램과 리프로그램 작업을 할 필요가 있다. 그리고 나면 사랑 속에서 현재에 충실하게 살아가면서 사랑 · 근원 · 신과 내면적으로 계속 연결된다.

하지만 바로 지금 사랑으로 살아가기로 결심하고 실제로 그렇게 할 수 있게 되더라도, 사랑의 길과 두려움의 길 사이에서 선택을 하는 일이 항상 쉽다는 뜻은 아니다. 날마다 수백 가지의 다양한 상황과 선택들이 등장하면 사랑의 길과 두려움의 길이 어떻게 다른지 완벽하게 명쾌하지 않을 수도 있다.

이는 내가 경험으로 알게 된 사실이다. 실은 지난 25년 동안 나는 일상에서 실제로 일어나는 수백 가지 유형의 사건들에 맞는 해결책들을 기도하는 마음으로 기록하고 발견해왔다. 나의 아들, 해리와 조지를 위해서였다. 언젠가는 아이들이 성인이 될 터였으니 어떤 이유에서든 내가 곁에 없을 경우를 대비해 각자의 삶에서 이런 종류의 실천적 영성을 실행하는 방법에 관한 사용자 안내서를 아이들에게 들려주고 싶었다. 나는 여기에 자연의 영적 법칙Spiritual Laws of Nature이라는 이름을 붙였다.

하지만 그 이야기는 다음에 논의하는 게 좋겠다. 지금은 날마다 모든 면에서 당신에게 사랑, 빛, 그리고 성공이 깃들기를 기도한다!

온라인용 성공의 문제 탐지 검사와 인쇄 가능한 워크북을 비롯해 러브 코드를 각자의 삶에 적용하는 데 도움이 될 다른 자료들을 살펴보고 싶다면 'beyondwillpowertogether.com'에 접속하라. 그 외에도 알렉산더 로이드 박사가 개발한 다음과 같은 방법들에 대해 더 많은 정보를 얻을 수 있다.

- 힐링 코드The Healing Codes. 심각한 임상 우울증을 앓던 로이드 박사의 아내, 호프에게 크게 도움이 된 방법으로 건강 문제의 근원을 치유하는 방향으로 진행된다. 로이드 박사가 벤 존슨Ben Johnson 박사와 공동 저술한 《힐링 코드》를 읽으면 힐링 코드의 활용법을 배울 수 있다.

• 석세스 코드The Success Codes. 이 프로그램은《러브 코드》에서 설명한 것과 동일한 원칙들을 따르지만 방향과 접근이 전혀 다르다. 이 프로그램은 이 책에서 설명한 근본적인 성공의 문제들을 치유하는 엄청난 동력을 지닌 에너지 의학 기술을 또 하나 제공한다.

• 마스터 키The Master Key. 이것도 이 책의 원칙들을 그대로 따르고 정신, 마음, 그리고 신체에 대한 접근이 개별적으로 다르다. 다만, 문자 그대로 누름 단추식 구성 방식이다. 즉, 헤드폰을 쓰고 재생 단추를 누르는 것이다. 마스터 키는《러브 코드》와 긴밀히 협조한다. 시간은 하루에 최소한 10분 정도가 걸리며 러브 코드에 투자한 것과 같은 시간 동안 실행할 수 있는 프로그램이다.

※주의할 점– 이 책에서 제공한 정보를 습득하면 대부분의 사람들은 다른 방법이나 절차가 필요하지 않겠지만 혹여 아무 진전이 없다고 느껴지거나 결과를 더 빨리 얻고 싶다면 그것도 가능하다. 러브 코드를 완벽하게 갖춰진 종합 공구상자라고 부른다면, 다른 프로그램들은 전문적인 도구를 추가로 제공하는 셈이기 때문이다.

감사의 인사

―

캐슬린 해거티Kathleen Hagerty에게 특별히 감사를 표한다. 캐슬린 덕분에 머리와 가슴에 담았던 생각을 글로 풀어낼 수 있었고 이 작업을 즐거운 경험으로 만들 수 있었다! 아만다 루커Amanda Rooker에게도 감사하다. 그녀는 조악한 나의 원고를 훌륭하게 다듬어주었다. 아만다가 없었다면 이 책이 나오지 못했을 것이다. 해리Harry와 호프Hope, 조지George에게도 고마운 마음을 전한다. 세 사람은 내가 시도 때도 없이 메모하고 글 쓰는 것을 참아주었을 뿐 아니라 그러는 동안에도 변함없는 사랑을 주었다. 에이전트 보니 솔로우Bonnie Solow도 고마운 마음을 전한다. 내가 할 수 있는 말이라고는 그녀가 이 책을 살려주었다는 것뿐이다. 영원히 고마워할 것이다. 당신이 최고야! 다이애나 바로니Diana Baroni와 랜덤하우스 팀에게도 인사를 전하고 싶다. 훌륭한 일처리도 고맙고 생기 넘치고 따뜻하며 살뜰한 공간을 제공해주어 감사하다. 그리고 나에게 쓸 거리를 선사하신 신께도 감사드린다. 저는 당신의 것입니다!

서론

1. Timothy D. Wilson, "Self-Help Books Could Ruin Your Life!," The Daily Mail online, August 15,2011,
www.dailymail.co.uk/femail/article-2026001/Self-help-books-ruin-life-They-promise-sell-millions.html#ixzz1ovSZDP2z.

2. 호프의 치유 여정과, 잠재의식의 근원에 자리한 다양한 신체적 정서적 증상들을 치유한 여러 가지 방법들에 관해 더 자세히 알고 싶다면 베스트셀러에 오른 나와 벤 존슨 박사의 공동 저서 《힐링 코드》를 읽어보기 바란다. 힐링 코드를 익히 알고 있는 독자들은 나의 아내가 건강 문제를 치유하는 데 어째서 러브 코드를 활용하지 않았는지 궁금해 할지도 모른다. 우선, 당시에는 러브 코드가 아직 완성되지 않았다. 내가 러브 코드를 개발해 내담자에게 실제로 적용할 수 있기까지는 7년이 걸렸고, 여전히 이 책에서 설명한 세 가지 방법 중 두 가지를 알아내서 발전시켜가는 와중이었다. 어쩌면 그 보다 더 중요한 이유는, 내가 러브 코드를 개발하기 전에 너무 많은 방법들을 시도했다가 모두 실패해버렸기에 당연히 아내로서는 자기만의 방법을 찾아내려고 노력할 수밖에 없었던 것이다. 하지만 그리 오래 가지 않아 힐링 코드가 완성되었다.

3. Cort A. Pedersen, University of North Carolina-Chapel Hill; Kerstin Uvnas Moberg, *The Oxytocin Factor: Tapping the Hormone of Calm, Love, and Healing* (Pinter & Martin, 2011).

4. "75 Years in the Making: Harvard Just Released lts Epic Study on What Men Need to Live a Happy Life," FEELguide, April29, 2013,

http://www.feelguide.com/2013/04/29/75-years-in-the-making-harvard-just-released-its-epic-study-on-what-men-require-to-live-a-happy-lifel/. 이 기사에는 연구의 개요가 실려 있다. 연구 내용 전체를 알고 싶다면 George Vaillant, *Triumphs of Experience: The Men of the Harvard Grant Study* (BelKnap Press, 2012)를 참고하기 바란다.

5. Anders Nygren, *Agape and Eros: The Christian Idea of Love*, trans. Philip S. Watson (Chicago: University of Chicago Press, 1982).

1장

1. Dan Gilbert, "Why Are We Happy? Why Aren't We Happy?," TED Talks (video), February 2004, https://www.youtube.com/watch?v=LTO_dZUvbJA#t=54.

2. Dan Gilbert, *Stumbling on Happiness* (Vintage, 2007).

《행복에 걸려 비틀거리다》, 대니얼 길버트, 김영사, 2006.

3. Dan Gilbert, "Why Are We Happy? Why Aren't We Happy?," TED Talks (video), February 2004, https://www.youtube.com/watch?v=LTO_dZUvbJA#t=54.

4. Bruce Lipton, *The Biology of Belief* (Hay House, 2008), 98.

《당신의 주인은 DNA가 아니다》, 브루스 립튼, 두레, 2011.

5. 당신은 이렇게 생각할지도 모른다. 대체 저 남자가 뭔데 내가 정말로 원하는 게 내면의 상태라고 말하는 거야? 내가 이렇게 확신하는 이유는 10년 동안 연구를 진행하면서 만나는 내담자마다 전부 이렇게 물어보았기 때문이다. "제일 원하는 게 뭔가요?" 그러고 나서 이렇게 질문했다. "그것을 원하는 이유가 뭔가요?" 어떤 반응이 돌아오더라도 나는 그들이 더 이상 대답할 거리를 찾지 못할 때까지 계속 이렇게 물어보았다. "왜죠?" 그러다 보면 우리는 어쩔 수 없이 내면의 상태라는 대답에 도달하게 되었다.

6. Viktor E. Frankl, *Man's Search for Meaning* (Simon & Schuster, 1959).

《삶의 의미를 찾아서》, 빅터 프랭클, 청아출판사, 2005.

7. 기도에 대해 고민하고 있다면 래리 도시 박사의 훌륭한 저서 《의학의 재발명(Reinventing Medicine)》을 읽어보기 바란다. 이 책에서 그는 무엇을 위해 기도하는지조차 알지 못할 때에도 기도가 기적적인 결과들을 만들어내는 것에 관한 이중 맹검 연구들에 관해 검토한다. 아직도 기도에 동의하지 않는다면 더 높은 종교적인 근원이 아니라 당신의 마음에게 부탁하면 된다.

2장

1. "Medical School Breakthrough," *Dallas Morning News*, September 12, 2004.

2. Sue Goetinck Ambrose, "A Cell Forgets," *The Dallas Morning News*, October 20, 2004, www.utsandiego.com/uniontrib/20041020/news_zlc20cell.html.

3. 상게 기사.

4. 상게 기사.

5. 상게 기사.

8. Paul Pearsall, Gary E. Schwartz, and Linda G. Russek, "Organ Transplants and Cellular Memories," *Nexus* 12:3 (April-May 2005),

www.paulpearsall.com/info/press/3.html.

Claire Sylvia, *A Change of Heart* (Warner Books, 1997)도 참고하라.

장기 이식 수혜자의 일화와 세포 기억의 연관성에 관한 정보가 더 필요하면 다음을 참고하라.

Paul Pearsall, *The Heart's Code: Tapping the Wisdom and Power of Our Heart Energy* (Broadway Books, 1998).

7. Bruce Lipton, "The Biology of Perception" (video), 2005,

www.yourube.com/watch?v=jjjOxVM4x1I.

8. Bruce Lipton, *The Biology of Belief: Unleashing the Power of Consciousness, Matter, & Miracles* (Hay House, 2007).

9. John E. Sarno, *Healing Back Pain: The Mind-Body Connection* (Grand Central Publishing, 1991).

《통증혁명-통증, 마음이 보내는 경고》, 존 사노, 국일미디어, 2006.

John E. Sarno, *The Divided Mind: The Epidemic of Mindbody Disorders* (Harper Perennial, 2006).

《통증유발자, 마음 수술로도 못 고친 통증을 해결하는 심신의학》, 존 사노, 승산, 2011.

10. Andrew Weil, *Health and Healing: The Philosophy of Integrative Medicine and Optimum Health* (Houghton Mifflin, 1983), 57.

11. Doris Rapp, *Is This Your Child?* (William Morrow, 1992), 62-63.

12. *Your Brain, A User's Guide: 100 Things You Never Knew*, *National Geographic*, special issue, 2012, p. 50.

13. 이 주장의 출처는 탈무드와 아나이스 닌 등 실로 다양하지만 그 기원과 관계없이 이 영감을 불러일으키는 인용구는 이제 과학적 사실처럼 여겨질 수도 있다.

14. 위와 같음.

15. 한 마디 덧붙이자면, 일부 사람들은 성공을 향한 다음 조치를 취하기 위해 몇 가지 정보나 지시가 필요하다. 직장 생활, 인간관계 등에 관한 정보를 얻기 위해 상담을 받는 것도 좋다. 이런 경우 사람들은 해당 문제에 관한 잠재의식적인 바이러스에 감염된 게 아니라 문제를 더 잘 이해하기만 하면 된다.

16. Alexander Loyd with Ben Johnson, *The Healing Code* (Hachette, 2011), 123-124.
《힐링 코드》, 알렉산더 로이드, 시공사, 2011.

3장.

1. William Collinge, *Subtle Energy* (Warner Books, 1998), 2-3. Donna Eden (with David Feinstein), *Energy Medicine* (Tarcher/Penguin, 2008), 26에서 인용됨.

2. "Cancer Cases Set to Rise by Half by 2030," Discovery News, February 4, 2014,
http://news.discovery.com/human/health/cancer-cases-set-to-rise-by-half-by-2030-140204.htm.

3. 고린도전서 13장.

4. 출처: www.mahatmagandhionline.com

5. Joanne V. Wood, W.Q. Elaine Perunovic, and John W. Lee, "Positive Self-Statements: Power for Some, Peril for Others," *Psychological Science 20*, 7 (2009): 860-866. Alex Loyd and Ben Jonson, The Healing Code (Hachette, 2011), 177.

6. 하버드 의과 대학의 어빙 커시 박사는 이렇게 주장한다. "플라시보의 효과와 항우울제의 효과는 대부분의 사람들에게 별 차이가 없다." 그러고 나서는 항우울제가 효과적이지 않다는 뜻이 아니라, 약의 화학적 성분이 아닌 플라시보 효과 (약을 먹으면 증세가 호전될 것이라는 긍정적인 거짓에 대한 믿음의 힘) 때문에 약효가 나타난다고 분명히 말했다. 또한 그의 연구는 과민성 대장 증후군, 반복사용 긴장성 손상 증후군, 궤양, 파킨슨병을 비롯해 심지어 만성 무릎 통증 등 다른 수많은 문제들도 이와 마찬가지임을 보여주었다.
"Treating Depression: Is There a Placebo Effect?" *60 Minutes*, February 19, 2012,
http://www.cbsnews.com/news/treating-depression-is-there-a-placebo-effect/.

7. 예일 대학교와 콜로라도 대학교의 이중 맹검 연구에 의하면, '확언'은 성별 및 인종별 학

업 성취도의 차이를 해소하는 데 도움이 된다. 만약 자신에 대해 긍정적인 진실을 이야기하면 더 나은 성과를 거둘 수 있다. 특히, 이전에 공포를 느끼거나 스트레스를 받았던 사람이라면 더욱 그렇다. 다음 책을 참고하라.

Geoffrey L. Cohen et al., "Reducing the Racial Achievement Gap: A Social-Psychological Intervention," *Science* 313, 5791 (2006): 1307-1310; and A. Miyake et al., "Reducing the Gender Achievement Gap in College Science: A Classroom Study of Values Affirmation," *Science* 330, 6008 (2010): 1234-1237.

8. Caroline Leaf, *Who Switched Off My Brain? Controlling Toxic Thoughts and Emotions* (Thomas Nelson, 2009).

9. "About Lester," Lester Levenson website,

www.lesterlevenson.org/about-lester.php.

레븐슨의 제자 헤일 도스킨(Hale Dwoskin)은 세도나 메소드를 개발했다. 이에 관해서는 그의 책을 참조하라.

The Sedona Method: Your Key to Lasting Happiness, Success, Peace and Emotional Well Being (Sedona Press, 2007).

《세도나 메서드》, 헤일 도스킨, 랜덤하우스코리아, 2011.

10. Eben Alexander, *Proof of Heaven: A Neurosurgeon's Journey into the Afterlife* (Simon & Schuster, 2012).

《나는 천국을 보았다》, 이븐 알렉산더, 김영사, 2013.

11. Diane Cameron, "Dose of 'Vitamin G' Can Keep You Healthy," *The Denver Post*, May 4, 2009, http://www.denverpost.com/search/ci_12281410. 첫 번째 저서 《힐링 코드》를 출간했을 때 나는 신과 영성을 건강에 연결시킨다는 이유로 비난을 받았다. 어떤 이들은 내가 종교적인 계획을 가지고 있다고 추정했지만 사실은 그렇지 않다. 그보다는 당신의 건강과 행복을 위한 계획, 그리고 내가 도와줄 수 있는 모든 사람의 건강과 행복을 위한 계획이 있을 뿐이다. 이런 맥락에서 내가 신을 언급한 이유는 신·근원·사랑과의 개인적인 관계가 우리의 성공과 건강에서 가장 강력한 변수라는 명백한 증거를 목격했기 때문이며, 이 주장을 증명하는 과학적 증거가 곧 쏟아질 것이다.

12. 통합 에너지 심리학 협회(The Association of Comprehensive Energy Psychology) 학회다.

Paula E. Hartman-Stein, "Supporters Say Results Show Energy Psychology Works," The National Psychologist, July 24, 2013,

http://nationalpsychologist.com/2013/07/supporters-say-results-show-energy-psychologyworks/102138.html.

13. James Franklin on *The Dan Patrick Show*, January 14, 2014, http://www.danpatrick.com/dan-patrick-video/.

4장

1. *Lombardi*, HBO Sports and NFL Films, 2010년 12월 11일에 HBO에서 처음 방송되었다.

5장.

1. 나는 기도와, 신·근원·사랑과 사랑하는 관계를 맺는 것이 인생에서 가장 중요하다고 믿는다. 내가 생각하기에 이 두 가지는 이 책에서 언급한 다른 모든 내용을 대체할 수 있다. 사실 나는 이 두 가지가 이 책에서 이야기하는 모든 내용과 앞으로 배울 모든 귀중한 것의 근원이라고 믿는다. 바로 그런 이유에서 나는 모든 사람들에게 세 가지 방법을 시도하기 전에 변화의 깨달음을 얻을 기회를 스스로 마련하라고 항상 권한다. 그렇다고, 세 가지 방법이 효과를 거두기 위해서는 당신도 신·근원·사랑 혹은 기도에 대한 나의 믿음을 공유해야 한다는 뜻은 아니다. 전혀 그럴 필요가 없다!

6장.

1. Donna Eden (with David Feinstein), *Energy Medicine* (Tarcher/Penguin, 2008), 23, 32, 76-78.

2. M. Andrew Holowchak, *Freud: From Individual Psychology to Group Psychology* (Rowman & Littlefield, 2012), chapter 2.

3. 일본 하마마츠 포토닉스(Hamamatsu Photonics) 중앙 연구소(Central Research Laboratory)의 미츠오 히라마츠 박사가 이끄는 연구팀이 발견한 바에 따르면, 광자 계수기로 측정한 결과 우리의 손은 다른 신체 부분보다 더 많은 에너지를 (빛이나 광자 형태로) 방출한다. *Journal of Photochemistry and Photobiology B: Biology*에 실린 연구에 따르면 탐지할 수 있는 광자가 우리 이마와 발바닥에서 방출된다고 한다. 이에 관해서는 다음을 참고하라.

Kimitsugu Nakamura and Mitsuo Hiramatsu, "Ultra-Weak Photon Emission from Human Hand: Influence of Temperature and Oxygen Concentration on Emission," *Journal of Photochemistry and Photobiology B: Biology* 80, 2 (August 1,2005): 156-160; and Jennifer Viegas, Discovery News, September 6, 2005, www.abc.net.au/science/

articles/2005/09/07/1455010.htm#.UaNAhLWIGCk.

7장.

1. 부디 용서하기 바란다. 이 책 전반에 걸쳐 나는 웹스터 사전이 선호하는 'unforgivingness' 대신에 문법에 맞지 않는 'unforgiveness'라는 용어를 사용했다. 편집자들은 나에게 적절한 조언을 건네주었지만 'unforgivingness'라는 표현이 올바르게 느껴지지 않았다.

2. Dan Gilbert, "Why Are We Happy? Why Aren't We Happy?" TED Talks (video), February 2004, https://www.youtube.com/watch?v=LTO_dZUvbJA#t=54.

8장.

1. Alexander Loyd with Ben Johnson, *The Healing Code* (Hachette, 2011), 63.

2. 상게서.

3. Rebecca Turner and Margaret Altemus, "Preliminary Research on Plasma Oxytocin in Normal Cycling Women: Investigating Emotion and Interpersonal Distress," *Psychiatry: Interpersonal and Biological Processes*, 62, 2 (July 1999): 97-113.

4. 출처: Cort A. Pedersen, University of North Carolina-Chapel Hill; Kerstin Uvnas Moberg, *The Oxytocin Factor: Tapping the Hormone of Calm, Love, and Healing* (Pinter & Martin, 2011).

10장.

1. "Facts and Statistics," Anxiety and Depression Association of America, www.adaa.org/about-adaa/presss-room/facts-statistics.

2. 페리스 박사의 뉴잉글랜드 세기인 연구(New England Centenarian Study)에 관한 더 많은 정보가 궁금하면 다음 사이트를 방문하라. www.bumc.bu.edu/centenarian.

3. Dan Gilbert, "The Surprising Science of Happiness," TED talk, April 26, 2012, www.youtube.com/watch?v=4q1dgn_C0AU.

에필로그

1. "75 Years in the Making: Harvard Just Released Its Epic Study on What Men Need to Live a Happy Life," FEELguide, April 29, 2013,

http://www.feelguide.com/2013/04/29/75-years-in-the-making-harvard-just-released-its-epic-study-on-what-men-require-to-live-a-happy-life.

완전한 연구 내용은 아래 책을 참고하라.

George Vaillant, *Triumphs of Experience: The Men of the Harvard Grant Study* (Belknap Press, 2012).

《행복의 비밀-75년에 걸친 하버드 대학교 인생관찰보고서》, 조지 베일런트, 21세기북스, 2013.

2. Diane Cameronm "Dose of 'Vitamin G' Can Keep you Healthy," The Denver Post, May 4, 2009, http://www.denverpost.com/search/ci_12281410. 뇌과학자 앤드류 뉴버그와 마크 로버트 윌드먼에 관해 더 자세히 알고 싶다면 다음 책의 3장을 참고하라.

Andrew Newberg and Mark Robert Waldman, *How God Changes Your Brain*.

3. 실패 · 스트레스 반응(코르티솔의 분비로 관장된다)과 성공 · 사랑 반응(옥시토신의 분비로 관장된다)의 모든 효과를 알고 싶다면 서론과 4장을 참고하라.

4. Michka Assayas, Bono: *In Conversation with Michka Assayas* (Riverhead, 2005), 204-205.

러브 코드

초판 1쇄 발행일 2019년 3월 18일
초판 3쇄 발행일 2023년 9월 11일

지은이 알렉산더 로이드
옮긴이 신예경
감수 이정목

발행인 윤호권
사업총괄 정유한

편집 이영인 **디자인** 전경아 **마케팅** 명인수
발행처 ㈜시공사 **주소** 서울시 성동구 상원1길 22, 6-8층(우편번호 04779)
대표전화 02-3486-6877 **팩스(주문)** 02-585-1755
홈페이지 www.sigongsa.com / www.sigongjunior.com

글 ⓒ 알렉산더 로이드, 2019

ISBN 978-89-527-9829-9 03320

*시공사는 시공간을 넘는 무한한 콘텐츠 세상을 만듭니다.
*시공사는 더 나은 내일을 함께 만들 여러분의 소중한 의견을 기다립니다.
*알키는 ㈜시공사의 브랜드입니다.
*잘못 만들어진 책은 구입하신 곳에서 바꾸어 드립니다.

WEPUB 원스톱 출판 투고 플랫폼 '위펍' __wepub.kr
위펍은 다양한 콘텐츠 발굴과 확장의 기회를 높여주는
시공사의 출판IP 투고·매칭 플랫폼입니다.